KB036252

# 중국과 아시아

근현대 중국의 아시아 인식과 아시아주의

이 저서는 2011년 정부(교육부)의 재원으로
한국연구재단의 지원을 받아 수행된 연구입니다.
NRF-2011-812-A00023

이 도서의 국립중앙도서관 출판예정도서목록(CIP)은
서지정보유통지원시스템 홈페이지(http://seoji.nl.go.kr)와
국가자료공동목록시스템(http://www.nl.go.kr/kolisnet)에서
이용하실 수 있습니다. CIP2016023735(양장), CIP2016023737(학생판)

# 중국과 아시아

근현대 중국의 아시아 인식과 아시아주의

中國與亞洲:
近現代中國的亞洲認識和亞洲主義

**배경한 지음**

# 차례

## 중국근현대사학회 연구총서를 펴내며

중국근현대사학회는 1992년 1월 중국 근현대사를 전문으로 연구하는 학인들의 단체로 창립되었다. 이는 1980년대 한국 사회의 민주화와 동아시아 냉전 체제의 변화 과정에서 중국 근현대사 전공자들이 폭발적으로 등장해 학회 탄생의 동력이 되어준 결과다. 그 자체가 한국의 중국사 연구의 발전을 의미하는 현상이거니와 이로써 본회는 냉전 시기에 이념의 잣대로 오랫동안 금기시해온 중국 근현대사 연구의 길을 활짝 열 수 있게 되었다.

돌이켜보면 한국의 중국 연구는 조선 시대의 한학(漢學)과 북학(北學)을 거쳐 근대 시기에 제국일본의 지나학(支那學)과 동양학(東洋學) 체계의 영향을 받는 한편, 또 그것을 극복하려는 조선학 운동(朝鮮學運動)의 일환으로 전개되었다. 해방 후에 각종 학회가 성립되었으나 동양사 전체 또는 중국의 문학·역사·철학을 아우르는 학회는 있었어도 중국사를, 그것도 근현대사를 특정한 학회는 없었다. 그러므로 본회의 탄생은 남다른 조건과 필요에 의해 추동된 것임이 분명하다.

그러는 사이에 우리에게 중국이 갖는 의미, 우리가 중국을 연구하는 의미는 수차례 바뀌었다. 그것은 중국의 국제적 위상이 변화한 데 따른 것인 동시에 인식 주체인 우리의 처지와 필요가 변화했기 때문이기도 하다. 우리에게 중국은 분명 가장 가까운 이웃 나라였지만 늘 그 이상이었고, 지금도 그러하며, 특히 한반도가 분단된 상황에서는 더욱 그렇다. 그러므로 본회가 감당해야 할 학술적 과제는 크고도 엄중하다고 아니할 수 없다.

　다른 분과의 학문도 그러하지만, 특히 근현대사 연구는 연구자가 발을 딛고 있는 현실 사회의 필요로부터 출발해 질문하고 답을 구하며, 그 결과를 갖고 자기를 키워낸 현실 사회와 학술적으로 소통하는 과정에서 진전될 수 있다. 『논어(論語)』에 따르면, 학문의 요체란 "절실하게 묻고 가까운 곳에서부터 생각하는 것"이며 이를 통해 도달하려는 목표는 인(仁)의 실천이다[切問而近思, 仁在其中矣]. 절문(切問)은 다름 아닌 근사(近思)에서 나온다는 것이다. 그러나 이 가까움은 일정한 거리 두기를 거칠 때에만 절실한 물음의 출발점이 될 수 있다.

　마침 우리의 연구 대상인 중국은 현실적으로나 학술적으로나 갈수록 중요해지고 있다. 탈냉전과 함께 갑자기 너무나 가까워진 중국을 우리는 어떻게 상대화해 절실한 물음의 대상으로 삼을 것인가? 이제, 일본판 '동양사학'의 틀로 바라본 중국사에서 벗어나 어떤 형태로든 새롭게 재조직될 '(동)아시아사학' 속의 중국사를 상상하면서 본회 회원들이 감당해야 할 도전이 어느 때보다 강하게 요청되는 시점이다.

　이에 본회는 창립 20주년을 지나면서 그동안 펼쳐온 다양한 학술 활동의 성과를 딛고서 '중국근현대사학회 연구총서'를 간행하기로 했다. 앞으로 이 연구총서가 회원과 독자의 관심 속에 꾸준히 이어져 오늘의 중국을 역사적으로 이해하고자 하는 국내외 각계의 필요에 부응할 수 있기를 고대한다.

2016년 9월

한국중국현대사학회 회장 유용태

**책머리에**

　'정년을 앞두고'라는 말이 어느새 내게도 다가왔다. 여러 선배 학자들이
그 말씀을 하실 때는 그러려니 했었는데, 막상 '정년을 앞두고'를 직접 당하
고 보니 자연스럽게 그간의 연구 생활을 되돌아보며 여러 가지 생각을 하게
된다.

　1920년대 장제스(蔣介石)에 대한 연구로 시작된 나의 현대 중국정치(사상)
사 연구는 그 후 40년에 가까운 시간을 거치면서 1910~1920년대의 쑨원(孫
文)으로, 그리고 1910년대에서 1940년대에 이르는 왕징웨이(汪精衛)로 확대
되어갔다. 그 과정은 연구 대상이 되는 인물이 바뀐 것뿐만 아니라 각각의
인물들에게서 찾으려고 하는 초점 또한 달라졌다는 점에서 이를테면 인물
과 주제가 바뀌는 과정이었다. 1920년대 장제스를 통해서는 아시아 최초의
군사정권이 어떻게 성립되어 갔던가를[『장개석 연구: 국민혁명시기 군사·정치
적 대두과정』(1995)], 1910~1920년대 쑨원을 통해서는 중국과 한국의 관계와
상호인식이라는 문제를[『쑨원과 한국: 중화주의와 사대주의의 교차』(2007)], 그
리고 1910년대에서 1940년대에 이르는 왕징웨이의 정치활동을 통해서는
현대중국 민족주의의 굴절 과정을[『왕징웨이 연구: 현대중국 민족주의의 굴절』
(2012)] 집중적으로 다루어보고자 했다.

　생각해보면 군사정권, 한국과 중국, 민족주의라는 문제들은 내가 학문에
입문했던 1970년대 말 한국의 현실 속에서 치열하게 그 존재 방식과 해결

방안을 추구하던 것들이다. 말하자면 공부를 시작하던 청년기에 부닥쳤던 문제들을 그동안 나름대로 '착실하게' 풀어온 셈이다. 만족할 만한 답안을 마련했다고 할 수는 없지만 그간의 노력에 대하여 나름대로 '대견하게' 여기고 있으니 여간 감사한 일이 아니다. 앞으로 좀 더 추구해보고 싶은, 또는 기왕의 연구들을 바탕으로 해서 종합적 시각 아래 써보고 싶은 책들이 몇 권 더 남아 있지만, 나날이 절감하고 있는 능력과 체력의 한계를 두고 과연 어디까지 얼마나 도전해볼 수 있을지 걱정이 앞서는 것도 사실이다. 허용해주시는 시간 안에서 너무 힘들지 않게, 감당하는 데까지 갈 수 있기를 소망하고 있다.

중국과 아시아를 주제로 하는 이 책은 앞에서 말한 청년 시절의 문제의식의 연장선상에 있다. 중국과 한국의 관계를 검토해본 쑨원 연구의 경우, 한국과 같은 주변으로부터 중국을 어떻게 볼 것인가라고 하는 이른바 '주변시각'을 기본적인 연구 시각으로 삼았던 것인데 이러한 주변 시각은 다행스럽게도 뒤에 다른 연구자들의 좀 더 체계적인 담론화 작업과 겹쳐지면서 '동아시아담론(東亞視角)'으로 확대되었다. 물론 2000년대 이후 한국의 중국 연구에서 중요한 관점으로 자리 잡게 된 동아시아담론과 내가 말하는 '주변시각' 사이에는 일정한 거리가 있으며 내가 말하는 주변 시각은 어디까지나 근현대 중국을 바라보는 역사 연구의 시각에 한정되어 있다는 점을 강조하고 싶다.

어쨌건 중국을 주변으로부터 봐야 한다는 '주변 시각'에서 쑨원을 어떻게 볼 것인가를 추구하면서, 남게 된 문제 가운데 하나는 주변 시각이 한국으로만 한정될 것이 아니라 중국 주변의 아시아 여러 나라, 여러 (중국 내 소수민족을 포함한) 민족으로 확대될 필요가 시급하다는 점이었다. 이 책의 연구 대상이 근현대 중국의 아시아 인식과 아시아연대 주장(아시아주의)인 점은 '주변'에 대한 중국의 인식 내지 연대 구상을 살피는 것으로 말하자면 주변 시각의 전모를 구성하는 작업의 첫 단계에 해당한다. 주변 여러 나라, 여러 민족들의 중국에 대한 인식, 중국에 대한 대응이 본격적으로 다루어져야 주변 시각의 전모가 밝혀질 수 있을 것이기 때문이다. 이런 점에서 이 책의 실제 내용은, '중국과 아시아'라는 제목의 일부만을 다루고 있다는 사실을 고백해야 할 것이다.

그뿐만 아니라 이 책이 중국의 아시아 인식, 아시아연대에 대한 구상을 밝히는 데도 충분하지 않다는 점 또한 언급해두어야 하겠다. 19세기 말에서 20세기 중반에 이르는 시기 동안 중국의 아시아 인식, 아시아연대 주장의 전모를 밝히려면 이 책에서 다루지 못한 대목들, 예컨대 국민당의 주요 지도자 가운데 한 명인 후한민(胡漢民)의 아시아 인식과 아시아주의, 리따자오(李大釗)를 비롯한 공산주의자들의 계급적 시각에서의 아시아연대 주장, 정치 지도자가 아닌 학자들이나 언론인들의 아시아 인식, 아시아연대 주장 등은 마땅히 다루어졌어야 할 주제들이다. 그러니 이 책의 연구 범위가 지나치게 한쪽으로 편향되어 있다는 평가를 들을 만하다는 점을 인정하지 않을 수 없다. 그럼에도 불구하고 이 책을 서둘러 출판하는 데는 연구비를 지원받은 기한 내에 성과물을 제출해야 한다는 책무와 함께 앞으로 남은 연구 주제들로 넘어가고 싶은 조급한 마음도 없지 않다.

이 책을 구성하는 각 장들은 모두 개별 논문으로 발표되었던 것들이다.

**※ 각 논문의 출처**

**제1부 제1장** 「黃遵憲의 『朝鮮策略』과 아시아주의」, ≪동양사학연구≫ 제127집(2014.6).

**제1부 제2장** 「무술정변 전야 개혁파의 아시아 인식: 『大東合邦新義』의 출판과 중화주의의 변용」, ≪중국근현대사연구≫ 제70집(2016.6).

**제2부 제1장** 「신해혁명 시기 쑨원의 아시아 인식」, 배경한 엮음, 『동아시아 역사 속의 신해혁명』, 한울(2013.6) 소수논문.

**제2부 제2장** 「孫中山的大亞洲主義與韓國(Sun Yatsen's Conception of Pan-Asianism and Korea)」, Reform and Revolution: In commemoration of the Xinhai Revolution and 100 years of state building(Wien, 2012.1) 국제학술대회 발표논문.

**제3부 제1장** 「중일전쟁 시기 장제스 국민정부의 對韓政策」, ≪역사학보≫ 제212집(2010. 12).

**제3부 제2장** 「카이로회담에서의 한국문제와 蔣介石」, ≪역사학보≫ 제224집(2014.12).

**제3부 제3장** 「왕징웨이 친일정권과 대아시아주의의 변용」, 배경한, 『왕징웨이 연구: 현대중국 민족주의의 굴절』, 일조각(2012.11) 소수논문.

단행본으로 엮으면서 상당 부분 손을 보기는 했지만 개별 논문으로 써졌기 때문에 이 책의 전체적인 논지를 연결하는 데 부족한 부분 또한 적지 않다. 그중 특히 제2부 제2장 '1920년대 쑨원의 대아시아주의'는 원래 '손문의 대아시아주의와 한국'이라는 제목으로 1997년에 발표했었고, 2007년에 출판한 저서 『쑨원과 한국』에 실었던 것인데 이것을 2012년 빈대학에서 열린 신해혁명 100주년 기념 학회에서 발표하기 위하여 전면적으로 고쳐 이 책에 다시 싣게 되었다. 또 제3부 제3장 '친일을 위한 아시아연대론: 왕징웨이의 아시아주의'는 2013년에 출판한 『왕징웨이 연구: 현대중국 민족주의의 굴절』에 들어 있던 것을 그대로 옮겨 온 것이다. 이미 출판된 내용을 다시 싣는 데 따른 부담이 크지만, 근현대 중국의 아시아주의를 다뤄본다는 이 책의 취지상 장제스와 국민정부 중심의 항일을 위한 연대로서의 아시아연대 주장과는 완전히 상반되는 형태의 (친일을 위한) 아시아연대론도 존재했음을 지적하기 위한 시도로서 이해될 수 있기를 바란다.

이 책을 만드는 데 적지 않은 분들의 도움을 받았다. 황쭌셴의 『조선책략』에 관한 연구에서는 탄탄한 선행 연구를 통해 유용한 시각들을 제시해준 국사편찬위원회의 김광재 선생의 도움이 있었고 『대동합방신의』의 판본을 구하는 데는 타이완의 레이쟈성(雷家聖) 교수와 고려대학교 조영헌 교수의 도움이 있었으며 쑨원과 장제스의 아시아 인식, 아시아주의 연구와 관련해서는 타이완의 뤼팡샹(呂芳上) 교수, 중국의 양티엔스(楊天石) 교수, 천훙민(陳紅民) 교수, 일본의 야마다 다쓰오(山田辰雄) 교수, 구보 토루(久保亨) 교수 등의 도움과 격려가 있었다. 이 밖에 일일이 거명할 수 없을 정도로 많은 국내외 선학들과 후배들의 도움이 있었음은 물론이다. 또 한울엠플러스(주)의 김종수 사장, 윤순현 차장, 배유진 팀장의 도움이 없었다면 이 책의 출판 자체가 어려웠을 것이다. 연구비를 제공해준 한국연구재단의 도움도 컸다. 이 자리를 빌려 감사의 말씀을 드리고자 한다. 이 모든 분들에 앞서 감사드려야 할 분은, 내게 학문할 수 있는 기회와 능력을 주시고 부족하지만 당신의 뜻 안에서 사용해주시는 참 좋으신 나의 하나님이시다.

2016년 9월
무더웠던 여름의 끝자락, 금정산 기슭에서
배경한 씀

# 들어가는 말

## 1. 문제의 소재: 초강대국 중국의 부상과 아시아 국제관계의 재편 방향

주지하듯이 1970년대 말부터 시작된 중국의 개혁 개방은, 급속한 경제 성장을 가져왔을 뿐만 아니라 그 결과 중국의 국제적 지위 또한 급속하게 상승하게 만들었다. 특히 2008년 베이징(北京) 올림픽으로 고무된 중국인들의 자심감과 2009년 세계 경제위기를 통해 확고해진 중국의 경제적 영향력은 급기야 중국으로 하여금 미국과 어깨를 겨루는 G2로서의 지위를 갖게 하기에 이르렀다.

중국의 이러한 초강대국화와 그에 따른 국제적 영향력의 확대가, 19세기 중엽 이래 제국주의 열강의 침략 아래 억눌려 왔던 아시아에서의 중국의 주도권을 회복시키는 계기가 될 것은 분명하다. 이 점은 중국이 강대해지면 주변 지역에 대한 중국의 영향력이 커지면서 중국의 헤게모니(주도권)가 강력하게 행사되었던 동아시아 역사상의 수많은 경험을 통해서도 분명하게 확인할 수 있다. 그렇다면 현재 진행되고 있는 중국의 초강대국화는, 향후 어떠한 형태의 아시아 내지 동아시아 국제질서를 가져올 것인가? 새롭게 대두하게 될 중국 중심의 아시아 국제질서는, 비록 중국 중심의 전통적 아시아 국제질서인 중화제국질서(中華帝國秩序)와는 그 내용과 형태를 달리한다고 하더라도, 그렇다면 과연 어떠한 모습을 띠게 될 것인가? 또 역사상 중국의 영향력을 가장 민감하게 받아온 한반도의 경우 중국 중심의 이러한 새로운 아시아 국제질서 가운데서 어떠한 지위에 처하게 될 것인가?

　현실적으로 매우 긴박한 이들 문제에 대한 해답을 근현대사의 범위 안에서 추구하고자 하는 것이 바로 이 연구의 출발점이다. 이 연구는, 19세기 말부터 20세기 중반, 1940년대까지의 시기에 중국인들에 의해 제기되었던 아시아주의(亞洲主義) 혹은 대아시아주의에 대한 실증적 검토를 통해 근현대 시기 중국인들의 아시아 인식과 아시아연대에 대한 주장이 어떤 내용과 특색을 가지고 있는지를 밝혀보고자 한다. 이를테면 근현대 중국인들이 제기했던 다양한 아시아주의를 검토함으로써 오늘날 제기되고 있는 중국 중심의 새로운 아시아 국제질서의 향방을 가늠하는 것이 이 연구의 목표인 셈이다.

　뒤에서 상술할 것처럼, 일본을 필두로 근현대 동아시아 지역 지식인들 사이에서 다양한 형태로 제기되었던 아시아주의란 크게 보아서 '아시아적 가치' 혹은 '아시아적 문명'이라고 하는 문화적 정체성 내지 공통성을 모색하는 입장과, 이러한 정체성을 바탕으로 아시아인들 사이의 연대를 모색하려는 '연대론'이라는 두 가지 내용을 포괄하고 있다.[1] 이 연구에서는 아시아에 대한 (상호) 인식과 아시아적 가치에 대한 모색, 곧 문화로서의 아시아주의를 검토 대상에서 배제하지는 않지만, 기본적으로는 아시아인들 사이의 연대 모색이라고 하는 연대론으로서의 아시아주의에 대한 검토를 좀 더 일차적인 목표로 삼고자 한다. 그러면서 그와 같은 연대 기반으로서 아시아 그 자체에 대한 인식 문제를 다루게 될 것이다. 그 이유는, 이 연구의 출발점이 초강대국 중국의 부상 이후 전개될 아시아 국제질서를 관측 내지 이해

---

　1)　조성환·김용직, 「문명과 연대로서의 동아시아: 근대 중국과 한국 지식인의 동아시아 인식」, ≪대한정치학회보≫ 9-2(2002); 백영서, 「중국에 아시아가 있는가?」, 『동아시아의 귀환: 중국의 근대성을 묻는다』(창비, 2000); 박상수, 「한국발 동아시아론의 인식론 검토」, ≪아세아연구≫ 53-1(2010), pp.73~100 참조.

하는 데 있고 따라서 문화로서의 아시아주의보다 '연대론'으로서의 아시아 주의가 좀 더 직접적인 관련성을 가진 연구 대상이라고 보기 때문이다.

## 2. 동아시아연대의 가능성과 동아시아담론의 재검토

1990년대 이래로 한국, 중국, 일본을 중심으로 하는 동아시아 각국에서 동아시아공동체 내지 동아시아연대론이 중요한 이슈가 되고 있음은 주지의 사실이다. 물론 동아시아담론이 연대론만을 내용으로 삼고 있는 것은 아니다. 또 다양하게 제기되고 있는 아시아연대론 자체도 그 내용이나 방향에서 일정한 공통성을 가지고 있다고 보기도 어렵다. 다만 이들 다양한 동아시아 공동체 내지 동아시아연대론의 배경에는, 개별 국민국가의 배타적 민족주 의의 한계를 넘어서고자 하는 이념적 지향과 유럽연합(EU)의 성립으로 고무된 지역 통합의 필요성 대두, 세계화와 함께 나타나고 있는 초국가적 내지 탈경계적 공동체에 대한 모색 등이 자리 잡고 있다.[2]

그런데 이러한 연대론과 전술한 중국 중심의 아시아 질서의 대두라고 하는 현상은 일견 상반되는 것으로 비쳐진다. 호혜와 협력, 평화적 공존을 전제로 하는 동아시아공동체 내지 동아시아연대는 중심과 주변의 관계나 상하의 관계를 전제로 하는 초강대국 중국 중심의 아시아 국제질서와는 출발에서부터 공존하기 어려운 관계에 있을 수밖에 없기 때문이다. 이런 점에서 중국의 아시아 인식과 아시아연대 주장에 대한 중국의 반응이나 태도에 대한 검토는 아시아연대론의 실제적인 가능성을 검토하기 위한 첫 번째 일이 될 것이다.

---

2) 최영종, 「동아시아공동체에 대한 이론적 검토」, 최영종 외, 『동아시아공동체: 비전과 전망』(한양대학교출판부, 2005) 참조.

이 연구가 근현대 중국의 아시아주의의 다양한 모습과 그 맥락에 주목하고자 하는 이유는 바로 여기에 있다. 중국을 제외하고서 아시아의 온전한 연대를 기대하는 것은 어렵다는 점에 동의한다고 하면, 중국인들의 아시아 인식과 아시아연대에 대한 논의들을 세밀하게 검토할 필요가 있을 것이다. 그런 연후에야 연대론을 중요한 이념적 목표로 삼는 동아시아담론이나 이를 바탕으로 진행되고 있는 시민운동으로서의 아시아연대운동의 가능성 문제를 구체적으로 검토할 수 있을 것이라는 점에서 이 연구는 동아시아담론의 현실적 기반과 그 실현 가능성을 검토하는 작업이 될 것이다.

### 3. 기존 연구에 대한 검토와 이 책의 연구 방향

중국의 경우 과연 진정한 의미의 아시아에 대한 인식이나 탐구, 또 그를 기반으로 하는 아시아연대의 모색이 있는가 하는 의문이 제기될 수 있을 만큼[3] 중국 안에서 아시아에 대한 논의 자체가 드문 것이 사실이다. 중국에서 아시아에 대한 논의를 찾아보기 어렵다는 이러한 현상은 물론 중국이 세계 인식의 중심이라고 하는, 따라서 중국과 그 주변으로서 아시아를 상정하는 중화주의적 세계관과 밀접한 관계를 가지고 있다. 이를테면 중국 중심적 아시아 인식으로 인하여 중국인들의 사고 속에서 대등한 존재로서의 주변국 내지 아시아라는 관념이 자리 잡기 어려웠던 것이다.

그럼에도 불구하고 19세기 말 이래로 중국의 사상계에서는 아시아연대를 중심으로 하는 아시아주의 주장이 꾸준하게 제기되어왔다. 중국에서 본격적으로 아시아주의가 등장한 것은, 일본 아시아주의의 영향을 받은, 캉유

---

3)  백영서, 「중국에 아시아가 있는가?」 참조.

웨이(康有爲)와 량치차오(梁啓超)를 중심으로 하는 변법개혁파 사상가들 및 이들과 밀접한 관계에 있었던 황쭌셴(黃遵憲)의 아시아연대 주장으로부터 시작된다고 할 수 있다. 따라서 이 책에서는,『조선책략(朝鮮策略)』으로 대표되는 황쭌셴의 아시아연대론과 거기에 나타나는 일본 아시아주의의 영향 및 그것이 가지는 성격을 다루어보는 한편, 일본인 다루이 도키치(樽井藤吉)의『대동합방론(大東合邦論)』이 개혁파 인물들에 의해『대동합방신의(大東合邦新義)』로 번안(飜案) 출판되는 과정과 두 책 사이의 내용상 차이점에서 드러나는 개혁파 인사들의 아시아에 대한 이해와 아시아연대 구상을 살펴보려고 한다. 개혁파 인사들의 아시아주의에 대한 기왕의 연구는 개혁파의 국제 인식이라는 측면에서 단편적으로 이루어진 연구들이 있지만 국내외 학계를 막론하고 전론 논문들은 그리 많지 못하다.[4]

다음으로 이 책에서 주목하고자 하는 인물은, 이른바 혁명파의 대표적인 지도자인 쑨원(孫文)이다. 잘 알려져 있다시피 쑨원은 일본 망명 시절에 일본의 아시아주의자들과 친밀한 관계를 가지고 있었으며 1905년 중국혁명동맹회 창립 과정에서도 이들의 지지를 적지 않게 받았다. 이런 까닭에 쑨원은 동맹회 시기부터 일본 아시아주의의 영향을 크게 받았으며 특히 말년인 1924년 일본을 방문했을 때 고베(神戶)에서 행한 '대아시아주의[大亞洲主義] 강연'은 이러한 그의 아시아주의 주장을 총괄적으로 보여주는 대목으로 크게 주목받아왔다.[5] 다만 그의 아시아주의는 일본과 중국이 주도하는 아

<hr />

4)　채수도,「근대 일본의 '아시아주의'운동: 일본 아시아주의자와 '중국문제'를 중심으로」, ≪대구사학≫ 81(2005); Min Tu-ki, "Daito Gappo Ron and the Chinese Responce: An Inquiry in to Chinese Attitudes toward Early Japanese Pan-Asianism", Eto Shinkichi and Harold Z. Schiffrin(ed.), *The 1911 Revolution of China* (Tokyo Univ. Pr., 1985); 雷家聖,「"大東合邦論"與"大東合邦新義"互校記: 兼論晚清 '合邦論'在中國的發展」, ≪中國史研究≫ 66(2010.6) 참조.

5)　특히 일본학계에서 커다란 관심의 대상이 되었는데 이에 대해서는 陳德仁·安

시아라고 하는 불평등한 모습을 강조하고 있다는 점에서 제국주의 열강 일본에 대한 의존과 함께 여전히 전통적 중화주의의 한계를 드러내고 있다는 지적을 받을 수 있다.[6] 쑨원은 특히 자신의 이 강연에서 일본의 식민지로 전락한 한국의 독립을 전혀 언급하지 않음으로써 아시아인들 사이의 평등한 연대를 보여주기는 처음부터 어려웠을 것이라는 평가를 받을 수도 있다.

다음으로 중일전쟁의 후반에 해당하는 1941년 12월 태평양전쟁(太平洋戰爭) 발발 이후 시기에 장제스(蔣介石)와 국민정부(國民政府)의 한반도 전략은 무엇이었는가를 집중적으로 살펴봄으로써 장제스와 국민정부의 전후(戰後) 아시아 국제질서에 대한 구상에 접근해보려고 한다. 또 전후 동아시아 국제질서의 새로운 축을 만드는 데 출발점이 된 1943년 11월 말의 카이로회의에서 한국문제가 어떻게 다루어지고 있었는지를 장제스와 국민정부의 카이로회의 준비 과정에서부터 카이로회의에서의 실제 논의 과정을 중심으로 구체적으로 다룸으로써 중국의 전후 새로운 아시아 구상에 접근해보려고 한다. 물론 장제스는 아시아주의를 언급한 적이 거의 없고 그런 까닭에 아시아주의자라고 말하기 어려운 인물이지만, 앞에서 논의해온 근현대 중국의 아시아주의 주장이 가지는 현실적 의미에 접근하기 위해서는 장제스와 같은 실제 정책 결정자의 아시아 인식이나 아시아 국제질서의 구상을 살펴볼 필요가 있다고 본다. 이 시기 장제스와 국민정부의 대외 정책에 대한 연구들은 그간에 적지 않게 나왔고 한국독립운동과의 관련성에 대한 연구도 한국학계를 중심으로 적지 않게 나와 있다. 그러나 이 책에서 문제 삼고 있는 아시아주의 내지는 아시아연대론의 관점에서 장제스의 대한정책(對韓政策)을 다룬 연구는 거의 없었다. 이런 점에서도 이 대목의 연구가 상당한 의

井三吉 編, 『孫文, 講演'大アジア主義'資料集: 1924年11月日本と中國の岐路』(京都: 法律文化社, 1989) 참조.

6)    배경한, 『쑨원과 한국: 중화주의와 사대주의의 교차』(한울아카데미, 2007) 참조.

미를 가질 것으로 기대된다.

다음으로 살펴보고자 하는 것은, 1937년에서 1945년에 이르는 중일전쟁 시기 아시아주의의 등장과 특징을 살피기 위해 1938년 말 충칭(重慶) 탈출 이후 만들어지는 왕징웨이(汪精衛) 친일정권에서의 아시아주의의 왜곡 내지 굴절 문제를 먼저 다루어보고자 한다. 쑨원의 아시아주의를 계승했다고 주장하는 왕징웨이 친일정권의 아시아주의는 한마디로 친일 논리로서 이용된 아시아연대 주장이라고 할 수 있을 터인데 이것 또한 당시 일본에서 침략 이념으로 이용되고 있던 아시아연대 주장, 곧 대동아공영권(大東亞共榮圈) 주장과 밀접한 관련을 가지고 있음을 볼 수 있을 것이다. 이런 점에서 왕징 웨이 친일정권의 아시아주의 주장은 일본발(發) 아시아주의에 대한 호응의 한 가지 형태라고 볼 수 있다는 관점에서 다루어질 필요가 있다고 본다.

이상의 19세기 말 개혁파 인사들에서부터 1940년대 친일연대론과 장제 스의 전후 아시아 구상에 이르는 근현대 중국의 아시아주의에 접근하는 기본적인 연구 시각으로는 두 가지에 주의를 기울이고자 한다. 한 가지는 동시대 일본의 아시아주의와 어떠한 영향 관계에 있었는가를 살피는 것이다. 사실 중국의 아시아주의가 그 출발에서부터 일본이 아시아주의의 영향을 직접적으로 받으면서 나타나고 있었다는 점에서 본다면 일본 아시아주의자 들의 영향을 밝혀내면서 그 유사성과 상이점을 밝히는 작업이야말로 중국 아시아주의의 성격을 파악하고 드러내는 데 결정적인 대목이 될 것이다.

다른 한 가지 시각은, 근현대 중국의 다양한 아시아주의의 내면에 들어 있는 전통적 중화주의의 존재 혹은 잔재를 밝혀내는 작업으로서 이 또한 중국 아시아주의의 내면적 성격이나 한계성을 보여주는 데 유효한 시각이 될 것이다. 근현대 중국의 아시아주의와 중화주의의 관련성을 생각할 때 변법 파와 같이 비교적 전통의 영향이 크게 남아 있었다고 짐작되는 인물들의 아시아주의가 전통적 중화주의적 세계관에서 벗어나지 못했을 것이라는 점은 어느 정도 짐작이 가는 일이지만, 1919년 오사운동(五四運動) 이후 단계에 가서 제국주의에 대한 이해가 보편화되고 그 결과로 반제(反帝)민족주의 사조 및 반제민족주의 운동이 본격화한 이후 단계에 가서도 아시아의 연대를 주장하는 대목 속에 이러한 중국 중심주의가 남아 있다고 하는 것은 쉽게 이해하기 어렵다. 이런 점에서 중국 아시아주의의 성격을 규정하는 데 전통적 중화주의의 잔재를 밝혀내는 일은 매우 중요한 대목이 될 것이다.

제1부

# 19세기 말 개혁파와 아시아주의

:

_ 제1장 _

# 황쭌셴의 『조선책략』과 아시아주의

## 1. 머리말

황쭌셴은 19세기 말 조선의 대외 정책에 커다란 영향을 미친『조선책략』
의 저자로 우리에게 잘 알려져 있다. 그는 초대 주일청국공사(駐日淸國公使)
로 임명된 허루장(何如璋)의 참모로 1877년 일본에 파견된 근대 중국 초기의
대표적 직업 외교관이었다. 그가 일본에 머무는 3년여 동안 메이지(明治) 일
본의 근대화 과정을 자세하게 관찰하고 시작(詩作)과 저술을 통해 그것을 중
국인들에게 알리는 데 많은 업적을 남겼다. 특히 그의 대표작인 『일본잡사
시(日本雜事詩)』와 『일본국지(日本國志)』는 캉유웨이, 량치차오를 비롯한 많
은 개혁파 지도자들이 일본의 성공적 근대화를 이해하는 데 가장 중요한 통
로가 되었으며 그 결과로 중국의 개혁운동이 일본의 메이지유신(明治維新)
을 모델로 삼게 되는 데 결정적인 역할을 했다는 평가를 받고 있다.[1] 또 이
런 이유로 해서 오늘날 중국학계에서는 황쭌셴과 그의 개혁 사상 및 일본관
(日本觀)에 대한 연구가 적지 않게 이루어지고 있다.[2] 또 황쭌셴의 『조선책

1)    張朋園, 「黃遵憲的政治思想及其對梁啓超的影響」, ≪中央研究院近代史研究所
集刊≫ 第1期(1968.8).
2)    中國社會科學院近代史研究所 編, 『黃遵憲研究新論』(北京: 社會科學文獻出版

략』이 조선의 근대적 개방을 가져오는 데 결정적인 영향을 미쳤으며 그런 점에서 이웃 나라의 개방에도 상당한 기여를 했다는 긍정적 평가를 내리고 있다.[3]

한국학계에서도 그간 황쭌셴에 대한 연구가 적지 않게 이루어져 왔는데, 대개는『조선책략』의 내용이나 영향을 중심으로 한 것들이었다.[4] 이들 연구에 의하면 황쭌셴의『조선책략』은 러시아의 남진(南進)이라고 하는 당시 청국이 당면하고 있던 최대의 국방 외교적 현안을 해결하기 위한 방안으로써 조선이 중국 및 일본과 연대하고 미국과 조약을 체결하도록 함으로써 대외적 개방을 하도록 권유한 것으로 표면적으로는 종래의 상국 내지 종주국

황쭌셴

의 태도를 어느 정도 불식하고 있기는 하지만 어디까지나 청국의 대외적 위협을 해결하는 데 조선을 이용하려는 중국 중심적(중화주의적) 태도를 보여주고 있다는 평가를 받고 있다. 이를테면 황쭌셴의『조선책략』은 조선이 미국을 위시한 서양 열강들과의 조약 체결을 통한 개방 정책으로 나가는 데 결정적인 계기를 제공했으니 그와 같은

社, 2007)에 실린 여러 편의 연구가 대표적인 연구라고 할 수 있다.
3)　　張靜·吳振淸,「黃遵憲"朝鮮策略"與近代朝鮮的開放」,≪南開學報(哲學社會科學版)≫ 2007-2(2007); 董洁,「"朝鮮策略"的源起: 是黃遵憲個人的構思還是淸政府的決策」,≪韓國學論文集≫ 2007-2(2007); 金美蘭,『試論黃遵憲的朝鮮策略』(延邊大學碩士論文, 2005) 등 참조.
4)　　김시태,「황준헌의 조선책략이 한말정국에 끼친 영향」,≪사총≫ 8(1963); 조항래,「『조선책략』을 통해 본 防俄策과 聯美論 연구」,≪현상과 인식≫ 6-3(1982); 허동현,「1880년대 한국인들의 러시아 인식 양태」,≪한국민족운동사연구≫ 32(2002); 이헌주,「제2차 수신사의 활동과『조선책략』의 도입」,≪한국사학보≫ 25(2006); 배항섭,「朝露수교(1884) 전후 조선인의 러시아관」,≪역사학보≫ 194(2007); 김수자,「黃遵憲의『朝鮮策略』에 나타난 朝鮮自强策과 '지역'의식」,≪동양고전연구≫ 40(2010) 등 참조.

점에서 조선에 대한 황쭌셴의 영향력이 매우 컸다는 사실은 주목할 만한 것이다.[5]

이러한 기존 연구들에 비하여 최근 한국과 중국 학계에서 아시아연대론의 시각에서 황쭌셴과 그의 일본 인식 및 『조선책략』에 관한 새로운 해석들을 시도하고 있는 것은 매우 흥미롭다.[6] 이러한 연구 경향은 2000년대 이후에 들어오면서 아시아 공동체의 기반으로서 아시아주의 내지는 아시아연대의 필요성에 대한 관심이 대두하게 된 것[7]과 밀접한 관계를 가지고 있는 것으로 황쭌셴의 중국, 한국, 일본 연대 주장이 새로운 관심의 대상이 되고 있는 결과라고 할 수 있다. 이 책의 기본적인 관심 또한 근현대 중국 아시아주의의 등장과 그 성격이라는 관점에서 『조선책략』을 비롯한 황쭌셴의 외교 사상 내지는 외교 책략의 성격을 살펴보는 것이다. 특히 그간 한국과 중국 학계에서 직접적으로 다루지 않은 흥아회(興亞會)를 중심으로 하는 초기 일본 아시아주의자들과의 관계 문제에 초점을 두고 살펴봄으로써 흔히 언급되듯이 황쭌셴의 외교 책략이 일본 아시아주의의 영향 아래 형성된 것인

---

5)　『조선책략』과 관련한 한국학계의 연구로는 黃遵憲, 『朝鮮策略』, 조일문 역주(건국대학교출판부, 2001); 이광린, 「개화기 한국인의 아시아연대론」, 『개화파와 개화사상 연구』(일조각, 1989); 김수자, 「黃遵憲의 『朝鮮策略』에 나타난 朝鮮自强策과 '지역'의식」; 이헌주, 「1880년대 전반 조선 개화지식인들의 '아시아연대론' 인식 연구」, ≪동북아역사논총≫ 23(2009); 하정원, 「1882년 전후 동아시아론의 형성과 조선 지식인의 반응」, ≪동방한문학≫ 51(2012) 등 참조.

6)　홍철, 「근대 동북아시아 범아시아주의(Pan-Asianism)의 일방성과 다면성 고찰」, ≪대한정치학회보≫ 12-1(2004); 조병한, 「청말 중국의 변혁사조와 근대 일본 인식: 黃遵憲과 康有爲를 중심으로」, ≪사학연구≫ 88(2007); 이헌주, 「1880년대 전반 조선 개화지식인들의 '아시아연대론' 인식 연구」; 김수자, 「黃遵憲의 『朝鮮策略』에 나타난 朝鮮自强策과 '지역'의식」 등 참조.

7)　백영서, 「총론: 제국을 넘어 동아시아공동체로」, 백영서 편, 『동아시아의 지역질서』(창비, 2005); 동북아역사재단 편, 『동아시아공동체 논의의 현황과 전망』(동북아역사재단, 2009) 등 참조.

지, 혹은 그것과 어떻게 구별되는 것인지를 집중적으로 다루어보고자 한다. 이를 통해 근대 중국 아시아주의의 효시라고 할 수 있는 황쭌셴의 아시아주의가 어떠한 연원을 가지고 있는지, 그리고 전통적 중국 중심주의, 곧 중화주의적 아시아 이해와는 어떠한 관계가 있는지에 관한 해답을 추구해보고자 한다.

## 2. 일본 초기 아시아주의의 형성과 흥아회

근대 일본 최초의 아시아주의 단체로 주목을 받고 있는 흥아회는 1880년 2월 13일 도쿄(東京)에서, 소네 도시토라(曾根俊虎)가 중심이 되어 창립되었다. 소네는 요네자와 현(米澤縣)의 사무라이 가문 출신으로 유학과 난학(蘭學)을 배운 이후 유신 정부의 외교 지도자였던 소에지마 다네오미(副島種臣)의 휘하에 들어갔다가 해군에 투신하여 중국 관련한 정보를 수집하는 일에 종사하던 인물이다.[8] 1877년 소네는, 외무성 관료로서 한국의 부산 주재

소네 도시토라

관리관으로 근무했던 마에다 겐키치(前田獻一) 등과 함께 진아사(振亞社)라는 단체를 만든 적이 있었으니 결과적으로 진아사는 흥아회의 모태였고 따라서 흥아회의 기원은 1877년까지 거슬러 올라간다고 하겠다.[9] 1877년은 메이지유신 10년이 지난 시점으로 신정부의 기본 정책이 대내적 개혁 우선으로 정해지면서 사이고 다카모리(西郷隆盛)를 중

---

8)  박노자, 『우승열패의 신화』(한겨레신문사, 2005), pp. 189~190.
9)  「興亞會創立ノ歷史」, ≪興亞會公報≫ 第1輯(1880.3.24); 黑木彬文·鱒澤彰夫 編, ≪興亞會報告, 亞細亞協會報告≫(東京: 不二出版社, 1993), pp. 2~4 참조.

심으로 하는 이른바 정한파(征韓派)의 사족(士族) 반란인 세이난전쟁(西南戰爭)이 진압되던 해였다. 이후 대외적 진출을 일차적인 국가 정책으로 주장하던 정한파는 자유민권운동과 아시아연대운동으로 나타나고 있었으니 이를테면 흥아회는 이러한 움직임의 연결 선상에서 출현한 아시아주의 단체였던 것이다.[10)

그러나 흥아회 결성의 결정적인 계기가 되었던 소네의 천황 면담(1878년)과 천황의 지원금 하사는 이 단체가 메이지 정부와 반드시 대립적인 관계에 있었던 것은 아니었음을 시사하고 있다. 1880년 흥아회가 창립되는 실제 배경에는 일본 외무성(外務省)을 비롯한 메이지 정부의 적극적인 지원이 있었으니 그 배경에는 1879년 3월 일본이 류큐열도(琉球列島)를 편입한 것을 둘러싸고 청국과의 관계가 어려워지자 이를 수습하기 위해 중국에 대한 정보와 중국 전문가를 양성할 필요가 있다는 현실적 인식이 깔려 있었다.[11) 흥아회의 이러한 출발은 흥아회 회원들의 다양성을 가져왔으니 창립 이후 1883년 아시아협회로 개칭되었다가 1900년 동아동문회(東亞同文會)로 통합되기까지 많게는 수백 명에 이르는 회원들의 면모는 매우 다양하다.[12) 흥아회 창립 당시 임원진을 살펴보면 메이지 정부의 관료와 군인이 대부분을 차지하고 있는데 이들 가운데는 정부에서 반주류(反主流) 내지 비주류(非主流)에 해당하는 자유민권론자들이 많았다.[13) 창립 당시 회장을 맡았던 나가

---

10)  한상일, 『아시아연대와 일본 제국주의: 대륙낭인과 대륙팽창』(오름, 2002), pp. 22~25.

11)  박노자, 『우승열패의 신화』, p. 191 참조.

12)  흥아회 회원의 숫자는 설립 반년 후에 200여 명, 1년 후에는 400여 명으로 불어났다. 黑木彬文, 「≪興亞會報告, 亞細亞協會報告≫ 解說(1): 興亞會, 亞細亞協會の活動と思想」, ≪興亞會報告, 亞細亞協會報告≫, p. 5 참조.

13)  흥아회 멤버들과 임원진에 대한 분석은 山田昭次, 「自由民權期의 興亞論과 脫亞論: 아시아주의의 형성을 에워싸고」, 현대일본연구회 편, 『국권론과 민권론』(한길사, 1981), pp. 327~329; 黑木彬文, 「≪興亞會報告, 亞細亞協會報告≫ 解說(1): 興亞會,

오카 모리요시(長岡護美)는 구마모토(熊本) 번주(藩主)의 동생으로 미국에서 유학했고 후에 동아동문회의 부회장이 된 인사였다. 부회장을 맡았던 와타나베 고키(渡邊洪基)는 후쿠자와 유키치(福澤諭吉)의 제자로서 이와쿠라 사절단의 일원이었고 후에 오스트리아와 이탈리아 주재 외교관을 지냈으며 소네에게 영어를 가르치는 등 소네와 가까이 지내던 측근으로서 뒤에는 도쿄제국대학의 총장 자리에 올랐던 인물이다.[14]

홍아회 회원들의 이러한 다양한 구성은 자연히 홍아회의 사상이나 주장에도 나타나고 있었다. 홍아회의 활동 목표는, 단체의 목표를 제시하고 있는 「홍아회규칙(興亞會規則)」에 잘 나타나고 있는데 정식 출범 직전인 1880년 2월에 제정된 것으로 되어 있는 「홍아회가규칙(興亞會假規則)」에는 일본과 중국이 협력하여 아시아를 진흥해야 한다는 것과 이를 위해 도쿄와 상하이(上海)에 언어 학교를 개설하여 중국어를 할 수 있는 인재를 양성하는 일을 활동 목표로 내세우고 있었다.[15] 그에 비하여 출범과 동시에 3월 1일 자로 제정된 정식 규칙(「홍아회규칙」)에 가서는 "현재 아시아의 독립국은 일본과 중국 두 나라뿐이고 조선과 베트남(安南), 태국은 이름만 독립인 상태이고 인도와 미얀마(버마) 등은 유럽의 직접 지배를 받고 있다"고 하면서 "(따라서) 오늘의 급무(急務)는 이들 아시아 여러 나라의 지사(士)들을 연합시켜 (이러한) 정세를 알게 해야 하며 이를 위해 상하이와 부산에 언어 학교를 설립할 계획임"을 당면 목표로 제시하고 있다.[16] 여기에서 확인되는 흥미로운 점은, 설립 이전 단계에서는 중국과의 연대를 목표로 하고 중국어를 습

---

亞細亞協會の活動と思想」, pp.6~7 참조.

14)　黑木彬文,「≪興亞會報告, 亞細亞協會報告≫ 解說(1): 興亞會, 亞細亞協會の活動と思想」, p.3.

15)　「興亞會假規則」, ≪興亞會報告, 亞細亞協會報告≫, p.254.

16)　「興亞會規則」, ≪興亞會報告, 亞細亞協會報告≫, p.259.

득하는 것을 가장 중요한 활동으로 계획했다가 설립 단계에 가서는 중국뿐 아니라 한국과 베트남, 미얀마 등 기타 아시아 지역으로 그 연대의 범위를 확대하고 있다는 점이다. 이런 변화는 설립이 구체화되면서 흥아회의 회원이 늘어나게 되고 그에 따라 전체 회원의 주장이 반영된 결과로 보인다.

흥아회 회원들의 대외 인식이나 아시아 인식에서 가장 기본으로 깔려 있는 것은, 서구 열강의 침략에 무력한 아시아인들의 각성과 공동 대응이지만, 메이지 정부의 아시아 전략을 지원하기 위한 전문가 양성에서부터 중국이나 한국과 같은 후진 아시아 국가에 대한 일본의 지도적 역할을 강조하는 입장, 그리고 아시아의 변혁을 공동 목표 삼아 아시아 각국의 연대를 강조하는 입장까지 매우 다양한 인식과 입장들을 가지고 있었음이 확인된다.[17] 설립 이후 흥아회의 구체적인 활동은, 매월 한 차례 정도의 정례 회의[例會], 친목 모임[친목회(親睦會), 혹은 간친회(懇親會)]의 개최와 부설 중국어 학교를 만들어 운영하는 일, 정보를 확보하기 위한 (아시아 각지로의) 통신원 파견, 일본 내 각 지방(오사카, 고베, 후쿠오카)의 지부 운영 등이었다. 정례 회의는 주요 회원들이 돌아가면서 연설을 하고 회원

들의 동정과 활동을 보고하며, 참석자들이 흥아(興亞)를 내용으로 하는 한시와 휘호를 작성하여 나누어 보는 등의 순서로 진행되었다. 이와 함께 정례 회의와 회원들의 논설, 중국과 한국 등 아시아 각국의 정황에 관한 언론 보도나 정보를 주로 게재하는 회보로시 ≪흥아회보고(興亞會報告)≫를 매월 한 차례 발간하고 있었다.

《흥아회보고》 제1집 표지

---

17)  山田昭次, 「自由民權期의 興亞論과 脫亞論: 아시아주의의 형성을 에워싸고」, pp.329~331 참조.

홍아회 부설 지나어학교[支那語學校]는 홍아회 설립 직후인 1880년 2월 중순, 도쿄에 만들어졌다. 전술한 바대로 홍아회는 설립 당초부터 아시아 제국에 대한 이해를 위해, 특히 중국과 한국에 대한 이해를 넓히기 위해 중국어 학교와 한국어 학교의 설립을 주요 활동 목표로 내세웠던 것인데, 단순히 중국어나 한국어의 습득만이 아니라 "외교 군사 방면의 정보 수집 및 통상 무역 활동을 통한 홍아주의(興亞主義)를 실천할 인재를 양성하는 일"을 목표로 한다고 밝히고 있었다. 중국어 학교의 과정은 본과생(本科生), 별과생(別科生), 야학생(夜學生) 세 가지로 나누고 있었는데, 특히 별과생의 경우는 육군교도단(陸軍敎導團) 생도들을 받아들여 야간에 중국어를 가르치는 과정으로 개설된 것이었다. 교수진에는 초대 간사인 소네를 비롯하여 가네코 야히(金子彌兵衛) 등 일부 회원들과 중국에서 초빙한 쟝즈팡(張滋昉)이 들어 있다. 또 1880년 11월에는 서울에서 김정모(金正謨)를 교관으로 초빙하여 한국어 수업을 진행하기도 했다.[18]

설립 이후 3년이 되는 1883년 1월, 홍아회는 아세아협회(亞細亞協會)로 명칭을 변경하기로 결정했다. 그 이유는 중국 회원들로부터 "홍아의 명칭에 일본 중심의 의미가 강하므로 보다 중립적인 아세아로 바꾸자"는 요청이 있어서라고 했는데 여기서 말하는 중국 회원들이 구체적으로 누구를 말하는지는 알 수 없다. 다만 아세아협회로의 개칭 이후 작성된 「아세아협회설립서언(亞細亞協會設立緖言)」에 의하면 유럽 열강에 대한 공동 대항이나 아시아

---

18)　이상 홍아회 부설 지나어학교 운영에 대해서는 鱒澤彰夫,「≪興亞會報告, 亞細亞協會報告≫ 解說(2): 興亞會の中國語敎育」,≪興亞會報告, 亞細亞協會報告≫, p.23 참조. 또 1884년 8월 상하이에 설립된 동양학관(뒤에 아세아학관으로 개칭)은 아세아협회 기관으로 만들어진 것은 아니었지만, 아세아협회 회원이면서 국회의원이었던 스에히로 데쓰오(末廣鐵膓)가 관장으로 있으면서 아세아협회와 긴밀한 관계를 가지고 있었고 아세아협회의 지부와 같은 역할을 한 것으로 알려져 있다. 黑木彬文,「≪興亞會報告, 亞細亞協會報告≫ 解說(1): 興亞會, 亞細亞協會の活動と思想」, p.16.

지역의 독립이라는 주장이 흥아회에 비하여 덜 강조되고 있고 회원들도 일부 보수적 색채를 지닌 인사들로 바뀌어 있으며 회원의 숫자도 상당수 감소하고 있는데 이는 1882년 여름에 일어난 임오군란의 처리를 둘러싸고 일본과 청국 사이의 대립이 격화되어 중국과의 우호와 협력을 강조하는 아시아주의 주장의 입지가 일시적으로 좁아졌기 때문으로 보인다.[19]

이후 아세아협회의 활동은 그 이전에 비하여 상당히 위축될 수밖에 없었으니 회보 발간의 경우에도 1883년 2월 명칭 변경 직후에 발간된 ≪아세아협회회보(亞細亞協會會報)≫ 제1편부터 1884년 2월에 발간된 제13편까지는 매월 한 차례씩 정기적으로 발간되었지만 이후부터는 띄엄띄엄 발간되기 시작하여 제15편(1884년 9월 발간)부터 제18편(1885년 9월 발간)까지 1년 사이에 5차례 발행되는 데 그치고 있고 1886년에 들어서는 1월부터 5월까지 4차례 발간된 이후 더 이상 발간되지 못하고 말았던 것이다. 이처럼 아세아협회의 활동은 지지부진한 가운데 명맥을 이어가다가 최종적으로 1900년에 새로운 아시아주의 단체인 동아동문회에 통합되기에 이르렀다.[20]


## 3. 흥아회와 허루장, 황쭌셴의 관계

흥아회는 설립 당초부터 중국인들이나 한국인들의 가입과 활동을 적극적으로 권장하는 입장이었다. 일본에 와 있던 중국인과 한국인들, 그 가운

---

19) 黑木彬文, 「≪興亞會報告, 亞細亞協會報告≫ 解說(1): 興亞會, 亞細亞協會の活動と思想」, p.13.

20) 1886년 3월 집담회에서는 아세아협회의 부진을 씻기 위하여 아세아사를 편찬하자는 주장이 제기되어 그 사료집으로서 『會余錄』(총 14집)이 1888년 8월부터 1892년 10월까지 간행되기도 했다. 黑木彬文, 「≪興亞會報告, 亞細亞協會報告≫ 解說(1): 興亞會, 亞細亞協會の活動と思想」, pp.16~17 참조.

허루장

허루장의 축사
(≪흥아회보고≫ 제1집)

데서도 특히 외교관원들에 대한 흥아회(興亞會)의 관심은 클 수밖에 없었다. 그것은 중국 내지 한국과의 연대를 단체의 목표로 하는 경우 이를 실현하기 위해서는 무엇보다 중국인과 한국인의 회원 가입이 필요했을 것이기 때문이다.

우선 흥아회 설립 시기부터 흥아회 주도 회원들과 청국 영사관 사이의 교류 관계가 있었던 것은 여러 가지 면에서 주목받을 만하다. ≪흥아회공보(興亞會公報)≫ 제1집에는 흥아회 창립 대회의 상황이 비교적 자세하게 언급되어 있는데 청국공사[欽差大臣] 허루장에게 창립 대회에 참석할 것을 요청했으나 불가피한 일이 있어서 참석치 못한다고 하여 대신 축사를 요청했지만 그것도 응하지 못했고 다만 창립비(회비)만을 보내왔다고 했다.[21] 또 3월 하순 간사인 소네가 청국공사관으로 허루장을 방문하고 담화를 나누었는데 허루장은 이 자리에서 일본의 신문 보도들을 통해 소네를 비롯한 여러 사람들이 흥아회를 만들었다는 소식을 들었다고 하고 중국의 장즈팡을 초빙하여 중국어 학교를 개설했다고 하는데 그는 어느 지방 출신이고 어떤 주의를 가진 사람인지 상세한 설명을 해주도록 요청했다고 한다. 이에 대해 소네는 자신이 중국에 머물던 시기에 베이징에서 장즈팡에게 중국어를 배운 인연으로 그를 초빙하게 되었다는 경위와 아시아 각국의 연대[合從連橫]를 통해 아시아의 쇠퇴를 막고 백인에 대한 열세를 만회하고 부흥을 꾀하는 것이 "홍아(회)"의 의

---

21) 何如璋, 「興亞會幹事諸先生左右」, ≪興亞會報告≫ 第1輯(1880.3.24), pp.18~19.

미라고 설명했다. 소네의 설명을 듣고 허루장은 아시아의 부진을 씻고 대국 (大局)을 유지해나가자면 중국과 일본이 협력하지 않으면 불가능하다는 점과 아시아가 외국으로부터 당하는 모욕(外侮)를 막기 위해서는 먼저 (서로간) 언어를 소통하고 그런 다음 서로를 이해하면서 협력해간다면 순치상의 (脣齒相依)의 교류를 이룰 수 있을 것이라고 화답했다.[22]

허루장이 흥아회의 정식 회원으로 가입 절차를 가졌는지는 확실하게 알수 없지만 앞에서 살펴본 창립 당시의 상황으로 본다면 창립비를 보냈다는 사실로 회원 입회의 의사가 없었다고 볼 수는 없을 것이다. 1883년 초 아세아협회로의 개칭 이후 발간한 회보에 들어 있는 회원 명부에 허루장이 포함된 것은 그러한 이유였던 것 같다. 그러나 허루장은 흥아회의 활동에 직접 참여한 적이 없다. 말하자면 허루장은 창립 당초에 초대를 받았지만 출석하는 대신 축하 메시지 내지 창립비를 보내는 것으로 대신한 것이었고 흥아회 측에서는 이것을 회원(그것도 종신 회원의 자격) 가입으로 간주한 것이었다고 하겠다.

물론 허루장의 후임으로 1882년 5월에 부임한 리슈창(黎庶昌)도 허루장과 마찬가지로 회원 명부 속에 종신 회원으로 들어 있다. 리슈창의 경우 부임 직후 흥아회 측에서 편지를 보내 흥아회의 활동상을 소개하고 가입을 권유했는데 이에 대해 그는 "전임 공사의 전례도 있고 하니 흥아회[貴會]를 후원하는 것은 가능하고 내 이름을 넣는 것도 가능하다"고 대답했다.[23] 이로써 보건대 허루장의 입회 사실을 근거로 해서 리슈창도 입회 요청을 받아들이고 있음을 확인할 수 있다. 말하자면 이들의 입회는 흥아회 측의 요청에 의해 이루어졌던 것이다.

---

22) 「欽差大臣何公使ト曾根氏ノ對話」, ≪興亞公報≫ 第2輯(1880.4.1), pp.3~6.

23) 「吾會紀事」, ≪興亞會報告≫ 第28輯(1882.5.31), p.8.

리슈창은 부임 후 한 달여 뒤인 6월 하순 홍아회의 모임에 한 차례 참석한 적이 있다.[24] 그러나 그가 모임에 참석한 것이 마침 일본을 방문한 김옥균(金玉均)과 서광범(徐光範) 등 한국 사절단의 참석 사실을 알고 이들에 대한 관심과 배려를 보여주기 위해 특별히 이루어진 것이었음에 주목해야 한다. 주지하듯이 1882년은 조선에 대한 주도권을 두고 일본과 중국 사이에 갈등이 커지고 있었고 급기야는 그것이 임오군란으로 폭발되기에 이르렀는데 이런 외교적 관계 속에서 한국 사절단에 대한 일본 주재 청국공사관의 접촉이 이루어졌고 그것이 홍아회 출석으로 이어졌다고 보이는 것이다.

허루장과 리슈창 이외에 다른 청국공사관원들의 홍아회 입회도 확인된다. 홍아회 내지 아세아협회의 회원 명부에 이름과 소속을 확인할 수 있는 외교관원으로는 야오원둥(姚文棟), 쉬용주(徐永祖), 루용밍(盧永銘)(이상 도쿄 공사관), 차이쉬엔(蔡軒)(나가사키 영사관), 쉬청리(徐承禮)(고베 영사관) 등이 있다.[25] 이들 가운데 특히 야오원둥은 회원으로 가입했을 뿐만 아니라 아세아협회의 활동에도 여러 차례 참여하고 있는 것을 확인할 수 있다. 그러나 야오원둥의 참여가 회보에 한시를 싣고 있는 것으로 한정되어 나타나고 있다는 점은 주목할 만하다.[26] 야오원둥의 홍아회 활동은, 넓게 보자면 홍아회의 원래 목표인 아시아 제국 인사들 간의 긴밀한 교류 범위에 들어가기는 하나 비교적 순수한 문학적 교류에 한정되고 있었던 것이다. 그 밖에 다른 인물들이 협회 활동에 참여한 사실이나 직접적인 교류 사실은 확인되지 않는다.

허루장의 측근이며 중요한 보좌 역할을 하고 있던 황쭌셴은 홍아회 자료

---

24) 「吾會紀事」, ≪興亞會報告≫ 第30輯(1882.7.30), p.8.
25) 「本會紀事」, 『亞細亞協會報告』 第18篇(1885.9.25), p.2, 第1篇(1886.1.25), p.3.
26) 「文苑雜錄」, 『亞細亞協會報告』 第3篇(1883.4.16), p.33; 「文苑餘賞」, 『亞細亞協會報告』 第10篇(1883.11.16), p.38, 第15篇(1884.9.1), p.51, 第18篇(1885.9.25), p.46 등.

에 그 이름이 나타나지는 않아서 흥아회 혹은 아세아협회에 가입하거나 직접 흥아회 활동에 참여한 적은 없었다고 보인다. 다만 황쭌셴이 도쿄에 부임한 직후인 1878년 7월 이래로 흥아회의 주요 회원였던 미야지마 세이이치로(宮島誠一郞)와 개인적인 친분이 두터워 여러 차례 만나 편지를 주고받고 필담을 나누었던 것으로 확인되고 있어서[27] 미야지마와의 교류를 통해 황쭌셴이 흥아회에 대해 자세하게 알고 있었을 것은 충분히 짐작이 간다.

특히 흥아회가 창립된 직후인 1880년 3월 10일, 황쭌셴이 미야지마에게 보낸 편지에 의하면 미야지마의 아들과 또 다른 한 사람이 미야지마의 요청으로 황쭌셴에게 중국어를 배우고 있었는데 이제 흥아회에 중국어 학교가 생기고 쟝즈팡이 교관으로 왔으니 그쪽으로 가서 배우도록 해달라는 요청을 황쭌셴이 하고 있다.[28] 황쭌셴은 자신이 매일 서양 언어와 한문(고전)을 공부하고 있어서 시간을 낼 수 없다는 이유를 대고 있지만 일본인들에게 중국어를 가르친다거나 흥아회에 직접 개입하지 않으려는 태도를 일면 엿볼 수 있는 대목이기도 하다. 이런 점에서 황쭌셴과 미야지마 사이에 이루어진 여러 차례의 필담 기록에서 분명하게 확인되는 것은, 주로 중국의 고전들에 대한 견해와 시문을 나누는 일, 그리고 황쭌셴의 최대 관심이라고 할 일본의 개혁에 대한 여러 가지 정보들을 수집하고 그것을 책(『일본잡사시』와 『일본국지』)으로 만드는 일에 황쭌셴의 관심이 고정되어 있었고 그와 관련해 미야지마의 도움을 받고자 했다는 사실이다.[29]

---

27)  陳錚 編, 「致宮島誠一郞函(1878.7.27)」, 『黃遵憲全集(上)』(北京: 中華書局, 2005), pp.292~293 등 참조.

28)  황쭌셴은 이 편지에서 흥아회의 쟝즈팡이 베이징에 오래 산 사람이어서 자신보다는 (표준) 중국어 실력이 백배 낫고 또 (전문 강사로서) 가르치는 데 전력을 다할 것이므로 훨씬 나을 것이라고 말하고 있다. 陳錚 編, 「致宮島誠一郞函(1880.3.10)」, 『黃遵憲全集(上)』, p.311.

29)  황쭌셴과 미야지마 사이의 필담 기록은 미야지마의 후손들을 통해 보존되어 오

허루장, 황쭌셴의 경우에서 확인할 수 있는 바와 같은 흥아회에 대한 청국공사관 내지 재일 중국인들의 비교적 소극적인 관심과는 달리 한국 사절단 내지 재일 조선인들의 흥아회에 대한 관심과 흥아회 측과의 교류는 훨씬 더 적극적이었던 것으로 알려져 있다.[30] 조선인들의 흥아회 참여는, 개화승(開化僧)으로 1879년 6월 일본으로 밀항해온 이동인(李東仁)으로부터 시작된 것으로 보인다.[31] 이동인은 흥아회 설립 직후에 정식으로 흥아회 회원에 가입했고 1880년 9월과 11월 흥아회 월례회에 직접 참가하기도 했다.[32] 이어서 제2차 수신사로 일본에 파견된 김홍집(金弘集)의 수행원 3명[이조연(李祖淵), 윤웅렬(尹雄烈), 강위(姜瑋)]가 흥아회 초청 모임에 참여했으며[33] 1881년 6월 월례회에는 당시 조사 시찰단의 일원으로 일본에 왔던 김용원(金鏞元), 홍영식(洪英植), 어윤중(魚允中) 등 6명이 참여했고 같은 해 12월 월례회에는 제3차 수신사 조병호(趙秉鎬)의 수행원이었던 현석운(玄昔運), 이학규(李鶴圭), 정순용(鄭舜鎔), 김홍배(金弘培) 등이 참석하고 있다.[34] 또 1882년 6월에 열린 흥아회 간친회에는 김옥균, 서광범, 강위, 유길준(俞吉濬) 등이 참여했는데 특히 이 모임에는 청국공사 리슈창도 동석하여 서광범과 함께 한중일, 동아시아 삼국의 유대를 강조하는 시를 지어 주고받은 것이 눈

던 것으로 1878년 4월부터 1882년 2월까지 이루어진 것이다. 陳錚 編, 『黃遵憲全集(上)』, pp.715~785.

30)  이광린은 중국인들은 일찍이 흥아회의 의도를 의심하여 관계를 끊었다고 했으나[이광린, 『한국개화사상연구』(일조각, 1979), p.142], 리슈창과 야오원둥의 경우에서 확인되는 것처럼 관계를 끊은 것은 사실이 아니다. 그러나 흥아회 관련 활동이나 주장 그 자체에 중국 측 인사들이 적극적이지 않았다는 것은 분명한 사실이다.

31)  「興亞會參」, ≪興亞會報告≫ 第4輯(1880.5.14), pp.3~5; 이광린, 「開化僧 李東仁에 관한 새 사료」, 『한국 開化史의 諸問題』(일조각, 1986), p.4, 14.

32)  「告白」, ≪興亞會報告≫ 第13輯(1880.12.15), p.17.

33)  ≪興亞會報告≫ 第11輯(1880.10.9), pp.19~20.

34)  조선 개화파 인사들의 흥아회 참여 상황은 이헌주, 「1880년대 전반 조선 개화 지식인들의 '아시아연대론' 인식 연구」, pp.321~323에 자세히 나와 있다.

길을 끈다.[35] 리슈창의 흥아회 모임 참여는 이것이 유일한데 전술한 대로 리슈창의 간친회 참석은 김옥균을 위시한 한국 사절단의 방문에 맞추어 한국 사절단의 관심을 일본에게 독점당하지 않으려는 의도에서 나온 것으로 해석된다.

조선 개화파 인사들의 흥아회 가입이나 관련 활동 참여도 기본적으로는 흥아회 측의 초청이나 적극적인 접근을 통해 이루어졌지만, 전술한바 허루장, 리슈창, 황쭌셴 등의 경우에서 확인되는 흥아회에 대한 중국 측 인사들의 태도와는 상당히 다른 면모를 보여주고 있다고 생각된다. 특히 처음으로 흥아회와 접촉했던 이동인은 흥아회의 창설 소식에 감격의 눈물을 흘렸다고 하면서 "현재의 아시아가 쇠약해져 서양인들로부터 곤욕을 당하는 것은 남의 장점을 본받는 변통을 하지 못한 까닭이다"라고 하고 당시의 세계 정세를 아시아와 구미의 대립으로 보면서 구미의 침략에 대한 아시아인들 간의 연대를 주장하고 있었다. 또 제2차 수신사로 일본에 파견된 김홍집도 흥아회 회장의 초대를 받고 외교관의 신분이라 직접 가지 못하고 속관(屬官)을 보낸다고 하면서 보낸 답신에서 "청국공사 허루장도 회원인 마당에 의견에 이동(異同)이 있을 수 없다"고 하여 흥아회의 기본 취지에 대한 찬동 의사를 분명하게 했다. 김홍집은 귀국 후 제출한 복명서에서도 일본에 흥아회가 존재한다는 사실을 언급하면서 "(흥아회는) 한중일 삼국이 연합[同心同力]하여 유럽 열강으로부터 더 이상 수모를 받지 않으려는 취지(의도)를 가진 것이다"라고 보고했다.[36] 또 김홍집과 함께 도일(渡日)한 강위의 경우에도 나가사키 현령(縣令) 우쓰미 다다카쓰(内海忠勝)와 주고받은 서신에서 동양 삼국이 단합하여 개명(開明)과 부강(富强)에 힘써야 한다는 우쓰미의 주장에 적

35) 「吾會紀事」, ≪興亞會報告≫ 第30輯(1882.7.30), p.1.
36) 이광린, 『개화파와 개화사상 연구』, pp.140~141 참조.

극 호응하고 있었음이 확인된다.[37] 강위는 1880년과 1882년 2차례 도일 기간 중 모두 홍아회의 간친회에 참여하고 홍아회 회원들과 교류를 가졌음이 확인된다.[38] 요컨대 허루장이나 리슈창, 황쭌셴 등의 청국 측 인사들과 달리 이동인, 김홍집, 강위 등 조선의 개화파 인사들은 홍아회의 아시아연대 주장에 적극 호응하는 입장이었음을 확인할 수 있고 그런 점에서 홍아회를 중심으로 하는 일본 아시아주의자들의 영향을 강하게 받고 있었다고 말할 수 있는 것이다.


## 4. 『조선책략』 저술의 의도

앞에서도 언급한 대로 『조선책략』에 대해서는 그간에 많은 연구들이 있어왔다. 기왕의 연구들에서 밝혀진 대로 『조선책략』은 1880년 제2차 수신사로 일본에 파견된 김홍집이 일본 주재 청국공사관의 참모이던 황쭌셴으로부터 받아온 것이다. 1876년 강화도조약 체결로 일본의 군사적·외교적 압력에 직면한 조선은 조약 체결 직후 수신사를 파견하기 시작했는데 그 이후 양국 사이에 관세권 회복 문제, 미곡의 지나친 수출에 따른 해결 방안 마련 등의 현안이 생겼고 그와 더불어 조선에 대한 기존의 영향력을 유지하려던 청국이 서양 각국과 입약 통상을 적극 주장하게 되는 등 국제환경의 변화 속에서 제2차 수신사 파견이 이루어졌던 것을 본다면 『조선책략』은 상당히 복잡한 배경 속에서 나온 것이고 따라서 당시 동양 삼국 간의 복잡한

---

37) 이현주, 「1880년대 전반 조선 개화지식인들의 '아시아연대론' 인식 연구」, pp.334~339.

38) 이광린, 「姜瑋의 인물과 사상」, 동씨 저, 『한국개화사상연구』(일조각, 1979), pp.35~36.

정세 변화 속에서 파악되어야 한다는 점은 분명하다.

김홍집 일행이 일본 청국공사관과 접촉한 과정을 살펴보자면, 1880년 7월 6일 도쿄에 도착한 김홍집 일행의 숙소[本願寺]를 황쭌셴이 방문한 것이 7월 15일이었고 이어서 김홍집 일행이 도쿄를 떠나기 직전인 8월 3일까지 모두 6차례의 면담을 하고 있다. 이 가운데 각각 3차례씩 김홍집 일행의 숙소와 청국공사관을 방문했는데 주목할

김홍집

것은 먼저 방문한 쪽이 황쭌셴 쪽이었고 이후에도 김홍집 일행의 청국공사관 방문은 답방의 형식을 띠고 있었다는 것이다. 말하자면 허루장과 황쭌셴을 중심으로 하는 청국 외교관들의 요청에 의해 면담이 이루어지고 있었고 조선 수신사 측의 입장은 상대적으로 소극적 내지 수동적이었다는 사실이다.[39]

허루장과 황쭌셴이 김홍집 일행을 면담하려고 적극적으로 나서고 있었던 배경에는, 앞에서도 언급했지만 강화도조약 체결 이후 중국과 일본 사이에 진행되고 있던 조선을 둘러싼 주도권 경쟁이 있었다. 이런 배경에서 일찍이 청국 측에서는 서양 각국과의 조약 체결(입약)을 통해 일본이나 러시아의 조선 진출을 견제하도록 유도하는 정책을 대조선(對朝鮮) 외교 전략으로 정하고 있었다. 즉, 베이양 대신(北洋大臣) 리홍장(李鴻章)은 1878년 9월과 1879년 2월, 1880년 10월 등 여러 차례에 걸쳐 영중추부사(領中樞府事) 이유원(李裕元)에게 편지를 보내 이러한 정책을 권고하고 있었을 뿐만 아니라 도쿄 주재 청국공사관에도 이와 같은 입장을 전달하고 있었던 것이다.[40] 또

---

39) 이헌주, 「제2차 수신사의 활동과 『조선책략』의 도입」, pp.293~296 참조.

푸젠 성(福建省) 순무(巡撫) 쩡러창(丁日昌)은 1879년 여름 총리아문(總理衙門)에 보낸 상서문에서 "조선이 부득이 일본과 조약을 체결했지만 서양 각국과 조약을 맺는 것이 더 좋은 방안이다. 일본은 조선을 병탄(倂呑)할 마음을 가지고 있지만 서양 각국은 타국을 멸절(滅絶)시킨 예가 없다. 만약 서양이 조선과 통상을 원한다면 (우리 청국이) 적극 권해야 한다"고 했다. 쩡러창의 이러한 주장은 뒤에 청정부(淸政府)의 인가를 얻은 셈이었으니 리훙장이 이유원과의 관계를 이용하여 개인적 편지[密函]의 형식을 빌어 조선의 개국을 적극 주장한 것도, 쩡러창의 주장을 받아들인 총리아문이 리훙장에게 지시한 결과였던 것이다.[41] 이런 점에서 본다면 허루장, 황쭌셴이 김홍집에게 적극적으로 접근한 것은 자신들의 개인적 의견이라기보다는 일차적으로는 청국의 외교 정책을 집행하는 입장에서 나온 것이었다고 할 수 있을 것이다.

김홍집과 허루장, 황쭌셴 사이의 필담은 김홍집 측에 의해 보존·전래되면서 거의 대부분이 온전히 남아 있다. 그것에 의하면 김홍집은 허루장, 황쭌셴과 관세 징수, 미곡에 대한 수출 금지, 인천항 개항, 한일 양국 간 공사의 파견 등 조선과 일본 사이에 제기되었던 여러 가지 현안들에 대해 광범하게 논의했다. 허루장과 황쭌셴은 특히 관세자주권(關稅自主權)의 중요성을 강조하면서 일본과 담판을 지어 관세자주권을 회복해야 한다고 강력하게 권유했다. 또 일본에 조선공사를 파견하여 상주시키는 것이 반드시 필요하며 일본과 우호적 외교관계[脣齒之交]를 맺을 필요가 있으며 일본과의 협력을 통해, 향후 가장 큰 위험으로 예상되는 러시아의 남침에 대비해야 한

---

40) 송병기, 「李裕元, 李鴻章의 交遊와 李鴻章의 서양 각국과의 수교 권고」, 『근대한중관계사 연구』(단국대학교출판부, 1985), pp.23~32 참조. 리훙장과 이유원 사이의 편지 왕래는 1875년 말부터 1881년 2월 말까지 모두 16차례씩 주고받은 것으로 알려져 있다. 권혁수, 『근대한중관계사의 재조명』(혜안, 2007), pp.104~106.

41) 董洁, 「"朝鮮策略"的源起: 是黃遵憲個人的構思還是淸政府的決策」, pp.57~59 참조.

다고 권고했다.[42]

　필담에 나타나고 있는 허루장, 황쭌셴의 권유 가운데, 일본의 조약 개정과 관세자주권의 회복 노력에 관한 정보는 김홍집이 일본에 조선의 관세자주권 회복의 정당성을 주장하는 데 일정한 도움이 되기도 했다.[43] 그러나그 밖의 여러 가지 내용들은, 조선의 국제관계에 대한 무지와 준비 부족으로 인하여 제대로 받아들여지기 어려웠다. 특히 일본과 우호적인 관계를 수립해야 한다는 주장과 러시아의 남침이 가장 큰 위협이 될 것이라는 주장에대해서는, 그것이 조선의 대외 정책 전반에 관련되어 있었던 만큼 김홍집으로서는 수용 여부를 밝힐 수 없는 입장에 있었다고 하겠다.

　『조선책략』은 바로 이러한 상황 속에서 청국 측의 주장을 좀 더 구체적으로 제기하기 위해 만들어졌다. 김홍집의 귀국을 앞두고 1880년 8월 2일인사차 김홍집의 숙소를 방문한 황쭌셴은 시간 부족과 필담의 한계로 인한어려움을 토로하면서 허루장과 함께 조선을 위한 『책략』을 며칠 만에 급하게 준비했다고 하면서 돌아가서 정독해줄 것을 부탁했다.[44] 이런 점에서 『조선책략』은 김홍집과의 접촉을 준비해온 허루장과 황쭌셴의 기본적인 생각을 정리한 것으로, 황쭌셴 개인의 생각이거나 임시변통적인 것이 아니라 당시 청국 측의 조선에 대한 외교 정책의 기본 방향을 담고 있었다고 할 수 있을 것이다.

---

42)　이상 필담의 내용은 黃遵憲, 「김홍집과 駐日淸國外交官과의 筆談」, 『朝鮮策略』, 조일문 역주, pp.55~97 참조.

43)　국사편찬위원회 편, 『修信使記錄』(탐구당, 1985), p.17; 이헌주, 「제2차 수신사의 활동과 『조선책략』의 도입」, p.296 참조.

44)　黃遵憲, 『朝鮮策略』, p.79.

## 5. 『조선책략』과 아시아주의

『조선책략』

『조선책략』은 우선 강대국 러시아의 대외 팽창 과정을 자세하게 언급하는 것으로 시작하고 있다. 터키에 대한 침략이 서방 열강들의 간섭으로 무산되자 러시아는 동방으로 진출을 도모하고 있는데 최근 10년 동안 일본으로부터 사할린(樺太)을 빼앗고 헤이룽 강(黑龍江) 이동의 연해주(沿海洲)를 중국으로부터 빼앗았으며 투먼 강(圖們江) 어귀에까지 이르렀으니 그다음 차례는 동방 진출의 최대 요충지인 조선이 될 것은 너무나 뻔한 이치라고 주장했다. 이런 상황에서 조선이 취해야 할 책략은 중국과 연대하고[親中國] 일본과 (우호관계를) 맺으며[結日本], 미국과 이어져서[聯美國] 러시아에 대항하는 것이라고 주장했다.

황쭌셴은 "친중국, 결일본, 연미국(親中國, 結日本, 聯美國)"에 대해 좀 더 구체적으로 다음과 같이 말하고 있다. 우선 친중국에 대해서는, "규모나 물자의 풍부함에 있어서 러시아를 제어할 수 있는 동방의 나라는 중국뿐이고 중국을 사랑하는 나라는 조선만 한 나라가 없기 때문에 두 나라가 연합해야하며 중국과 조선은 문자가 같고 정교(政敎)가 같으며 지리적으로도 매우 가까워 중국 안[內地]의 군현(郡縣)과 다름없는 관계이다. 조선은 마땅히 중국을 섬겨 한 집안과 같음을 저들(러시아)로 하여금 알도록 한다면 러시아의 침입을 막아낼 수 있을 것이다"라고 했다. 다음으로 결일본에 대해서는, "일본과 조선은 원래 서로 도와 의지하는 관계[輔車相依]에 놓여 있어서 한때 비록 서로 대립하는 관계가 있기는 했으나 작은 거리낌을 버리고 큰 계획을 도모하는 데 힘을 합친다면 러시아의 공격을 함께 막아낼 수 있을 것이다"

라고 주장했다. 다음으로 연미국에 대해서는, "미국은 원래 예의의 나라로서 남의 나라를 탐낸 적이 없으며 인종은 유럽 인종과 같으나 동서 사이에 끼여 있어서 유럽의 악행을 막는 데 나설 수가 있고 국력 또한 막강하여 미국을 우방으로 끌어들인다면 러시아의 침략이라는 화를 막아내는 데 큰 도움이 될 수 있을 것이다"고 보았다.[45]

황쭌셴은 자신이 제시하는 『책략』을 조선이 어떻게 받아들일 것인가를 걱정하면서 조선이 친중국 하는 것에는 찬성할 것이지만 결일본 하는 데는 반쯤 의심할 것이며 연미국 하는 데는 전적으로 의심할 것이라고 보았다.[46] 특히 강화도조약을 체결한 이래 일본의 침략에 당면한 조선으로서 일본과 우호관계를 맺는 일은 그리 쉬운 노릇이 아니었을 것임은 충분히 짐작할 수 있는 것이었다.

그뿐만 아니라 중국의 입장에서 『조선책략』이 써지던 1882년 직전까지 일본의 도발은 계속되고 있었으니 1874년에는 류큐 표류민(漂流民) 피살 사건을 이유로 일본이 타이완(臺灣)을 침공했었고 1879년에는 류큐를 오키나와 현(沖繩縣)으로 바꾸면서 일본의 영토로 편입했던 것이다. 게다가 1876년에는 청국이 속국(屬邦)으로 여기고 있던 조선에 대해서 침략 의도를 분명하게 드러내는 강화도조약을 체결했다. 이런 면에서 보자면 황쭌셴이 일본과 우호관계를 수립하라고 조선에 권고한 것은 이해하기 어려운 대목이다. 그러나 당시 청국의 외교정책 수립에서 최대 목표가 러시아의 남진을 막는 것에 맞추어져 있었다는 사실을 감안한다면, 그리고 청국이 러시아에 대항하기 위해서는 일단 일본과 우호적인 관계를 유지하는 것이 절대적으로 필요했다는 점을 이해한다면, 청국이 조선에 일본과의 우호관계 유지를 권고한

---

45) 같은 책, pp. 23~27.
46) 같은 책, p. 27.

것은 자연스럽게 이해할 수 있을 것이다.

사실 러시아의 영토 확장, 그 가운데서도 특히 동방(東方)으로의 영토 확대과정을 살펴보면 그것이 왜 그토록 청국에게 불안을 주고 있었는지를 이해할 수 있다. 러시아는 16세기 이래로 동방으로의 확대 정책을 실시하여 시베리아를 점령한 이후 17세기 중엽이 지나서는 헤이룽 강 유역과 바이칼 호수 이동 지역으로 진출을 꾀하기에 이르렀다. 17세기 말인 1689년에 체결된 네르친스크조약은 중국이 서방 국가와 맺은 최초의 근대적 조약으로 중국과 러시아 간의 국경 획정 문제를 내용으로 하고 있었다. 외흥안령(外興安嶺)을 경계로 정한 네르친스크조약의 결과로 헤이룽 강을 통한 연해주 진출이 좌절되었던 러시아는 1727년 캬흐타조약의 체결로 통상 범위를 확대하면서 동방으로의 진출을 노리게 되었다.[47] 이어서 1855년에는 캄차카 반도와 헤이룽 강 하구 지역까지 군대를 파견하여 점령했으며 제2차 중영전쟁이 한창이던 시기인 1858년에는 국경 확정 문제를 제기하여 청국과 아이훈조약을 체결하게 되는데 그 결과 헤이룽 강 이북 지역과 외흥안령 이남 지역을 러시아의 영토로 넘겨주게 되었다. 또 제2차 중영전쟁의 결과로 양국 사이에 베이징조약이 맺어지는 과정에서 조정 역할의 대가로 1860년 6월 중러베이징조약을 맺게 되었는데 그 내용은 우수리 강 이동 지역을 러시아의 영토로 넘겨주는 것이었다.[48]

러시아의 동방 진출은 일본에 대한 침공으로도 나타났다. 러시아의 동방 진출에서 최대 목표는 이른바 부동항을 찾는 것이었는데 그것은 사할린과 대한 해협의 두 방향으로 추진되었다. 러시아와 일본 사이의 대립도 러시아의 진출로 인한 국경 분쟁에 있었으니 1855년 일러 화친조약에 의하면 양국

---

47)  최문형, 『러시아의 남하와 일본의 한국침략』(지식산업사, 2007), pp.46~56.
48)  賈寶波·汪志遠, 「論黃遵憲的"中日聯盟"思想及其影響」, ≪中國民航學院學報≫ 14-5(1996), p.60.

간의 국경은 쿠릴열도의 이투루프 섬과 우루프 섬 중간으로 정해져 있었고 사할린은 양국이 남북으로 나누어 갖는 것으로 되어 있었다. 러시아가 1865 년 쿠릴열도와 남부 사할린을 교환하자고 제안한 것은 러시아의 남진 의도 를 분명하게 드러내는 것이었고 여기에 영국도 가세하면서 급기야 1861년 에 러시아가 쓰시마(對馬島)를 점령하기에 이르렀다. 영국이 개입함으로써 러시아는 쓰시마에서 철군했지만, 이 사건으로 러시아의 침략에 대한 일본 의 두려움은 극도에 달하게 되었고 이후 일본의 최대 국방문제는 러시아의 남진을 막는 데로 모아졌다.[49]

이를테면 17세기 이래로 청국의 최대 국방문제는 러시아의 남진을 막는 것이었고 러시아의 쓰시마 점령으로 드러났듯이 19세기 중반 이후 일본에 서도 최대 국방문제는 러시아의 남진을 막는 일이었다. 이를테면『조선책 략』이 써지던 1880년 전후 시기에 청국과 일본은 러시아를 최대의 적[主敵] 으로 삼고 있었으며 러시아의 남진을 막기 위한 방안에서는 양국이 동일한 목표를 가지고 있었다는 말이다. 이런 까닭에 리홍장은 중국으로서는 충격 적일 수밖에 없는 상황—일본의 타이완 점령과 그에 따른 해결 교섭과정—에서도 러시아에 대응하기 위해 일본과의 정면 대립 을 했다. 리홍장은 1879년 일본의 류큐 편입 에 반대해 주일 청국공사 허루장이 도쿄 주재 청국공사관의 폐쇄와 외교관의 철수를 주청 (奏請)하자 그것을 적극 만류하는 입장을 표명 했는데 그 이면에는 거의 같은 시기에 진행되 고 있던 이리(伊犁) 지역 반환을 둘러싼 러시 아와의 충돌과 협상을 일본과의 충돌보다 더

리홍장

---

49) 최문형,『러시아의 남하와 일본의 한국침략』, pp.120~125.

중요하게 여기는 인식이 깔려 있었다.[50]

이렇게 본다면 『조선책략』의 구도는 황쭌셴 개인의 구상이나 대책이 아니라 1870년대 이래로 청국의 기본적인 외교 전략을 그대로 담아내고 있는 것이다. 이는 일본과 미국이라는 세력을 끌어들여 중국의 최대 현안인 러시아를 배척 내지 견제하려는 것이었다고 볼 수 있을 것이다.[51] 그리고 이러한 구도는 중국의 전통적인 외교 전략인 "이이제이(以夷制夷)"의 형태를 그대로 답습하고 있음을 알 수 있다. 러시아라는 이(夷)를 견제·제거하기 위해 다른 이(夷)인 일본과 미국을 끌어들이는 것이었고 여기에 조선을 하나의 수단으로 이용하고자 하는 의도가 잘 드러나 있는 것이다.

다만 일본과의 우호관계를 유지해 러시아의 침략에 공동 대응하려고 한 대목은 전술한바 흥아회에서 제기되고 있던 아시아주의의 영향이라고 볼 부분이 없지 않다.[52] 또 허루장, 황쭌셴과 김홍집 사이의 필담이나 『조선책략』의 서술에서 기왕의 조선과 청조 사이에 있었던 종번관계(宗藩關係)와는 달리 지역적 연대를 강조하는 경향이 있고 그런 점에서 아시아주의적 경향을 보여주고 있다는 평가도 있을 수 있다. 이를테면 동아시아 삼국, 즉 한중일의 연대를 통해 러시아라는 유럽 열강의 침략에 공동 대응하려는 것은 흥아회에서 제기하고 있던 지역적 연대의 연장이라고 볼 수 있다는 말이다.

그러나 아시아 제국의 연대를 통해 서구 열강의 침략에 대항하자는 흥아회의 주장과 비교하여 『조선책략』은 또 다른 서양 열강인 미국을 끌어들여 조선과 조약을 체결하게 함으로써 러시아와 일본의 조선 침략을 "균세지법

---

50) 李細珠, 「李鴻章對日本的認識及其外交策略: 以1870年代爲中心」, ≪社會科學輯刊≫ 2013-1, pp.151~152 참조.

51) 董洁, 「"朝鮮策略"的源起: 是黃遵憲個人的構思還是淸政府的決策」, pp.60~61.

52) 흥아회의 아시아주의가 상당 정도 일본이 주도하는 아시아 질서를 염두에 두고 있었음은 물론이다. 山田昭次, 「自由民權期의 興亞論과 脫亞論: 아시아주의의 형성을 에워싸고」, pp.329~331 참조.

(均勢之法)"으로서 사용하려고 했다는 점에서 상당한 차이가 있다. 『조선책략』에서는 물론 미국을 대동양(大東洋)에 두루 가까운 나라라고 하면서 동방의 나라들과 연결할 수 있는 나라라고 주장하고는 있지만[53] 그것은 어디까지나 조선에 대외 개방을 강력하게 권유하고자 하는 입장에서 나온 것이지 미국이 서구 열강의 하나인 것은 부인할 수 없는 일이다. 또 『조선책략』을 통해 달성하려고 한 목표가 아시아의 지위 회복이나 자주 독립에 있었던 것이 아니라 청국의 조선에 대한 기왕의 종주권(宗主權)을 유지하려는 것이었다는 점[54] 또한 『조선책략』이 이른바 "아시아의 연대"를 의미하는 것은 아니라는 사실을 보여주고 있다.

물론 근대 이전까지의 전통적 화이질서 혹은 중화체제의 측면에서 볼 때 『조선책략』에서 말하는 한중일 삼국과 미국의 연대 주장은 그나마 전통적 질서 속에서는 찾아볼 수 없었던 지역 의식이나 지역 연대의 초보적 형태를 띠고 있다는 점에서 주목 받을 수 있다.[55] 그러나 이 시기 동아시아 전체를 살펴볼 때 『조선책략』의 주장을 지역 의식의 한 형태로 파악하는 것은 거의 어려울 것 같다.


6. 맺음말


『조선책략』이 조선에 유입된 이후 적지 않은 논란을 겪기는 하지만 결국 미국과의 조약 체결에 직접적인 영향을 미쳤으며 그런 점에서 조선의 개방에 끼친 『조선책략』의 영향은 결정적인 것이었다고 하겠다.[56] 이 글에서는

---

53)  黃遵憲, 『朝鮮策略』, 조일문 역주, pp. 26~27.
54)  김수자, 「黃遵憲의 『朝鮮策略』에 나타난 朝鮮自强策과 '지역'의식」, pp. 297~298.
55)  같은 글, pp. 301~302.

아시아주의라는 관점에서 『조선책략』을 검토하기 위해 흔히 근대 중국의 아시아주의에 영향을 준 것으로 알려져 일본의 초기 아시아주의의 발흥 과정을 흥아회의 성립과 운영을 중심으로 살펴보고 당시 일본 주재 청국 영사관에 소속된 외교관으로서 흥아회와 밀접한 관련이 있다고 알려져 온 허루장, 황쭌셴과 흥아회의 실제적인 관련성 문제를 검토했다. 그 결과로 이 글에서는 허루장, 황쭌셴 등 청국 외교관들이 흥아회에 가입하는 등 교류를 하고 있었지만 그 활동에 직접 참여하는 경우는 매우 드물었으며 아시아 각국 간의 연대라고 하는 흥아회의 기본적인 주장에는 원칙적으로 찬동을 표하면서도 일정한 거리를 유지하는 소극적 관계였음을 확인할 수 있었다. 특히 『조선책략』의 저자 황쭌셴은 흥아회에 가입한 적이 없었으며 흥아회의 주요 회원 가운데 한 사람인 미야지마 세이이치로와도 밀접한 교류를 가지고 있었지만 중국 고전에 대한 교류나 일본 근대화 과정에 대한 정보 수집 등에 관심을 집중하고 있었지 아시아연대와 같은 흥아회 활동을 함께한 흔적은 거의 보이지 않고 있다.

다음으로 황쭌셴의 가장 중요한 저작 가운데 하나인 『조선책략』의 내용을 살펴보자면 그것은 한마디로 러시아의 침략을 방어하기 위해 조선정부로 하여금 일본과 우호관계를 유지하고 미국과 수교 통상하도록 권유하는 의도를 가진 것이었다. 그리고 이러한 외교 책략은 황쭌셴 혹은 허루장의 개인적 주장이 아니라 1870년대 이래 계속되어온 청국의 대조선정책의 기본 방향을 잘 보여주고 있다고 봐야 한다. 예컨대 당시 청국의 외교 정책 결

---

56) 『조선책략』의 조선 유입 이후의 과정이나 대미 수교 과정은 이 글의 초점이 아니기 때문에 여기서 다루지는 않겠다. 이와 관련한 중요 연구로는 이헌주, 「제2차 수신사의 활동과 『조선책략』의 도입」; 張靜・吳振淸, 「黃遵憲"朝鮮策略"與近代朝鮮的開放」; 김시태, 「황준헌의 조선책략이 한말정국에 끼친 영향」; 조항래, 「『조선책략』을 통해 본 防俄策과 聯美論 연구」 등이 있다.

정에 가장 결정적 영향력을 가지고 있었던 리훙장의 경우 조선에 대한 기본적 책략으로 미국에의 문호 개방을 통한 열강 간의 세력 균형[均勢之法]을 계속하여 주장하고 있었고 이것을 조신 측에 권유하는 데 적극 나서고 있었음을 확인할 수 있는 것이다.

『조선책략』은 기본적으로 청국에게 최대의 적으로 간주되고 있던 러시아의 침략을 막기 위해 조선을 이용하려는 목적 아래 조선으로 하여금 일본, 미국과 연대할 것을 주장하고 있다는 점에서 부분적으로 아시아 지역 연대의 모양을 가지고 있기는 하다. 그러나 청국과 일본의 연대라고 하는 것도 러시아의 남침에 대한 공동 대응의 필요성에 근거하고 있기는 하지만 사실은 완전한 동상이몽이었고 더구나 미국이라는 서양 열강을 연대 대상으로 삼고 있다는 점에서는 서구 열강에 대한 아시아인들의 공동 대응이라는 흥아회류(類)의 아시아주의와도 상당한 거리가 있는 것을 부인할 수 없다. 오히려 러시아와 일본의 침략 아래 중국의 종주권이 위협받고 있는 상황에서 미국과의 수교를 통해 조선에 열강 간의 세력 균형을 이루고 그것을 기반으로 하여 청국의 조선에 대한 종주권을 유지 내지 강화해가려는 것을 기본 의도로 한다는 점에서 "이이제이"를 기본으로 하는 중국의 전통적 화이관(華夷觀), 즉 중화질서의 국제관이 더 크게 드러나고 있다고 보아야 할 것이다. 이를테면 『조선책략』에 나타나고 있는 국제관계는 아시아주의적 영향 내지 함의가 일부 존재하기는 하지만 어디까지나 전통적 화이질서가 더 강고한 형태를 유지하고 있었고 그런 점에서 『조선책략』의 국제 인식은 전통적 화이질서의 근대적 이행 과정에서 부분적으로 아시아주의적 변용을 보여주고 있었다고 말할 수 있을 것이다.

# 제2장

# 량치차오와 아시아주의

『대동합방신의』의 출판과 중화주의의 변용

## 1. 머리말

1898년 6~9월에 걸친 무술개혁(戊戌改革)은 말 그대로 '망국의 위기' 속에서 급박하게 진행된 개혁운동이었다. 4년 전인 1894년에 발발한 청일전쟁(淸日戰爭)은 이전부터 번지기 시작한 망국의 위기를 최고조로 치닫게 하는 직접적인 계기가 되었다. 청일전쟁의 결과로 1895년 4월 청일 양국 간에 체결된 시모노세키조약(馬關條約)은 뤼순(旅順), 다롄(大連) 및 타이완, 펑후열도(澎湖列島)를 일본에 양도한다는 치욕적인 내용을 담음으로써 중국의 많은 우국지사들로부터 집중적인 비판의 대상이 되었다. 청일전쟁의 승리와 시모노세키조약을 통해 일본은 중국 침략의 교두보를 마련할 수 있었고 일거에 동아시아 지역에서 중국이 가지고 있던 패권을 자신들이 차지하기에 이르렀다. 러시아를 중심으로 한 열강들의 간섭(삼국간섭)으로 비록 뤼순과 다롄을 되찾기는 했지만 연이은 독일의 자오저우 만(膠州灣) 점령(1897년 10월)과 러시아의 뤼순·다롄 조차(租借)(1898년 3월), 프랑스의 광저우 만(廣州灣) 점령(1898년 3월), 일본의 푸젠 성에 대한 독점적 지위 요구(1898년 3월), 영국의 웨이하이웨이(威海衛) 조차(1898년 7월)가 이어지면서 그야말로 열강들에 의한 중국 분할과 그로 인한 망국의 위기가 현실화되고 있었던 것이다.

이런 위기 속에서 추진된 개혁운동은, 개혁을 시행하기도 전에 국가가 망함으로써 개혁의 기회조차 잃게 될지도 모른다는 위기감 속에서 급속하게 추진될 수밖에 없었다. 어떻게 해서든 개혁을 추진하기 위한 시간을 확보해야 한다는 절박함 속에서 망국을 막기 위한 대안으로서 전통적 국가 보위책인 이이제이의 외교 정책들과 함께 열강들 간의 균형을 통해 중국의 존립을 도모하려는 방안들이 다각적으로 제기되었던 것은 바로 그러한 배경에서 나온 일이었다.

앞 장에서 밝힌 대로 1871년 러시아의 이리(伊犁) 지역 점령 이후 연이은 남하 정책의 추진으로 1870년대 이래 중국인들에게 러시아는 최대의 위협 세력으로 받아들여지고 있었다. 이런 까닭에 개혁파 외교관 황쭌셴은 러시아의 남진을 막기 위해 중국, 한국, 일본, 미국 사이의 연대를 강조하고 그것을 조선의 대외 전략으로 적극 추천하기에 이르렀던 것이니 그가 작성하여 한국 사절단에게 전달함으로써 조선의 대외 정책에 커다란 영향을 미쳤던 『조선책략』은 바로 러시아에 대한 방어책의 일환으로 제기되었던 것이다. 무술개혁 직전의 위기 상황에서 개혁파들을 중심으로 제기된 구망책(救亡策)의 근간도 바로 이러한 러시아의 침략을 최대의 위기로 보고 그것을 막기 위한 방책으로 중국과 일본의 동맹 및 일본과 동맹을 맺고 있던 영국과의 동맹, 곧 연영일(聯英日) 주장으로 나타나고 있었다. 연영일론(聯英日論)은 무술유신 전해인 1897년부터 나타나기 시작했으니 캉유웨이의 경우 1897년 11월의 제5차 상주(上奏)에서, 독일의 자오저우 만 강점을 들며 열강에 의한 분할을 피할 수 없는 사실로 받아들이면서 재능 있는 인사[文臣辯士]들을 각국에 보내 그 나라의 의회와 언론 기관을 방문토록 하여 각국의 여론을 환기함으로써 중국에 대한 침략을 멈추게 하고 그 사이에 중국의 개혁을 서둘러야 한다는 주장을 제기하고 있었다. 이어서 러시아가 뤼순·다롄 조차를 요구한 것으로 알려진 1898년 2월 말에는 그 대책으로서 영국 및 일본과 연대해 러시아에 대처해야 한다는 주장(연영일론)을 적극 제기하고 있었던 것이다. 이러한 연영일론은 무술정변(戊戌政變) 직전인 1898년 7~8월에는 한층 급진적인 형태로 나아가게 되었으니 영국, 일본과의 연방론(聯邦論) 혹은 일본과의 합방론(合邦論)으로까지 거론되기에 이르렀던 것이다. [1]

이 글에서 다루어보고자 하는 다루이 도키치(樽井藤吉)의 『대동합방론(大東合邦論)』은 원래 1893년 일본에서 출판된 책으로 일본과 한국이 먼저 합방한 다음 중국과 연대해야만 서양 열강들의 침략을 막을 수 있다는 주장을 펼치고 있는 것으로 당시 일본 아시아주의자들의 일부 주장을 대변하고 있는 것이다. 그런데 흥미로운 것은 이 책이 『대동합방신의(大東合邦新義)』라는 다른 이름으로 1898년 상하이에서 다시 출판되면서 신식 학당들에서 교본으로 사용될 만큼 중국인들에게 상당한 정도로 읽히게 되었다는 점이다. [2] 물론 『대동합방론』이 『대동합방신의』라는 이름을 달고 상하이에서 출판된 이유는 원저자인 다루이가 주장하고 있던 일본과 한국의 합방 및 중국과의 연대 주장이 이 책을 출판한 대동역서국(大同譯書局)을 주관하고 있던 량치차오와 캉유웨이의 동생 캉광런(康廣仁) 등 개혁파의 관심을 끌었기 때문일 것이다. 이를테면 이 책의 주장인 일본과 한국의 합방 및 중국과의 연대가 앞서 살펴본 연영일론으로 대표되는 개혁파의 주장과 맞아떨어진다

---

1)  민두기, 『中國近代改革運動研究: 康有爲 중심의 1898년 개혁운동』(일조각, 1985), pp. 220~231.

2)  『대동합방신의』가 간행된 지 약 6개월 뒤인 1898년 9월에 이 책을 읽고 원본인 『대동합방론』과 자세한 내용 비교까지 하고 있는 차이위안페이(蔡元培)는, 이 책의 내용이 강병책보다는 화평책에 치우치고 있다고 하면서 캉유웨이와 량치차오가 편역한 '학당교본(學堂教本)'의 내용이 하나같이 그렇다(국가의 위기에 대하여 군사적 대응보다는 외교적 대응에 치중하고 있다)고 주장했다. 차이위안페이의 이 말을 통해 『대동합방신의』가 당시 학당의 교본으로 사용되었던 것을 알 수 있다. 蔡元培, 「日本森本丹芳"大東合邦論"閱後」, 高平淑 編, 『蔡元培全集』 第1卷(北京: 中華書局, 1984), p. 79 참조.

는 점이 개혁파들의 주목을 받았고 이런 이유로 해서 번각(飜刻) 출판이 이루어졌다는 말이다.

그런데 상하이에서 출판된『대동합방신의』의 내용과 원래『대동합방론』은 얼마간의 차이를 보이고 있다. 이를테면 번각 과정에서 일부 내용이 원저자의 의도와 상관없이 첨삭된 것인데 이 점은 당시 개혁파의 아시아 인식이나 아시아연대 주장을 일정 정도 반영한 것으로 보인다는 점에서 더욱 흥미로운 대목이라고 하겠다. 이 점에 대해서는 그간에 한두 연구자가 주목한 바 있는데[3] 다만 일본 아시아주의가 중국에 미친 영향 문제라든가 근대 중국에서 아시아주의의 형성과 전개라는 관점의 본격적인 논의는 아직 보이지 않는다. 이 글에서는 바로 이 점에 착안하여『대동합방론』의 내용과 그것의 번각 출판 과정을 자세히 검토하고『대동합방론』과『대동합방신의』의 내용을 비교하여 번각 작업을 주도했을 량치차오 중심의 개혁파 인사들의 아시아 이해와 그들의 아시아 인식 내지 아시아연대 구상이 갖는 성격이 무엇인지를 살펴보고자 한다.


## 2. 다루이 도키치와『대동합방론』

『대동합방론』의 저자 다루이 도키치는 1850년 일본 간사이(關西) 지방 나라(奈良) 현에서 목재상의 아들로 태어나 사숙에서 경학을 배우다가 '국가에 헌신'하겠다는 생각으로 상인의 길을 버리고 1873년 도쿄로 가서 유명한 국학자(國學者)였던 이노우에 요리쿠니(井上賴圀)가 만든 사립 학교[神習塾]에

---

3)  Min Tu-ki, "Daito Gappo Ron and the Chinese Responce: An Inquiry in to Chinese Attitudes toward Early Japanese Pan-Asianism"; 雷家聖,「"大東合邦論"與 "大東合邦新義"互校記: 兼論晚淸合邦論'在中國的發展」참조.

서 2년간 국학을 공부했다. 그 사이 평소 존경하던 사이고 다카모리 휘하에서 관리가 되기 위해 애썼으나 사이고가 관직에서 물러나자 관리의 꿈을 접고 방랑하다가 1877년 사이고가 세이난전쟁을 일으키자 거기에 호응하여 오우(奧羽)에서 군사를 일으키고자 했으나 실패했다.4) 이후 다루이가 1879년부터 1882년까지 4년간 4차례에 걸쳐 한국 근해의 무인도를 탐사한 것은 사이고의 정한론으로부터 많은 영향을 받은 결과이기도 했다. 당시 다루이가 "일본이 조선을 침략하지 않으면 발전의 서막을 열 수 없다. 무인도를 탐사하고 동지들을 규합하여 그곳을 양산박으로 만들어 정한책의 진원지(震源地)로 만들겠다"고 주장한 것에서 그의 정한론 주장을 엿볼 수 있다.5)

1885년 5월, 다루이는 동양사회당(東洋社會黨)이라는 정당 창당에 발기자로 나서게 되는데 이른바 자유민권운동이 한창 고조되던 시기에 만들어진 동양사회당은 농촌 빈농들을 지지 세력으로 하면서 도덕과 평등, 사회와 공중의 최대 복리를 주장하는 사회주의적 면모를 띤 정당이었다. 동양사회당은 일본에서 최초로 사회당이라는 이름을 내건 정당이었다는 점에서 많은 주목을 받고 있기는 하지만 구체적인 사회주의적 지향을 보이지는 못한 채 농민운동과 결합을 시도한 정도의 ―비교적 초보적 사회주의 경향을 띤― 정당으로 평가받고 있다. 다만 다루이의 구체적 정치 행보에 드러나고 있었던 정한론과 무인도 탐험 등으로 가늠할 수 있는 철저한 국수주의적 면모와 관련해서 본다면 동양사회당은, 초보적이지만 국가사회주의 정도의 사회주의

---

4) 다루이 도키치의 이력에 대해서는 岡本監輔, 「大東合邦論序」, 森本藤吉(樽井藤吉), 『大東合邦論』, 明治26年(1893), 宇智(郡), pp.1~10; 旗田巍, 「大東合邦論과 樽井藤吉」, 동씨 저, 이기동 역, 『日本人의 韓國觀』(일조각, 1983), pp.52~53; 櫻正義之, 「東洋社會黨樽井藤吉と "大東合邦論"」, 櫻正義之先生還曆紀念會, 『明治と朝鮮』(東京, 1964), pp.16~17 등 참조.
5) 한상일, 「근대일본사에 있어서 韓國像: 樽井藤吉와 大東合邦論」, 제8차 한일합동학술회의 발표논문(1994.7), pp.4~5.

적 지향을 가진 정당으로 평가할 수 있을 것이다.[6] 동양사회당은 정부의 탄압으로 만들어진 지 27일 만에 해산당하고 다루이도 이 일로 이후 1년간 감옥 생활을 하게 되었다.

1884년 청불전쟁(淸佛戰爭)이 발발하자 다루이는 나카에 조민(中江兆民), 구리하라 료이치(栗原亮一) 등의 대륙 낭인들과 함께 상하이, 푸저우(福州) 등지로 가서 정보 수집 등의 활동을 했고 아세아협회 등을 중심으로 아시아주의 활동가를 양성하기 위한 기관으로 만들어졌던 동양학관(東洋學館) 설립에도 참여했다. 1884년 말 귀국 후에는, 갑신정변(甲申政變) 실패 후 일본에 망명해온 김옥균과 두터운 친교를 맺으면서 그의 재기를 돕기 위해 자금을 조달했을 뿐 아니라 후원자로서 중심적인 역할을 맡기도 했다. 1885년에는 오이 겐타로(大井憲太郎) 등 급진적 자유민권운동가들이 중심이 되어 조선의 친청(親淸) 세력인 민씨(閔氏) 정권을 무력으로 타도하고 김옥균 중심의 개혁 정권을 수립하기 위해 거병(擧兵)을 계획했던, 이른바 오사카 사건(大阪事件)이 일어나자[7] 그 일당으로 의심받아 체포·투옥되었으나 얼마 뒤 석방되었다. 1892년에는 나라 현 중의원 선거에서 당선되어 의회 활동을 했으며 말년에는 한국에서 흑연 광산 경영에 참여하고 몽골 개척을 도모하는 등 사업에 종사하다가 실패했고 중풍으로 오래 고생하다가 1922년 사망했다.

다루이의 정치적 주장을 담고 있는 『대동합방론』의 초고가 완성된 것은 그가 일본으로 망명해온 김옥균과 교유(敎誘)하면서 한국에 대한 개혁 '지원'을 도모하던 시기인 1885년이다. 그러나 이 책이 출판된 것은 그가 나라 현

---

6)   櫻正義之, 「東洋社會黨樽井藤吉と"大東合邦論"」, pp.5~11; 初瀨龍平, 「アジア主義と樽井藤吉」, 『廣島平和科學』 1(1977), p.125.

7)   오사카 사건에 대해서는 蔡數道, 「근대 일본에 있어서 아시아연대론」, ≪日本語文學≫ 35(2006), p.584 참조.

「대동합방론」의 표지

중의원에 재임 중이던 1893년으로 청일전쟁이 발발하기 바로 전해였다.[8] 초고를 쓴 이후 출판하기까지는 8년이라는 공백이 생긴 셈인데, 그 이유는 2차례에 걸친 감옥 생활을 하는 동안 초고를 잃어버렸기 때문이라는 것이 다루이의 말이다. 『대동합방론』의 초고는 원래 일본어로 써졌었는데 1893년에 출판된 『대동합방론』은 문어체 한문으로 바꾸어 써졌다. 다루이는 자신의 주장을 한국인이나 중국인들이 읽을 수 있도록 하기 위해 한문으로 고쳐 썼다고 했다.[9] 1893년 첫 출판 이후 『대동합방론』은 일본의 한국 강제병합 직전인 1910년 6월에 재판(再版)이 출판되었다. 재판의 내용은 초판과 거의 차이가 없지만, 재판에 새로 붙인 다루이의 「재판요지(再版要旨)」 등은 한국과 아시아에 대한 다루이의 입장이 대등한 합방이나 협력에 있지 않고 사실상 침략에 있었다는 사실을 좀 더 분명하게 보여준다는 점에서 주목할 만하다.[10]

---

8)  같은 해 후쿠자와 유키치의 그 유명한 『탈아론(脱亞論)』이 써진 해이기도 하다. 조선과 같은 스스로 근대화할 수 없는 주변 국가들을 버리고 일본이 먼저 근대화를 달성하여 구미의 일원이 되어야 한다는 내용의 『탈아론』 또한 김옥균의 개혁운동이 실패한 것에 대한 대응이었다는 사실을 주목할 필요가 있다.

9)  다루이 도키치는 자신이 서양 언어를 알지 못하고 한문에도 능통하지 못한 상황에서 서양 학문을 참조하면서 한자로 글을 쓰느라 (자신의) 뜻을 충분히 표현하기 어려웠다고 하면서 독자들의 양해를 구한다고 말했다. 森本藤吉(樽井藤吉), 「凡例」, 『大東合邦論』, p.1.

10)  旗田巍, 「樽井藤吉의 韓國觀: 韓國倂合 前夜」, 동씨 저, 이기동 역, 『日本人의 韓國觀』, pp.61~69. 『대동합방론』이 사실상 한국에 대한 일본의 침략과 강제병합을 의도했다는 주장과 관련하여 한국 내에서 일본과의 합방에 적극적인 찬성 입장을 보였던 이용구 중심의 일진회가 다루이 도키치의 합방론을 적극적으로 수용하고 있었다는 점에 유의할 필요가 있다. 한명근, 『한말 한일합방론연구』(국학자료원, 2002), pp.131~136 참조.

『대동합방론』은 필자 「서언(序言)」과 부록으로 붙어 있는 「지구상독립국
일람표(宇內獨立國一覽表)」를 제외하고 모두 13장으로 이루어져 있다. 이 가
운데 전반부는 세계 정세(「人世大勢」, 「世態變遷」, 「萬國情況」)와 러시아, 중
국, 한국, 일본 등 각국의 상황(「俄國情況」, 「漢土情況」, 「朝鮮情況」, 「日本情況」)
을 정리하고 있는 부분이다. 후반부는 대동합방의 방안을 서술한 것으로 일
본과 한국 간 교섭의 역사(「日韓古今之交涉」)와 합방의 이해득실(「合邦利害」),
합방의 구체적인 방법(「聯合方法」), (대동)합방국과 중국(청국) 사이의 연대
방안(「論淸國宜與東國合從」)을 논한 부분으로 동아시아 삼국의 합방, 연대론
이 주된 내용이다.

　세계 정세와 각국의 상황을 다룬 전반부에는 당시 다루이의 세계 인식이
어떠했는지 잘 드러나 있다. 다루이는 우선 약육강식(弱肉强食)과 서세동점
(西勢東漸)이라는 두 가지 관점에서 세계를 바라보고 있다. 이런 입장에서
다루이는 서양 세력, 곧 백인종의 각 열강들이 세계 곳곳에 식민지를 확대
하고 있고 거기에 따라 전 세계 15억 인구 가운데 과반을 점하고 있는 8억
의 황인종은 백인종의 노예로 전락하게 되었으며 그 결과로 백인이 차지한
토지가 황인의 토지의 7배를 넘고 있다[11]고 말하고 있다.

　이러한 서구 열강 가운데, 특히 아시아인들에게 최대의 위협이 되고 있는
세력은 러시아라는 것이 다루이의 판단이다. 러시아는 뒤늦게 열강에 합류
한 다음 남진·동진 정책을 추진하며 꾸준히 영토 확장을 꾀하고 있는데 특
히 러시아의 아무르 강 연안 지역(연해주)에 대한 진출은 동아시아 삼국인
한중일 모두에게 심각한 위협이 되고 있다[12]는 게 다루이의 생각이다. 동
아시아 전체의 입장에서 러시아의 위협을 가장 심각하게 보는 이러한 이해

---

11)　森本藤吉(樽井藤吉), 「世態變化(下)」, 『大東合邦論』, p.39.
12)　森本藤吉(樽井藤吉), 「俄國情況」, 『大東合邦論』, p.56.

는, 『대동합방론』이 출판되기 10여 년 전 일본에서 만들어졌던 초기 아시아주의 단체인 흥아회의 아시아 인식이나 같은 시기 흥아회와의 교류를 통해 부분적이긴 하지만 일본 아시아주의의 영향을 받고 있었던 중국의 개혁파 외교관 황쭌셴의 아시아 인식과 거의 같은 모양이다.[13] 이를테면 서구 열강 가운데 러시아를 아시아 혹은 황인종의 최대 적으로 보는 이러한 정세 인식은 1880년대와 1890년대를 통해 일본과 중국의 지식인 및 관료들에게 광범하게 받아들여지고 있었던 것이다.

다음으로 중국의 상황에 대해 다루이는, 중국(漢土)이 4억 인구를 가진 세계에서 가장 큰 나라임에도 불구하고 영국의 침략, 즉 아편전쟁 이래 백인들의 노예가 되었으며 영국에게 빼앗긴 홍콩은 영국이 동양을 침범하는 교두보가 되었다고 했다. 다루이는 연이어 중국이 헤이룽 강 이남의 토지는 러시아에게, 그리고 번속(藩屬)이던 베트남을 프랑스에게 빼앗김으로써 중국 자신뿐 아니라 동양 전체를 위험에 빠지게 만들었으며 심지어 서양인들로부터 도덕과 풍기가 문란한 나라, 거지가 넘치는 나라, 오만불손하고 사치가 넘치는 나라로 비판받는 지경에 이르렀다고 보았다. 그럼에도 불구하고 다루이는 중국이 일본에게는 순치(脣齒)관계의 이웃이므로 맹방(盟邦)으로서 공동으로 부강과 개명을 도모해야 한다고 보았다.[14]

다음으로 한국에 대해서 다루이는 다음과 같은 주장을 했다. 중국은 그나마 대국이기 때문에 위기에 어떻게든 대처하고 있지만 한국은 그에 비하여 작고 가난한 나라로서 (망국의) 위기가 임박해 있다고 보았다. 그렇다고 희망이 전혀 없지는 않으니 일본의 기운과 중국의 문화를 받아들인다면 융성할 가능성이 있다고 보았다. 고대 신라는 일본의 기운을 가장 많이 받은

---

13)   이 책 제1부 제1장 pp.43~46 참조.
14)   森本藤吉(樽井藤吉), 「漢土情況」, 『大東合邦論』, pp.66~74.

나라이지만 일본을 가까이하지 않고 중국을 가까이하는 통에 결국 더 이상 발전하지 못했다. 그리고 한국에는 아직 큰 영웅이 없고 하나의 (독자적인) 학문을 개척한 자도 없다. 최근에 와서는 정강(政綱)이 문란하고 국민은 피폐하여 자주(自主)의 이름은 있지만 자립의 실질은 갖추지 못하는 지경에 이르렀다. 또 중국과 러시아와 같은 대국과 국경을 맞대고 있어서 내부적으로도 친중파와 친러파로 갈려 있다. 그런데 오늘날 중국은 한국을 도와줄 만큼 여유가 없으니 결국 러시아에 의존할 가능성이 큰데 한번 러시아에 의존하게 되면 (러시아의 위성 국가로 전락한) 폴란드와 같이 되어 다시는 부흥할 수 없게 될 것이다. 따라서 한국의 장래는 육지에 있지 않고 바다에 있어서 바다 쪽에 있는 일본과 화합하는 것이 유일한 발전의 방향이 될 것이다.[15]

한편 일본의 상황에 대한 다루이의 주장은 다음과 같다. 일본은 기후가 온화하고 토지도 비옥하며 산천도 아름답고 인종도 단일민족이라 세계의 낙토로 불린다고 했다. 문화적으로도 일본은 장점을 가지고 있으니 효제인의(孝悌仁義)의 유교도 원래 중국에서 나왔으나 조선을 거쳐 일본에 전해진 이후 오히려 중국에서보다 더 잘 지켜지고 있으며 기술과 예술도 대륙으로부터 전수받은 것이지만 현재는 오히려 중국을 능가하는 수준이 되었다고 했다. 최근에는 서방과 무역을 열고 정치, 법률, 군사 제도, 상공업 등을 모두 서구로부터 들여왔는데 (서구처럼) 해외를 개척하는 영웅이 아직 나오지는 못했다. 또 외세의 침입에 대해 적개심을 가지고 단호하게 대처하지 못하고 중국식 유교의 후덕함으로 대함으로써 치외법권(治外法權)을 인정하고 관세자주권을 잃는 상황에 이르렀다. 이런 상황에서 국력을 배양하고 국토를 넓혀 서구 열강들과 세력 균형을 이루고자 한다면 일본과 혈통이나 감정이 동일한 이웃 나라(조선)와 힘을 합치는 길밖에 없다.[16]

---

15) 森本藤吉(樽井藤吉), 「朝鮮情況」, 『大東合邦論』, pp.75~86.

『대동합방론』의 후반부는 동아시아 삼국이 당면한 위기를 극복하는 방안으로서 합방의 필요성과 구체적 추진 방안을 다루고 있다. 다루이는 먼저 아시아인들의 공동 대응이 필요하다는 점을 강조하면서 아시아인들의 단결과 통합을 위해 구체적으로 세 단계 방안을 제시하고 있다. 첫 단계는 한국과 일본이 '대등한' 입장에서 합방하여 '대동국(大東國)'이라는 나라를 세우는 것이다.[17] 두 번째 단계는 대동국이 중국과 긴밀한 동맹관계를 수립하는 것이다. 세 번째 단계는 대동국, 중국, 그리고 동남 아시아의 여러 섬을 포함한 '대아시아 연방'을 실현하는 것이었다. 오늘날의 표현으로 바꾼다면 일종의 '동아시아공동체'를 구축한다는 것이다. 이 가운데서 다루이가 가장 강조하고 있었던 대목은 첫 단계인 일본과 조선의 합방을 통한 대동국 건설에 있었다.[18] 다루이는 일본과 조선의 합방이 당연한 이유로, 두 민족이 같은 뿌리를 가진 동종(同種)이라는 점을 꼽고 역사적으로도 많은 왕래와 이주가 있었음을 들고 있다. 다루이는 양국 사이에는 역사상 적지 않은 전쟁도 있었지만 그것은 서로 합하려는 마음이 안으로부터 움직인 까닭에 생긴 것일 뿐이므로 양국 간 전쟁은 오히려 친목의 반증이라고 주장했다. 양국 사이의 전쟁은 불필요하니 전쟁은 미개인들이 좋아하는 것이므로 만약 앞으로도 전쟁이 생긴다면 그것은 미개인으로 자처하는 것이 될 뿐이라고도 주장했다.[19]

　다루이에 의하면 한국과 일본의 '합방'은 대단히 자연스럽고 당연한 것이었다. 물론 그도 도요토미 히데요시(豊臣秀吉)의 한국 침략으로 한국에 반일

---

16)　森本藤吉(樽井藤吉), 「日本情況」, 『大東合邦論』, pp.86~95.
17)　합방국의 국호를 '대동(大東)'이라고 함은 '동(東)'이라는 글자가 예로부터 한국과 일본이 함께 사용한 또 다른 국호였기 때문이라고 주장했다.
18)　森本藤吉(樽井藤吉), 「合同利害」, 『大東合邦論』, pp.120~123.
19)　森本藤吉(樽井藤吉), 「日韓古今之交涉」, 『大東合邦論』, pp.95~103.

감정이 뿌리 깊게 자리 잡고 있음을 알고 있었다. 그럼에도 불구하고 한국과 일본은 "한 가족과 같아서 떼려야 뗄 수 없는 관계"에 있었다. 그의 표현을 그대로 빌리면, "우리 일본과 한국 두 나라의 지형은 '입술과 이[脣齒]'와 같고, 그 세력은 수레바퀴의 두 바퀴 관계이고, 그 정(情)은 형제와 같으며, 그 의리는 벗의 관계와 같다"는 것이다.

표면적으로 다루이가 말하는 합방은 상호 주권을 존중하는 대등한 입장에서의 합방, 곧 연방으로 표현되어 있다. 그러나 다루이가 『대동합방론』에서 "일한합동(日韓合同)이 이루어진다면 일본은 한반도를 통해서 중국이나 러시아를 포함한 대륙으로 뻗어나갈 수 있다"는 점을 강조하고 있는 것에서[20] 알 수 있듯이 한국에 대한 합방은 일본의 대외 확장을 목표로 하는 강제합병의 또 다른 표현에 지나지 않는 것으로 보인다. 이런 입장에서 볼 때 『대동합방론』 주장은 한반도 문제와 관련하여 다루이 자신이 주장해왔던 정한론의 논리를 그대로 가지고 있다고 봐야 할 것이다. 이 점은 일본의 조선 병합이 단행되기 직전인 1910년 6월에 다시 출판된 『대동합방론』의 서문(「재판요지」)에서 다루이가 "비록 일한연합(日韓聯合)의 약정이 이루어진다고 해도 한인을 즉시 그 합성국(合成國)의 대정(大政)에 참여시킬 수는 없다. 왜냐하면 현재 한국은 우리 보호 아래 있어서 매년 일천만 원 이상의 보조를 받는데 그 부력(富力)이 아직 합성국의 정치 비용을 분담할 수 없는 것이 분명하다. 정치적 비용을 분담할 능력이 없는 자를 대정에 참여시킨다면 우리 스스로 국권을 손상시킬 뿐만 아니라 어쩌면 헤아릴 수 없는 폐습을 남기게 되지나 않겠는가"[21]라고 말하고 있는 점으로도 분명하게 알 수 있다. 이를테면 한국은 대정에 참여할 능력이 아직 없으므로 일본의 통치를

---

20)  森本藤吉(樽井藤吉), 「合同利害」, 『大東合邦論』, p.126.
21)  森本藤吉(樽井藤吉), 「再版要旨」, 『大東合邦論(再版, 1910)』.

받는 것이 당연하다는 논리이다. 당시 한국에 대한 강제병합이 거의 성사되고 있었던 점으로 보아 다루이의 이 말은 자신이 『대동합방론』에서 말한 '합방'이 처음부터 대등한 합방이 될 수 없는 것이었음을 자인하는 것이 된다.[22] 한편으로 다루이는, 일본과 조선이 합방한 이후 중국과는 합방이 아니라 연대(合從)해야 한다고 말했지만 다루이가 말하는 연대가 일본과 중국이 대등한 입장에서 아시아의 연대를 이끌어야 한다는 의미로 말하지 않고 있음에 주의할 필요가 있다. 즉, 다루이는 중국과 합방을 할 수 없는 이유를 중국이 영토가 넓고 인구가 많으며 민족도 다양하기 때문에 합방의 상대로서 상정하기에는 어려움이 많을 것으로 예상되기 때문이라고[23] 하고 있는 것이다. 이를테면 중국을 합방의 대상으로 상정하기에는 현실적인 어려움이 많기 때문에 좀 더 느슨한 연대에 머문다는 것일 뿐, 중국과 함께 아시아의 연대를 이끌겠다는 의도는 아무 데도 보이지 않고 있는 것이다. 아시아 연대에 대한 다루이의 구상은 철저하게 일본의 주도권을 전제로 하는 것이었음을 분명하게 보여주는 대목인 것이다.

요컨대 다루이의 『대동합방론』은 표면적으로는 대등한 합방이나 공동 번영을 내세우고 있지만 실제 내용에서는 유교적 인애론(仁愛論)과 동종주의에 기본을 둔 주정적 발상에 그치고 있고[24] 그 결과 자신이 종래에 견지해온 주장인 정한론을 실현하는 또 하나의 방안이라고 평가될 수 있을 것이다.[25] 그런 점에서 다루이의 『대동합방론』은 일본이 주도하는 아시아라는 전제 아래 아시아의 연대를 주장하는 것으로 비교적 순순한 아시아연대 주

---

22) 『大東合邦論(再版, 1910)』의 의미에 대해서는 旗田巍, 「樽井藤吉의 韓國觀: 韓國倂合 前夜」, pp.61~69 참조.

23) 「論淸國宜與東國合縱」, 『大東合邦論』, pp.139~141.

24) 박규태, 「근대 일본의 탈중화·탈아·아시아주의」, ≪오늘의 동양사상≫ 15(2006), pp.100~101.

25) 初瀬龍平, 「アジア主義と樽井藤吉」, pp.136~137.

장으로서의 초기 아시아주의로부터 침략적 아시아주의로 넘어가는 일종의
과도기적 아시아주의라고 평가받을 수 있을 것이다.[26]


### 3. 대동역서국의 『대동합방신의』 간행

잘 알려져 있듯이 캉유웨이, 량치차오를 비롯한 개혁파가 목표로 삼은 것
은 일본의 메이지유신식 근대화 모델, 곧 입헌군주제 정치체제의 수립과 함
께 황제 중심의 하향적 근대화를 추진하려는 것이었다. 그런 까닭에 개혁파
는 처음부터 일본의 근대적 학문과 제도, 사상 등에 큰 관심을 가졌고 그것
을 중국에 소개·수용하는 일에 커다란 의미를 부여하고 있었다. 캉유웨이,
량치차오가 국민 계몽을 목표로 근대적인 학교의 설립, 잡지의 발행과 함께
근대 지식을 담고 있는 서양과 일본의 저술들을 번역하는 일에 적극적으로
나선 것은 바로 그러한 이유 때문이었다. 물로 이러한 번역 사업은 양무운
동의 일환으로 1862년 베이징에 설립된 외국어 학교 동문관(同文館)과 1867
년 상하이에 만들어진 서양식 무기 공장 강남제조총국(江南製造總局)에서부
터 시작된 일이지만 양무운동 시기 이들 기관에서 이루어진 번역은 주로 국
제법, 군사, 기술, 공학 등의 분야에 한정된 것이었다. 이런 까닭에 캉유웨
이, 량치차오는 한 걸음 더 나아가 제도적 개혁을 위해 국제 정세, 정치제도
등에 대한 번역이 더욱 필요하다고 보고 이를 위한 국가적 번역 기구의 설
립을 황제에게 주청했던 것이다.[27]

---

26) 張小玲, 「試論知識分子與民族國家的關係-從明治知識分子對文化身分的探尋談
起」, ≪上海交通大學學報(哲學社會科學版)≫ 2010-5, p.83 참조.

27) 孫志鳳, 「량치차오(梁啓超)의 飜譯論에 나타난 국가번역사업 고찰」, ≪번역과
통역≫ 14-2(2012), pp.88~92.

량치차오       캉광런

『대동합방신의』(상하이역서국본)

무술개혁 1년 전인 1897년 상하이에 만들어진 대동역서국은 바로 이러한 목적으로 만들어진 번역출판기구였다. 대동역서국의 창립을 주도한 이는 량치차오였지만 그의 아래에서 경영을 책임진 자는 캉유웨이의 동생 캉광런이었던 점으로 본다면 당시 캉유웨이가 대동역서국을 얼마나 중시했는지 알 수 있다. 대동역서국에서는 『지구십오대전기(地球十五大戰紀)』(1897), 『아토전기(俄土戰紀)』(1897) 등 서양 서적들을 번역하는 것과 동시에 『신학위경고(新學僞經考)』(1897), 『공자개제고(孔子改制考)』(1897), 『남해선생칠상서기(南海先生七上書記)』(1898) 등 캉유웨이의 저서들을 재간행하기도 하는 등 적극적인 번역·출판 사업을 추진했던 것이다.[28]

대동역서국에서 다루이의 『대동합방론』을 간행한 것은 1898년 2월의 일이다. 앞서 말한 대로 대동역서국에서 펴낸 『대동합방론』의 제목은 『대동합방론』이 아니라 『대동합방신의』였다. 현재까지 확인할 수 있는 범위에서 『대동합방신의』의 판본은 두 가지이다. 하나는 1898년 상하이 대동역서국 간행본으로 량치차오의 서문이 붙어 있는 것이고 다른 하나는 간행 연도가 불분명한 것으로 량치차오의 서문이 붙어 있지 않은 상하이역서국(譯書局) 간행본이 있다.[29] 이 두 판본은 량치차오의 서문이 붙어 있느냐 아니냐는

---

28) 雷家聖, 「"大東合邦論"與"大東合邦新義"互校記: 兼論晚淸合邦論'在中國的發展」, p.88.

29) 베이징의 국가도서관이나 상하이도서관에 소장되어 있는 판본은 모두 대동역

점 이외에는 다른 차이가 보이지 않는다. 이런 점에서 상하이역서국본은 무술정변 실패 이후 량치차오가 일본으로 망명하게 되자 그 이후, 곧 1899년 이후에 량치차오의 서문을 빼고 재간행한 것이 아닌가 추측된다.[30)]

량치차오는 『대동합방신의』 서문에서 "여러 (일본) 서적을 보다가 우연히 『합방신의』라는 책을 보게 되었는데 그 저자 모리모토 마사노리(森本丹方, 준정등길의 다른 이름)를 살펴보니 한 시대의 호걸이다"라고 하여[31)] 그 자신이 일본 서적들을 보다가 이 책에 흥미를 느끼고 출판하게 되었음을 말하고 있다. 또 자신의 문인인 천가오디가 글을 고치고 다듬었다고 하면서 원저자 모리모토 마사노리(다루이 도키치의 필명)가 (이것을 보고) 기뻐할는지 모르겠다고 했다. 이러한 량치차오의 서문을 통해 알 수 있는 것은, 저자인 다루이 도키치와의 협의나 승낙 없이 출판했을 뿐만 아니라 일부 글자나 내용도 고쳤다는 사실이다. 또 량치차오는 "(다루이 도키치가 말하는) '합방(合邦)'은 호교(護敎)와 보민(保民)의 방법이다"라고 함으로써 다루이의 원래 주장인 대동합방, 곧 한일(韓日) 간 합방 및 중국과의 연대 주장이 중국적 가치관과 중국 국민을 지키는 방안이기 때문에 기본적으로 찬성한다는 입장을 밝히고 있다.[32)] 그렇다고 해서 『대동합방신의』의 간행을 주도한 개혁파 인

---

서국본이다. 국내 고려대학교 도서관 육당문고에 들어 있는 판본은 상하이역서국본이다.

30)  『대동합방신의』의 교정자였던 천가오디(陳高第)는 무술정변 이후에도 활동하고 있었지만 캉유웨이의 제자라는 이유로 관직에서 배제당하는 등 불이익을 받은 것으로 확인된다. 예컨대 캉유웨이는 1902년에 신설된 광둥 동완중학딩(東莞中學堂)에 교원으로 초빙을 받았는데 동환지현(東莞知縣)이 천가오디가 캉유웨이의 제자였다는 점을 문제 삼아 사임하게 하려고 시도했지만 교원들의 항의로 성공하지 못했다고 한다. 翟學良, 「史學大成'父子兵': 記東莞籍旅京文化名人張伯楨張菡銳父子」, ≪東莞日報≫ (2008.3.31) 참조.

31)  원문은 "余偶覽群籍, 撫攬合邦新義一書, 考其人則森本丹方, 亦一時之豪傑也" 이다.

32)  「大東合邦新義序」, 『大東合邦新義』(上海: 大同譯書局, 1898), pp.1~2.

사들이 다루이의 주장에 이의가 없었던 것은 아니었으니 번각 단계에서 적지 않은 부분을 삭제하거나 고치고 있기 때문이다.


## 4. 『대동합방신의』의 개정, 첨삭에 드러나는 동아(東亞) 인식


『대동합방론』과 『대동합방신의』의 내용을 비교한 기왕의 연구들에서도 두 판본의 차이점에 대해 비교적 상세하게 다루고 있다. 『대동합방론』과 『대동합방신의』의 차이점, 곧 대동역서국의 편집에 따라 원본에서 삭제되거나 바뀐 부분은 대체로 몇 가지 유형으로 나누어볼 수 있다. 첫째는 『대동합방론』에서 청국(淸國)이나 청정(淸庭), 혹은 한토(漢土), 지나(支那) 등으로 표시되어 있는 것을 『대동합방신의』에서 중국(中國)으로 바꾸고 있고 청인(淸人)이라는 표현을 화인(華人)으로 바꾸고 있는 대목들이다. 이러한 표현법의 수정은 중국인 독자들을 염두에 둘 경우 당연한 것으로, 말하자면 중국인 입장에서 눈에 거슬리는 부분을 고친 대목이 될 것이다. 둘째는 만한대립(滿漢對立)과 같은, 특히 청국 입장에서 받아들이기 어려운 민감한 표현들을 삭제하거나 다른 표현으로 대체한 경우이다. 예컨대 중국 상황을 분석하는 대목에서 호복(胡服)과 변발(辮髮)을 도적들의 풍속개변[移風易俗]이라고 비판한 부분이라든가 국민들의 정부를 적대시하는 정도가 극심하여 광동(廣東)이나 푸젠(福建) 같은 경우에는 만주(滿洲)와 서양을 모두 외국으로 보는 정도라고 말한 부분, 그리고 만주왕조[愛親覺羅氏]가 한족을 점령하는 것은 한족의 영토와 한족을 보호하기 위해서가 아니라 만주족의 욕심만을 채우려는 것이었다고 한 부분[33] 등을 모두 삭제하고 있는 것이다. 이것은 캉유

---

33) 森本藤吉(樽井藤吉), 「漢土情況」, p.73; 「中國情況」, 『大東合邦新義』, p.37. 『대동합방신의』에서는 이 부분을 중국에서의 여성에 대한 억압 문제 등으로 바꾸어놓고

웨이를 비롯한 개혁파의 기본 입장이 청조를 유지하면서 황제 중심의 개혁을 추진하려고 한 점이나, 『대동합방신의』를 출판한 대동역서국이 그러한 청조 중심의 개혁운동의 일환으로서 개설·운영되고 있었다는 점에서 보더라도 당연한 일일 것이다.[34]

기왕의 연구들에서 이미 지적되어온 이와 같은 차이점들 이외에 이 글에서 좀 더 주목하고자 하는 것은, 한국과 일본 사이의 합방과 중국과의 연대를 골간으로 하는 『대동합방론』의 본래 주장에서 나타나고 있던 동아시아 혹은 동아시아 국제질서에 대한 생각이 얼마나 고쳐지고 있는지, 그리고 그 결과 얼마나 다른 형태로 나타나고 있었는지의 문제이다. 즉, 『대동합방론』의 내용 가운데 『대동합방신의』가 고치거나 바꾸어놓은 대목을 집중적으로 검토하여 그 가운데서 『대동합방신의』 내지는 그것을 번각 출판한 개혁파들이 가지고 있던 아시아 인식의 특징이나 아시아 국제질서의 기본 틀을 파악해낼 수 있지 않겠는가 하는 것이 필자의 기본 의도인 셈이다.

이런 관점에서 우선 주목해야 할 것은, 다루이 도키치의 중국 인식과 중국과 일본의 관계 설정 문제, 그리고 그에 대한 『대동합방신의』의 첨삭 및 개정이 어떻게 이루어지고 있는가의 문제이다. 『대동합방론』에 드러나고 있는 다루이의 중국(청)에 대한 인식은, 한마디로 서구 열강의 침략 아래 멸망의 위기를 당하고 있으면서도 아편과 나태, 부패에 빠져 있는 '노쇠한 대국'이다. 다루이는 중국이 인구로는 세계 최대 국가이지만 도덕은 땅에 떨어지고 풍기는 문란해져서 (구미) 각국에서는 중국인의 입국을 불허할 정도이며, 중국 도처에 거지 무리가 있고 많은 사람들이 아편이나 변발 같은 악

---

있다.

34) Min Tu-ki, "Daito Gappo Ron and the Chinese Responce: An Inquiry in to Chinese Attitudes toward Early Japanese Pan-Asianism", p.87; 雷家聖, 「"大東合邦論"與"大東合邦新義"互校記: 兼論晩淸合邦論'在中國的發展」, pp.89~107.

습에 빠져 있는데도 그 해악을 깨닫지 못하고 있다고 보았다. 그럼에도 불구하고 중국인은 스스로를 중화라고 부르면서 오만불손하여 외방(外邦)을 대우하는 데도 (상대방을 존중하여) 회유하는 태도가 전혀 없다고 했다. 예컨대 베트남은 중국이 교만한 태도로만 대했지만 어쩔 수 없이 사대(事大)할 수밖에 없었는데 이제 프랑스의 식민지로 전락한(프랑스를 사대하는) 상황에서 이전에 중국을 사대했던 것보다 지금 프랑스를 사대하는 쪽이 낫다고 여길 정도[35]라는 것이 다루이의 주장이다. 앞서 언급한 것처럼 만한차별(滿漢差別)과 같은 청조의 아픔을 건드리는 대목에 대해서는 『대동합방신의』가 그 원문을 전면 삭제하고 있지만 중국의 피폐한 내정과 교만한 대외 태도에 대해서는 모두 원문대로 두고 있다. 이런 점으로 볼 때 개혁파의 입장은, '노쇠한 대제국' 중국에 대한 다루이의 신랄한 비판이 자신들의 개혁 주장에 부합하는 것으로 받아들여졌던 것 같다.

중국의 상황에 대한 신랄한 비판에도 불구하고 다루이는 한편으로 중국이 세계 최대의 인구를 가진 국가이며 문화적·역사적 저력이 있는 국가라는 점을 인정했다. 그러면서 이런 중국도 만약 잘못을 돌이키고 맹성(猛省)하여 폐단을 고치기만 한다면 세계적인 강국이 될 수 있을 것이라고 주장했다. 나아가 다루이는 동종동문(同種同文)인 중국이 일본의 맹방이 될 수 있기 때문에 중국과 일본은 함께 부강과 개명을 도모해야 한다고 주장했다.[36] 다루이의 이런 주장을 『대동합방신의』에서는 원문 그대로 두고 있었으니 개혁파에게는 다루이의 이와 같은 입장이 자신들의 입장—일본의 근대적 개혁을 모델로 삼아 중국의 개혁을 추진해야 한다—을 대변하는 것으로 받아들여졌을 것이다.

---

35)　森本藤吉(樽井藤吉), 「漢土情況」, pp.7~72.
36)　같은 글, p.74.

다음으로 크게 주목해야 할 대목은, 원저자 다루이가 일차적인 합방 대상으로 지목한 한국을 어떻게 인식하고 있었는가 하는 문제와, 이차적인 연대 대상인 중국과 한국 사이의 관계를 어떻게 보고 있는가, 그리고 다루이의 이런 입장에 대한 『대동합방신의』의 첨삭 개정은 어떻게 이루어지고 있었던가 하는 문제이다. 우선 다루이의 조선 인식을 살펴보자면, 그는 앞서 인용한 대로 중국은 대국이지만 여러 문제가 있다고 봤는데 그에 비하여 한국(조선)은 작고 가난한 나라이며 내정 문란까지 겹쳐 이미 (망국) 위기가 임박한 상황이었다. 다만 이런 한국도 중국과 마찬가지로 뉘우치고 되돌리면 부국(富國) 개명(開明)될 희망이 없지 않은데 다만 일본을 본받는 것이 유일한 방안이 될 것이라고 말하고 있다.[37] 역사적으로 한국은 일본과 중국 사이에서 중국 쪽으로만 기울어 사대함으로써 부국 개명의 기회를 얻지 못했는데 이제는 일본의 도움[氣象]을 받아 일본과 합방하면 역시 희망이 있다는 것이다.[38] 한국의 중국에 대한 전통적인 사대가 한국의 부강과 개명을 막았다는 다루이의 이러한 주장을 『대동합방신의』에서 그대로 두고 있는 것은 주목되는 대목이라고 할 것이다.

중국과 한국의 관계에 대해 다루이는 『대동합방론』 곳곳에서 전통시대부터 지속되어오던 중국과 한국의 주종관계[책봉조공(冊封租貢)]와 그 부당성을 언급하고 있다. 즉, 다루이는 "소국인 한국이 대국 중국을 두려워하여 떠받들면서 자주의 마음을 잃게 되었을 뿐 아니라 이것이 하나의 관습으로 변해서 아예 스스로 (자주의 필요성을) 깨닫지도 못하는 상황에 이르렀으니 한단할 만한 일이다"라고 말했다. 또 "임진왜란 당시 명군(明軍)의 조선 출병도 조선을 위한 것이 아니라 명조 스스로를 위한 것이었으며 역사상 중국은

---

37)  森本藤吉(樽井藤吉),「朝鮮情況」, pp.75~76.
38)  같은 글, p.78.

늘 조선을 노예시하고 있었다"고 쓰고 있었던 것이다.[39] 말하자면 다루이는 조선이 중국의 속국이라는 것이 역사적 사실이라고 쓰고 있었다. 그런데이 대목들이 『대동합방신의』에서는 대부분 삭제되거나 다른 내용으로 바뀌어 있다. 말하자면 중국의 조선 지배와 조선의 중국에 대한 종속이 다루이가 말한 것처럼 노예적인 관계라거나 굴욕적인 것은 아니었다는 주장을개혁파의 입장에서는 가지고 있었다는 말이다. 그렇다고 해서 종속관계 자체를 부인하는 입장은 아니었으니 종속관계에 대한 다루이의 서술 자체를전면 삭제하고 있지는 않기 때문이다. 따라서 『대동합방신의』를 출간한 개혁파들의 기본 입장은, 문화적·경제적 시혜로서 책봉조공이라고 하는 호혜적 종속관계의 회복 내지 유지를 주장하고 있었던 것으로 보인다.

그뿐만 아니라 『대동합방론』에서 다루이가 당시 청조와 조선의 관계에대해 "(근래에 와서) 중국이 약해져서 조선을 원조할 능력을 잃고 말았다. (오히려) 중국의 영토였던 헤이룽 강 지역을 러시아에게 빼앗겼고 베트남 또한프랑스에게 침탈당했으며 미국이나 호주 등에 흩어져 있는 수백만 명의 화교들을 보호하는 정책(군함 파견)도 전무한 형편이니 이런 상황에서 조선을원조할 능력이 있겠는가?"[40]라고 말한 대목도 『대동합방신의』에서는 전면삭제하고 있음도 주목할 만한 대목이다. 개혁파의 입장에서는 당시 중국이조선을 지배하거나 원조할 능력을 가지지 못하고 있다는 다루이의 주장을받아들이지 않고 있었던 것이므로 그런 점에서 개혁파의 주장은 19세기 말의 어려운 상황 속에서도 중국이 조선을 지배하거나 원조할 능력을 보유하고 있고 따라서 그러한 종속관계의 유지를 주장하는 것처럼 보인다.

그러나 그에 이어서 다루이가 "(이러한 상황 속에서) 조선의 국왕은 겸양

---

39)  森本藤吉(樽井藤吉),「日韓古今之交涉」, pp.99~101.

40)  森本藤吉(樽井藤吉),「朝鮮情況」, p.81. 『대동합방신의』에서는 이 대목 또한대부분 삭제하고 있다. 중국에 대한 불경 내지 모독으로 받아들인 것 같다.

(謙讓)의 입장에서 청조의 신하를 자칭하고 있지만 조선은 더 이상 중국의 속국이 아니며 그 국민 또한 이미 독립자주 국민이다"[41]라고 한 주장에 대해서는 삭제하거나 수정하지 않고 그대로 남겨두고 있음을 주목할 필요가 있다. 이를테면 『대동합방신의』의 수정 내용에서 드러나고 있는 개혁파의 입장은, 조선이 더 이상 중국의 속국이 아니라 하나의 독립국이며 그런 입장에서 다루이가 말하는 대동합방의 한 파트너가 된다는 데는 기본적으로 동의하고 있음을 보여주는 것이다. 그런데 조선을 독립국으로 인정하는 이런 입장은 앞에서 말한 조선이 여전히 중국의 속국이며 중국은 조선을 지배 내지 원조할 능력이 있다고 한 대목과 상반된다. 그렇다면 이런 모순적인 입장을 어떻게 이해할 것인가?

여기에 개혁파들의 아시아에 대한 이해나 중국과 주변 '속방'들 간의 관계에 대한 이해에 상당한 동요가 일어나고 있다고 봐야 하지 않겠느냐는 문제 제기가 가능해진다. 이를테면 개혁파의 한국에 대한 입장은, 한편으로는 전통적 주종관계의 맥락 위에서 한국을 인식하는 한편으로 대동합방이라는, 서구 열강에 대한 동아시아 지역 연대의 필요라는 점에서는 일단 독립국으로서의 한국을 상정하는 일종의 과도기적·이중적 인식을 가지고 있었다고 해석할 수 있을 것이다.

전통적 아시아 인식, 곧 중화주의적 인식에 대한 상당한 동요라고 하는 이러한 현상은 앞서 언급한 한국뿐만 아니라 다른 주변국들에 대한 개혁파의 이해 속에서도 찾아볼 수 있을 것이다. 예컨대 전통시대 중화체제 내에서 조선과 거의 같은 지위에 있었던 베트남의 경우, (조선과 마찬가지로) 자주독립의 권한을 회복시켜주어야 한다는 다루이이 주장에 개혁파가 동의하고 있음을 볼 수 있는 것이다. 즉, 다루이는 미얀마(緬甸)를 전통시대 중국의

---

41) 森本藤吉(樽井藤吉), 「萬國情況」, 『大東合邦新義』, p.48; 「日韓古今之交涉」, 『大東合邦新義』, p.102.

이웃나라[隣邑]라고 하면서 베트남은 중국의 번속이었다고 말함으로써 전통시대 베트남이 중국의 속국이었다는 점을 분명하게 인정했었는데, 그런 다루이가 일본과 한국이 합방하고 이어서 중국과 연대(합종)한 다음 이러한 연대의 범위를 베트남, 태국(暹羅), 미얀마, 말레이시아 등으로 확대하여 황인종의 대연합을 이룩해야 한다고 하면서 그 과정에서 베트남에 대한 자주독립의 권한을 인정해주어야 한다고 주장했다.[42] 다루이의 이런 주장에 대해 개혁파가 반대하거나 삭제하지 않고 『대동합방신의』 속에 그대로 싣고 있는 것은 매우 주목되는 대목이다.[43] 이를테면 베트남의 경우에도 그 자주독립을 인정하면서 아시아연대에 포함시켜나가야 한다는 주장에 동의하고 있음을 볼 수 있는 것으로 앞서 말한 조선의 경우와 마찬가지로 전통적 번속관계에 대한 동요와 근대적 변모를 엿볼 수 있는 대목인 것이다.

이와 아울러 청일전쟁의 패배 이후 일본 중심의 아시아 국제질서의 재편 및 중국의 지위 변동과 관련한 개혁파의 생각을 읽을 수 있는 대목으로 주목되는 것은, 다루이 주장의 핵심이라고 할 일본과 한국의 합방과 그에 이은 합방국(대동국)과 중국과의 연대(합종)에 개혁파가 기본적으로 동의하고 있다는 바로 이 점일 것이다. 여기에는 서구 열강의 침략에 대한 공동대응이라고 하는 것과 함께 아시아연대에서 일본의 주도권을 용인하는 한편으로 중국의 주도권도 유지 내지 확보하려는 의도가 깔려 있다고 보이는 것이다. 말하자면 전통시대의 중화제국 질서 가운데에서 중국이 가지고 있던 주도권을 새로운 아시아 국제질서 속에서도 유지할 수 있을 것이라는 기대감이 개혁파들로 하여금 다루이의 아시아연대 주장(아시아주의)에 관심을 가지게 만들었고 나아가 그것에 대한 적극적인 동의의 표현으로 『대동합방신

---

42) 「論淸國宜與東國合縱」, 『大東合邦論』, p.141.
43) 『大東合邦新義』, p.70.

의』의 번각 출판이 나타나게 되었다는 말이다. 앞서 인용한 바대로 량치차오가『대동합방신의』의 서문에서 "다루이가 말하는 '합방'이라는 것은 호교와 보민의 방법이다"라고 말한 것은[44] 기실 중국의 (중화주의적) 지위를 지키는 방법이라고 보았다는 말로 비쳐지는 것이다.

## 5. 맺음말: 개혁파와 아시아주의

앞서 논한 것처럼『대동합방론』의 중국 출판본인『대동합방신의』의 간행은, 개혁파들이 개혁운동의 모델로 삼고 있던 일본을 학습하고자 하는 요구에서 시작되었다. 량치차오를 비롯한 개혁파들이 주도하여 만든 대동역서국은 많은 일본 서적들을 번각 출판하던 기관이었고 거기에서 출판된 서적들을 통해 서구의 '근대'를 배우려고 시도했던 것이다. 여기에서 집중적으로 검토한바『대동합방신의』의 출판 역시 일본의 앞선 개혁을 배우려는 의도에서 나온 것이었음은 이론의 여지가 없다. 다만 개혁의 직접적인 모델이 되었던 메이지유신에 대한 개혁파들의 이해가 중국의 개혁운동 필요성에 맞추어 왜곡 변형된 채로 받아들여지고 있었던 것[45]과 마찬가지로 다루이의 저서로 이해하게 된 일본의 아시아주의에 대한 개혁파의 이해 또한 얼마간 변형을 거칠 수밖에 없었음에 유의할 필요가 있다.

내용적인 측면에서 보자면 개혁파의 입장은, 다루이의 아시아연대 주장, 곧 백인종의 황인종 침략과 지배에 황인종의 공동 대처를 목표로 하여 일차적으로 일본과 한국의 합방이 이루어지고 그다음 중국과 연대를 맺는 일종

---

44)「大東合邦新義序」,『大東合邦新義』, p.1.
45)　조병한,「청말 중국의 변혁사조와 근대 일본 인식: 黃遵憲과 康有爲를 중심으로」.

의 아시아연대 주장을 중국 개혁파들이 기본적으로 받아들이고 있음을 보여준다. 특히 러시아의 위협에 대한 현실적 위기감이 그와 같은 연대(공동대응)의 정당성을 제공해주는 것으로 나타나고 있었으니 이런 점은 앞 장에서도 밝힌바, 개혁파의 이론적 근거를 제공했다고 알려져 있는 황쭌셴에게서도 동일하게 확인된다. 앞 장에서 지적한 대로 러시아의 동방 진출은 1689년에 체결된 네르친스크조약에서 시작해 1727년의 캬흐타조약 체결을 통해 차근차근 이루어지고 있었고[46] 1855년에는 캄차카 반도와 아무르 강하구 지역까지 군대를 파견하여 점령했으며 1858년에 체결한 아이훈조약과 1860년의 중러베이징조약 체결을 통해 우수리 강 이동 지역까지 영토를 확장해갔던 것이다.[47] 이를테면 당시 러시아의 이러한 동방 진출은 중국인들로 하여금 러시아를 최대 적으로 여기게 만들었기 때문에 비록 다루이가 말하는 일본과 조선의 합방이 1876년 강화도조약 이후 본색을 드러내고 있던 일본의 조선 병합 의도와 부합한다고 하더라도 최대의 적 러시아에 대한 공동 저항을[48] 일차적인 목표로 하는 다루이의 동아시아연대 주장은 중국의 개혁파들로서는 받아들일 만한 대안이었을 것이다.

물론 개혁파의 입장에서 볼 때 『대동합방론』의 주장을 전적으로 받아들이기는 어려웠던 것 같다. 이 점은 『대동합방신의』에서는 『대동합방론』의 내용 중 상당 부분을 삭제하거나 고침으로써 다루이의 아시아주의 주장과는 다른 중국 개혁파들의 속내를 드러내고 있었다는 사실에서 분명하게 나타난다. 특히 개혁파가 삭제·수정한 부분은 전통적 중화질서에 대한 개혁파들의 집착과 미련을 그대로 보여주고 있었다. 예컨대 중국이 처해 있던

---

46) 최문형, 『러시아의 남하와 일본의 한국침략』, pp.46~56.
47) 賈寶波·汪志遠, 「論黃遵憲的"中日聯盟"思想及其影響」, p.60.
48) 당시 러시아는 일본에게도 최대의 적으로 받아들여지고 있었다. 이 점에 관해서는 이 책의 제1부 제1장 pp.44~45 참조.

망국의 위기와 중첩된 곤경이 전통적 중화주의 체제의 유지를 불가능하게 하고 있었음에도 다루이가 『대동합방론』에서 중국의 어려운 처지를 지적하고 있는 대목과 관련해, 그것이 중국의 개혁을 지지하는 근거가 되면 받아들이면서도 전통적 중화주의 체제의 기본 틀을 인정하지 않으면 (『대동합방신의』에서는) 그 대목을 삭제·수정하고 있는 것이다. 그렇다고 하더라도 합방 내지는 연대의 출발점이 되는 조선의 독립을 인정하지 않을 수도 없었으니 여기에 개혁파들의 아시아에 대한 인식의 과도적·이중적 성격이 나타나고 있었던 것이다. 말하자면 근대적 국제관계의 새로운 정립을 둘러싸고 전개되고 있던 동아시아 국제질서의 재편 속에서 전통적 중화주의의 변용을 일정 부분 모색하지 않을 수 없었던 것이다.

다루이의 아시아주의에 대한 개혁파의 이해와 수용에서 주목해야 할 것은, 이러한 과도적 변용 가운데서도 아시아에 대한 중국의 주도권을 확보 유지하려는 노력이 나타나고 있었다는 점이다. 곧, 다루이가 주장하는 한국과 일본의 병합 이후 진행될 중국과의 연대를, 개혁파들은 중국과 일본이 공동으로 지도력을 행사하는 동아시아 국제질서로 보려고 했다는 점이다. 뒷장에서 다룰 쑨원의 경우, 일본의 아시아주의에 대한 중국식 대응으로 '중일연대(中日連帶)'를 적극적으로 제시하고 있었던 것인데,[49] 이러한 주장은 그 앞 세대인 개혁파의 일본 아시아주의에 대한 이해와 기본적으로 궤를 같이하고 있으며 이런 점에서 혁명파의 아시아 인식이 개혁파(입헌파)의 그것을 계승하고 있다고 말할 수도 있을 것이다.

물론 『대동합방신의』에 나타나고 있는 개정, 첨삭만을 분석한 것을 가지고, 비록 무술변법 전야라고 하는 시기에 한정한다고는 하더라도 개혁파의 아시아 인식 내지 아시아주의에 대한 대응의 전체 상을 논하는 것은 무리가

---

49)  이 책의 제2부 제1장 pp.87~89, 110~113 참조.

많을 것이다. 그러나 『대동합방신의』의 번각 출판을 통해 확인되는 량치차오와 개혁파의 한국이나 일본에 대한 인식, 나아가 아시아에 대한 인식은 량치차오와 개혁파의 한국이나 일본에 대한 인식, 민족주의나 아시아에 대한 인식을 다룬 기왕의 논의들과 기본적인 궤를 같이한다는 점에서 주목할 필요가 있다. 즉, 량치차오의 초기(변법운동 시기) 민족주의가 보편적 세계주의와 황인종 연합을 강조하는 종족주의적 태도와 더불어 전통적 중화주의 사상이 강했다는 지적[50]이나 량치차오가 조선의 망국을 독립국 조선의 주권 상실로 보기보다는 '중국의 속방 조선'을 상실한 것으로 이해했을 만큼 그의 중화주의적 인식이 뿌리 깊었다는 주장[51]은 이 장에서 우리가 논한바 『대동합방신의』의 내용과 첨삭 및 개정을 통해 확인되는 량치차오의 한국, 동아시아 인식과 기본 틀을 같이하고 있다고 볼 수 있는 것이다.

---

50)  김택중, 「梁啓超의 민족주의사상(1894~1911)」, ≪인문논총≫ 24(2012), pp.221~224.

51)  이선이, 「근대 중국의 조선(인) 인식: 梁啓超와 黃炎培를 중심으로」, ≪중국사연구≫ 66(2010), pp.111~114 참조.

제2부

# 1910~1920년대 공화혁명과 아시아주의

:

# 제1장

# 신해혁명 시기 쑨원의 아시아 인식

## 1. 머리말

서구 제국주의 열강의 침략으로 개시된 아시아 각국의 근대사는 열강의
침략과 그에 맞선 반제민족해방운동이라는 조류(潮流)가 공통분모이다. 그
런 점에서 아시아 역사, 그 가운데서도 특히 중국, 한국, 일본을 중심으로
하는 동아시아의 역사는 각각 분리된 한 국가의 역사로 존재했다기보다 하
나의 역사적 공동체로서 존재했다고 봐야 한다. 최근 한국을 비롯한 동아시
아 각국의 역사학계에서 쟁점이 되고 있는 동아시아담론은 동아시아 역사
의 이러한 공통성에 주목하면서 그것을 하나의 역사 공동체로 보려는 시도
라고 할 수 있다.[1] 이런 의미에서 동아시아담론은 일국사(一國史)적 입장에
설 경우 가질 수밖에 없는 배타적 민족주의의 한계를 극복하려는 시도로 중
요한 의미가 있다고 하겠다.

지금부터 100년 전에 일어났던 신해혁명의 결과로 만들어진 공화국, 중
화민국(中華民國)을 흔히 "아시아 최초의 공화국"이라고 부른다. 이와 같은
표현은 신해혁명이 아시아 전체 역사에서 차지하는 중요성을 강조하는 한

---

1)　白永瑞, 『思想東亞』(臺北: 臺灣社會研究雜誌社, 2009).

베트남 독립운동가
판보이쩌우

신해혁명에 참여했던
한국 독립운동가
김규흥

편 아시아 역사 전체에 미친 영향에 주목하고자 하는 입장일 것이다. 실제로 신해혁명은 아시아 가운데서도 특히 중국 주변의 동아시아 각국에 미친 영향이 막대했으니, 예컨대 프랑스의 식민지로 전락한 베트남과 일본의 식민지로 전락한 한국의 독립운동에 미친 신해혁명의 영향력은 지대했다. 유신자강(維新自强)을 통한 독립운동인 동유운동(東遊運動)과 동경의숙(東京義塾)이 좌절되면서 일시 소강 상태에 들어갔던 베트남 독립운동에 새로운 계기를 제공한 것은 1911년 10월 신해혁명이었다. 중국에서 공화혁명의 성공을 본 많은 베트남 지사들은 중국혁명에서 새로운 가능성을 찾고자 그 활동 무대를 중국으로 옮겨 왔다.[2] 또 신해혁명 발발 직전인 1910년 8월 국권을 상실하고 일본의 식민지로 전락한 한국의 경우에도 신해혁명의 영향은 컸으니 당시 한국인들에게 중국의 공화혁명, 곧 신해혁명의 성공은 하나의 복음으로 받아들여졌다. 1908년 이래로 광둥에서 활동하던 김규흥(金奎興)처럼 우창기의(武昌起義) 이전 시기부터 중국의 혁명운동에 직접 참여하고 있던 한인 지사도 있었지만, 1910년대 상하이와 난징(南京)을 중심으로 활동하던 대부분의 한인 지사들은 우창기의의 성공 소식을 듣고 1911년 11월 이후에 국내에서는 더 이상 불가능해진 독립운동을 위해 중국, 특히 관내(關內) 지역으로 망명해왔다. 당시 한인 지사들은 자신들이 중국혁명을 위해 헌신하고 희생하여 그 혁명이 성공한다면 그런 연후에 성공한 중국의 도움을 받아 한국의 독립과 근대적 국가 건설이 가능할 것으로 기대하고 있었던 것이다.[3]

---

2)  楊萬秀·周成華,「孫中山與越南」, 林家有·李明 主編, 『孫中山與世界』(長春: 吉林人民出版社, 2004), p.559 참조.

혁명 중국의 지원에 대한 이러한 기대는 한국, 베트남 지사들과 중국혁명
파 인사들 사이의 협력과 연대를 위한 다양한 모색으로 나타나기도 했다.
1912년 후반기에 만들어진 신아동제사(新亞同濟社)는 한국의 독립운동을 지
원하기 위한 중국과 한국의 연대 조직이었으며 1912년 2월 광저우에서 만
들어진 진화흥아회(振華興亞會)는 주로 베트남의 독립운동을 지원하기 위해
만들어진 중월(中越) 지사들 간의 대표적 연대 조직이었다. 이를테면 아시
아 최초의 공화국을 이룩한 신해혁명은 제국주의 열강의 식민지로 전락해
가고 있던 중국뿐만 아니라 이미 식민지로 전락한 주변 약소국가들의 독립
과 혁명에 하나의 분명한 전망을 제공했으니, 그런 의미에서 신해혁명은 20
세기 초 중국과 주변 약소국가들 사이에 공통 목표였다고 할 '반제(反帝)를
위한 연대'의 출발점이 되었던 것이다.[4]

그러나 주변 약소국들의 중국혁명에 대한 이러한 기대가 채워지기는 처
음부터 어려운 일이었다. 그것은 중국혁명의 과정 자체가 주변 약소국들의
혁명을 원조해줄 수 있을 만큼 순조롭지 못했다는 이유도 있지만, '혁명 중
국'의 주변국에 대한 이해나 관심 자체가 주변 약소국들의 '혁명 중국'에 대
한 그것과는 처음부터 달랐던 이유도 있다고 생각된다. 이를테면 중국혁명
의 결과로 청조라는 중앙 권력이 사라지면서 새롭게 재편될 아시아 국제질
서 구상에서 '혁명 중국'과 주변 약소국의 입장이 처음부터 서로 달랐을 수
있다는 말이다. 그럴 경우 '반제를 위한 연대' 모색 과정에서 늘 강조되던
'동병상련'은[5] 사실은 하나의 명목에 불과한 것이었으니 실제로는 새롭게

---

3)    裵京漢, 「辛亥革命與韓國: 以韓人志士金奎興在廣東的活動爲中心」, '辛亥革命與
100年中國' 國際學術硏討會(武漢, 2010.10) 發表論文.

4)    裵京漢, 「東亞史上的辛亥革命」, 辛亥100周年紀念東京會議(東京, 2011.12) 發表
論文 참조.

5)    常明軒, 「孫中山的振興亞洲思想與實踐」, 徐萬民 主編, 『孫中山硏究論集』(北京: 北
京圖書館出版社, 2001), pp.242~243.

만들어질 아시아 국제질서 구상에서는 중국과 주변 약소국이 동상이몽의 입장에 있었다는 것이 좀 더 사실에 가까운 표현이 될 수도 있겠다는 말이다.

이런 관점에서 이 글은, 혁명 중국을 대표하는 지도자 쑨원의 아시아에 대한 이해와 인식이 어떠했는가, 그리고 그러한 쑨원의 아시아 인식이 주변 약소국들의 기대와 얼마만큼 차이가 있었던가를 검토하는 데 집중하려고 한다. 그간에 신해혁명 내지 쑨원 연구에서 쑨원의 아시아 인식 문제나 아시아주의 사상에 대한 연구가 적지 않게 있어왔다.[6] 그러나 그간에 나온 대부분의 연구들은 신해혁명이 아시아 약소민족에게 미친 긍정적 영향을 밝히려는 입장에서 나온 것이든가, 아니면 이들 아시아 약소민족들의 독립문제에 대한 혁명파 내지 쑨원의 지원이 컸음을 강조하려는 입장, 곧 동병상련의 입장에서 이루어진 것들이었지 그 반대의 입장, 곧 혁명 중국과 주변 약소민족들의 입장에 어떠한 차이가 있었던가에 주목하는 연구는 거의 이루어지지 못했다. 이를테면 앞에서 말한 '동상이몽'의 관점에서 이 문제에 접근한 연구는 그간에 거의 없었다는 말이다. 이 점이 바로 이 글의 출발점이자 목표이다.


## 2. 대일인식(對日認識), 한국문제, 중일연대론

쑨원의 혁명 활동이 일본과 밀접한 관계가 있을 뿐만 아니라 그 영향이

---

6)　陳德仁·安井三吉 編, 『孫文, 講演大アジア主義'資料集: 1924年11月日本と中國の岐路』; 趙軍, 『大アジア主義と中國』(東京: 亞紀書房, 1997); 李台京, 『中山先生大亞洲主義研究』(臺北: 文史哲出版社, 1992); 吳儀, 『孫中山先生的國家統一思想與大亞洲主義』, 徐萬民 主編, 『孫中山研究論集』, pp.263~271; 李本義, 『孫中山對外方略』(北京: 中國社會科學出版社, 2006) 등 참조.

지대했다는 점은 잘 알려져 있다. 특히
미야자키 도텐(宮崎滔天), 우치다 료헤이
(內田良平), 도야마 미쓰루(頭山滿), 이누
카이 쓰요시(犬養毅) 등 일본의 일부 정
치인 및 아시아주의자들과 쑨원의 관계
는 매우 밀접한 것이었고 쑨원과 동맹회
중심의 혁명 활동에 이들의 영향이나 도

쑨원과 미야자키 도텐(1900년 도쿄)
서 있는 사람 중 가운데가 미야자키 도텐,
앉아 있는 사람 중 오른쪽이 쑨원

움 또한 매우 컸다. 이런 까닭에 쑨원과 일본의 관계 및 동맹회 중심의 초기
혁명 활동과 일본인들의 관계에 대한 연구 또한 기왕에 적지 않게 이루어져
왔다.[7]

기왕의 연구들에서 쑨원의 일본에 대한 인식은 크게 보아서 두 가지 방향
에서 묘사되어왔다. 하나는 일본에 대한 긍정적 인식으로서, 일본을 배워야
할 대상 및 연대해야 할 동지로 보았다는 것이다. 주지하듯이 쑨원은 메이
지유신으로 시작된 일본 근대화의 성공에 대해 커다란 관심을 표명하면서
중국인들이 그것을 따라 배워야 할 것이라는 입장을 여러 차례 표명한 적이
있다. 예컨대 쑨원은 자신의 최초 정치적 견해를 언급한, 1894년 6월의 「리
훙장에게 보낸 편지(上李鴻章書)」에서 "일본의 유신 정치가 얼마 되지 않았
지만 그 성과가 정말 볼 만한 정도가 되었다"[8]고 한 것을 시작으로 신해혁
명 직후인 1913년 일본을 방문했을 때 중국 유학생들에게 행한 연설에서
"근년에 일본이 중국을 침략한 것은 부득이한 것으로 그 본심이 아니다. 따

---

7)   대표적인 것으로 兪辛焞, 『孫中山與日本關係研究』(北京: 人民出版社, 1996);
李吉圭, 『孫中山與日本』(廣州: 廣東人民出版社, 1996); Marius B. Jansen, *The Japanese
and Sun Yat-sen*(Cambridge: Harvard Univ. Pr., 1954) 등이 있다.
8)   「上李鴻章書(1994.6)」, 廣東省社會科學院歷史研究室等合編, 『孫中山全集』第
1卷(北京: 中華書局, 1981), p.15.

라서 일본에 유학하고 있는 중국 학생들은 매일 일본의 교사, 학생들과 서로 좋은 관계를 유지하면서 친애하고 배워야 한다"[9]고 한 것에 이르기까지 배워야 할 대상으로서 일본을 일관되게 강조하고 있었던 것이다. 일본에 대한 이러한 긍정적 인식은 혁명 활동의 과정에서 쑨원이 일본과의 협력을 강조하는 것으로 나타났으며 실제로 일본의 지원이 혁명운동의 출발점이 되기도 했으니, 예컨대 비록 성공하지는 못했다고 하더라도 1900년 10월의 후이저우기의(惠州起義)에서 보는 것처럼 일본인들의 지원에 실제로 많은 도움을 받기도 했다.[10]

쑨원의 일본 인식의 다른 하나는 부정적인 것으로서 일본을 제국주의 열강, 곧 중국을 침략하는 세력으로 보는 것인데 이때 일본은 경계와 적대의 대상이 된다. 쑨원은 일찍부터 중국에 대한 일본의 침략 가능성을 언급한 적이 있다. 예컨대 1903년 9월에 발표한 「지나보전분할합론(支那保全分割合論)」에서 쑨원은 일본의 만주와 몽골[滿蒙], 민절(閩浙, 푸젠과 저장) 지역에 대한 침략 의도를 비판한 적이 있고[11] 1911년 2월 중순 미야자키 도텐에게 보낸 편지에서도 "영미 양국 모두가 일본이 대야심(大野心)을 가지고 중국을 침략할 것을 우려하고 있는데 나 또한 일본의 침략 정책이 실현될 것이라는 의구심을 버릴 수 없다"[12]고 했다. 또 신해혁명 직전인 1911년 8월 영국과 미국의 재정 지원을 받으려는 교섭 과정에서도 "(혁명정부가) 영국과 미국의 지원을 받는다면 일본의 침략을 막을 수 있을 것"[13]이라는 주장을 제기한 적이 있으며 신해혁명 폭발 직후인 1911년 10월에도 일본의 중국 출병 가

---

9)　「在東京留學生歡迎會的演說(1913.2.23)」, 『孫中山全集』 第3卷(北京: 中華書局, 1984), p.27.

10)　兪辛焞, 『孫中山與日本關係硏究』, pp.51~55.

11)　「支那保全分割合論(1903.9.21)」, 『孫中山全集』 第1卷, p.219.

12)　「复宮崎寅藏函(1911.2.15)」, 『孫中山全集』 第1卷, p.512.

13)　「復咸馬里(Homer Lea)函(1911.8.10)」, 『孫中山全集』 第1卷, pp.532~533.

능성을 언급한 적이 있다.14)

이를테면 쑨원은 일본에 대해 전혀 상반되는 두
가지 인식을 가지고 있었던 것이니, 쑨원에게 일본
은 배워야 할 대상, 연합해야 할 대상인 동시에 중
국 침략자로서 경계와 적대의 대상이었다는 말이
다. 물론 이러한 상반된 인식을 가지고 있었다는 것
자체가 불가능할 것까지는 없다고 보지만, 일본에

신해혁명 시기의 쑨원

대한 쑨원의 양면적 혹은 모순적 인식을 통일적으로 이해할 필요가 있음은
물론이다. 이 점에 대해 마오쩌둥(毛澤東)의 모순론(矛盾論) 관점을 동원하여
쑨원이 그때그때 상황에서 더 중요한 모순에 따라 경계 혹은 연합의 대상으
로 인식을 바꾸어갔다는 흥미로운 관점15)도 있지만, 필자로서는 이러한 기
왕의 논의에서 그간 홀시되어왔던 다른 문제에 주목할 필요가 있다고 생각
한다. 그것은 제국주의 열강인 일본의 본질을 보여주는 데 있어서 빼놓을
수 없는 문제인 일본의 한국 지배, 곧 식민지 한국의 독립문제에 대한 쑨원
의 태도를 살펴볼 필요가 있다는 점이다. 이를테면 쑨원이 일본을 침략자
(제국주의 열강)로서 인식하는 이상 일본의 한국 지배에 대한 비판을 어떤 형
태로든 나타내지 않을 수 없다는 것이 필자의 생각이다. 따라서 쑨원의 일
본 인식의 본질을 파악하는 데 있어서 쑨원의 한국 인식은 결코 빠뜨릴 수
없는 요소가 되는 것이다.

그런데 쑨원이 한국문제에 대해 언급한 것은 예상 외로 매우 적다. 특히
쑨원이 일본에 머물면서 본격적인 혁명 활동에 나서고 있던 1905년 전후 시
기는 일본의 한국병합정책이 본격화되고 있던 시기와 일치한다. 이런 점을

---

14) 兪辛焞, 『孫中山與日本關係硏究』, p.300.

15) 兪辛焞, 「孫日關係與矛盾論」, 『孫中山與日本關係硏究』, pp.335~341.

고려한다면 같은 시기 쑨원이 한국문제에 대해 거의 언급하지 않았다는 점은 이해하기 힘들 정도이다. 그리고 쑨원이 한국문제를 언급한 경우에도 대부분은, "한국의 멸망을 중국이 따라가서는 안 되며 미연에 준비해야 한다"는 식으로 한국의 멸망을 타산지석으로 삼아야 한다는 데 초점이 있었지 한국의 독립 자체를 주장한 것은 아니었다. 예컨대 쑨원은 1911년 호머 리(Homer Lee, 咸馬里)에게 보낸 편지에서 "일본정부가 조선과 만주를 경영 개발하는 데 10년 정도의 시간이 필요할 것이다. ······ 이 새로운 정복자가 손을 쓰기 전에 우리는 중국을 개조할 수 있는 시간적 여유가 있다"[16]고 말했다. 말하자면 조선 병탄에 이어 일본의 침략을 받을 자는 중국이라는 주장이다. 한국의 망국에서 교훈을 받아야 한다는 이러한 관점은 청말 입헌파(立憲派)의 개혁 주장에도 커다란 영향을 미쳤던 것[17]이니, 이런 점에서 쑨원의 한국에 관한 기본 인식도 입헌파의 그것과 다르지 않다는 점은 시사하는 바가 많다고 할 것이다.

물론 쑨원의 언설(言說) 가운데 한국의 독립을 주장한 부분이 없지는 않다. 예컨대 1911년 2월 초 미야자키 도텐에게 보낸 편지에서 쑨원은 "일본의 정책이 변하여 한국을 병탄하더니 이제는 중국을 병합하려고 한다(恐貴國政策已變, 旣呑高麗, 方欲幷支那)"[18]고 했고, 시모노세키조약으로의 회복을 한국문제의 해결책으로 제시한 적도 있다.[19] 그러나 이들 경우에도 그 맥락을 자세하게 살펴보면, 쑨원의 기본적인 의도가 한국의 독립을 주장하거나 한국을 병탄한 일본을 비판하는 데 있기보다는 앞서 언급한바 중국이 한

---

16) 「复咸馬里函(1911.8.10)」, 『孫中山全集』 第1卷, p.533.
17) 李細珠, 「朝鮮併吞對晚清維新派的影響」, ≪近代史研究≫ 2011-3期.
18) 「致宮崎寅藏函(1911.2.3)」, 『孫中山全集』 第1卷, p.508.
19) 「與益世報記者的談話(1920.1.26)」; 「與上海通訊社記者的談話(1920.11.8)」, 『孫中山全集』 第5卷(北京: 中華書局, 1985), p.206; p.399.

국의 망국의 전철을 따라가서는 안 되고 타산지석의 교훈을 얻어야 한다는 점에 모아져 있음을 보게 된다. 그뿐만 아니라 시모노세키조약으로의 회귀라는 주장도 기실은 이 조약 이전의 한반도 상황, 곧 한반도에 대한 중국의 종주권이 존재하던 시기로의 회귀를 주장하는 것20)이 되기 때문에 이 또한 한국의 독립 자체를 주장하거나 지원하려 한 것은 아니었다고 볼 수 있다.

한국문제에 대한 쑨원의 이러한 소극적 태도를 자기 규제(自己克制)로 해석하는 입장이 있다. 한국독립을 지지하는 것이 쑨원의 기본 주장이지만, 일본의 지원을 얻어야 하는 상황에서 일본에게 가장 치명적이라고 할 한국문제를 언급하기란 불리했을 것이고 이런 연유로 전략적으로 충분히 계산된 의도를 가지고 한국독립 주장을 자제했다는 것이다.21) 이러한 주장은 나름대로 상당히 설득력이 있다고 생각하지만, 필자로서는 이 경우에도 과연 어디까지가 전략이고 어디까지가 본질인지 질문하지 않을 수 없다. 이를테면 쑨원이 전략적 입장에서라고 하더라도, 일본의 지원에 대한 기대와 한국독립 주장 사이에서 전자로 기울어 있었고 그런 의미에서 제국주의 열강으로서 일본에 대한 쑨원의 인식은 상당한 한계를 가질 수밖에 없다는 것이 필자의 생각인 것이다.

쑨원의 일본에 대한 지나친 의존과 일본의 제국주의적 본질에 대한 그의 허술한 인식을 보여주는 또 다른 대목은 중국과 일본을 구심점으로 하는 아시아인의 연대, 곧 아시아주의 주장이다. 앞서 언급한 대로 일본에 대한 긍정적 인식과 함께 일본의 지원을 받고자 하는 의도에서 쑨원은 일본을 연대 상대로 삼고자 했다. 쑨원은 중국을 비롯한 아시아 제 민족(諸民族)이 서구 열강의 식민지 내지 반식민지로 전락한 것을, 백인종의 황인종에 대한 침략

---

20) 배경한, 『쑨원과 한국: 중화주의와 사대주의의 교차』, p.100.
21) 兪辛焞, 『孫中山與日本關係硏究』, p.574.

과 지배 때문이라고 보고 이러한 상황에서 중국을 비롯한 아시아 제 민족이 독립을 쟁취하기 위해서는 같은 황인종의 단결이 필요하다고 보았다.[22] 특히 쑨원은 황인종 단결의 구심점으로, 아시아의 두 강대국인 일본과 중국의 연대가 필요하고 양국의 영도(領導) 아래 서구(백인종)의 침략에 저항하는 것이 필요하다고 보았다.[23] 이른바 중일공동영도(中日共同領導)를 전제로 한 아시아 제 민족의 연대를 제시하고 있었던 것이다.

쑨원의 중일공동영도 내지 중일연대 주장은 사실 그의 독창적인 주장은 아니라는 점을 주목해야 한다. 이 책의 앞부분에서 밝힌 대로 일본 중심의 아시아연대를 주장했던 일본의 초기 아시아주의에 대한 대응으로 나타났던 황쭌셴의『조선책략』에서 중일공동영도 주장이 나타나고 있었던 것이다. 황쭌셴은 백인종, 특히 러시아의 침략 아래 멸망 위기를 겪고 있는 황인종의 공동 연대를 강조하면서 망국의 위기에 빠진 조선의 대외 전략으로 '친중국(親中國)'과 함께 '련일본(連日本)'을 내세우고 있었던 것이다.[24] 또 이러한 중일연대 주장은, 일본의 초기 아시아주의자 다루이 도키치의 저작『대동합방론』의 번각판으로『대동합방신의』를 출판했던 량치차오 등 개혁파의 주장 가운데서도 분명하게 강조되고 있었음을 상기할 필요가 있다. 개혁파는 점차 분명해지고 있던 일본 주도의 동아시아 국제질서 구축 과정에서 중국의 전통적 중화주의를 유지해나가기 위한 방안으로 중국과 일본이 함께 지도하는 동아시아 국제질서를 대안으로 제시하고 있었던 것이다.[25] 이를테면 쑨원의 대아시아 주장 가운데 등장하고 있는 중일공동영도 내지 중

---

22) 『孫中山全集』第1卷, p.249; 段雲章 編著, 『孫文與日本史事編年』(廣州: 廣東人民出版社, 1996), p.312.

23) 「在東亞同文會歡迎會上的演說(1913.2.15)」, 『孫中山全集』第3卷, p.14.

24) 이 책의 제1부 제1장 참조.

25) 이 책의 제1부 제2장 참조.

일연대 주장은 그 연원이 황쭌셴, 량치차오 등에게까지 이르고 있었으니 쑨원은 19세기 말 이래 이루어지고 있던 개혁파들의 일본 아시아주의에 대한 대응을 그대로 잇고 있었던 셈이다.

그러나 쑨원의 중일연대 주장은 아시아 제 민족의 호혜와 평등을 전제로 하는 진정한 의미의 아시아연대[26]와는 상당한 거리가 있음에 주목해야 한다. 예컨대 아시아연대의 한 구성원이 되어야 할 한국을 식민지로 삼고 있는 일본이 그 연대의 주도자로 상정되고 있다는 점에서 본다면 그러한 아시아연대가 성립되거나 한국을 비롯한 아시아 제 민족들에게 받아들여질 가능성은 처음부터 없다고 보이기 때문이다. 그뿐만 아니라 일본과 함께 중국이 아시아연대의 주도권을 가지겠다고 하는 것도 아시아 제 민족들로부터 어떻게 받아들여질 수 있었을지 검토할 필요가 있을 것이다. 이를테면 전통시대에 중국의 영향력 아래에 있었던 한국, 몽골을 비롯한 아시아 제약소민족들의 입장에서 볼 때, 아시아연대에서 중국이 주도권을 가지겠다는 주장이 전통적 중화질서의 유지 내지는 회복 주장과 무엇이 다르겠는가?[27]

요컨대 신해혁명 전후 시기 쑨원의 일본에 대한 인식은 비록 긍정과 부정의 양면이 공존하는 복잡한 면모를 보이기는 하지만, 일본의 제국주의적 면모를 이해하는 데 필수 불가결한 문제인 한국문제에 대한 쑨원의 소극적 내지 자기 규제적 태도를 고려할 경우 제국주의 열강으로서의 일본에 대한 쑨원의 인식에는 상당한 한계가 있었다고 할 것이다. 또 마찬가지 입장에서 쑨원이 강조하고 있던 중일연대나 중일공동영도를 전제로 하는 아시아주의

---

26) 1913년 쑨원은 일본수상 가쓰라 다로(桂太郎)와의 회견에서 "대아시아주의 정신이란 (아시아 각 민족 간) 진정한 평등과 호혜를 원칙으로 한다(就大亞細亞主義情神言, 實以眞正平等友善爲原則)"고 말한 적이 있다. 王耿雄 等編, 『孫中山集外集』(上海: 上海人民出版社, 1992), p.200.

27) 배경한, 『쑨원과 한국: 중화주의와 사대주의의 교차』, pp.248~249.

주장도 한국을 식민지로 삼고 중국 침략을 본격화하고 있던 제국주의 열강 일본에 대한 쑨원의 인식이 얼마나 환상에 가까운 것이었던가를 잘 보여주고 있는 것이다.


## 3. '변방' 이탈, 군사정벌론, 오족공화론


다음으로 주목하고자 하는 것은, 중국 주변의 또 다른 약소민족으로서 전통시대에 한국보다 훨씬 더 직접적으로 중국의 지배를 받아온 몽골과 티베트(西藏) 독립 요구와 그에 대한 쑨원 및 혁명파의 대응 문제이다. 신해혁명과 함께 나타난 청조의 몰락과 그에 따라 생긴 중앙의 공백 가운데서 몽골

몽골 독립을 주도한
한드도르지

티베트 독립을 주도한
달라이라마 13세

과 티베트와 같은 변방(邊方) 이탈 독립 요구는, 다른 면에서 보자면 만주족의 지배로부터 한족의 독립을 요구한 종족주의 혁명, 곧 신해혁명의 목표와 같은 것이었다. 그런 의미에서 신해혁명 시기에 일어난 일련의 변방의 독립 요구는, 종족주의 혁명에 앞장섰던 쑨원을 비롯한 혁명파들의 주장과 동병상련의 관계인 것으로 볼 수 있다. 그러나 변방 이탈에 대한 쑨원과 혁명파의 대응은 이와 완전히 상반되는 것이었으니 이런 점에서 이 문제는 당시 쑨원의 아시아 인식의 또 다른 면모를 보여주는 중요한 대목이라고 하겠다.

신해혁명 직후인 1911년 11월 러시아로부터 귀환한 한드도르지(Khanddorj)를 중심으로 하는 일부 왕공들이 몽골 독립을 선언한 것과 1912년 6월 인

도에서 돌아온 달라이라마가 티베트에 주둔하고 있던 중국 군대와 관료들을 몰아내고 독립을 선포한 것은, 신해혁명으로 인해 생긴 중앙 권력의 공백에서 주변 약소민족들의 중국으로부터의 독립 요구에서 비롯된 것이었다. 이들의 독립 요구 뒤에는 1901년 전후부터 시작된 청조의 신정개혁에 대한 반발과 함께 영국과 러시아라는 새로운 열강들의 간섭과 '지원'이 있었다. 결국 만주족의 지배에 대한 한족의 저항이라고 하는 민족주의 혁명이 주변 약소민족들의 중국 지배로부터의 독립과 이탈이라고 하는 새로운 민족주의 혁명을 야기했던 것이니 이런 점에서 신해혁명은 아시아 약소민족들이 민족적 독립을 내세우게 만든 중요한 계기를 제공했던 것이다.[28]

신해혁명 전후 시기 중국의 분열과 청조의 몰락으로 불거진 몽골의 독립 요구는, 중국의 입장에서는 철저하게 외세, 곧 제국주의 열강들의 침략에 의한 분할 위기가 현실화된 것으로 받아들여졌다. 사실 이러한 위기의식은 비록 정도의 차이는 있었을지언정 청조 중심의 개혁을 통해 위기 극복을 주장하던 보황파(保皇派)나 청조 타도를 통한 해결, 곧 공화혁명을 주장하던 혁명파나 할 것 없이 모두가 심각하게 느끼고 있었다. 예컨대 1912년 5월 말 급진적 혁명파 신문인 ≪민권보(民權報)≫에 실린 한 논설은, 중국이 이제 망국지경에 이르렀다고 개탄하면서 "(오늘날) 러시아인들이 이리 지방에 진출하고 영국인들이 티베트에 군대를 진주시켰으며 일본과 러시아가 공모

열강들의 중국 분할(과분) 만화

---

28)  이하 몽골과 티베트의 독립 요구와 그에 대한 쑨원과 혁명파의 내용을 서술한 부분은 배경한, 『쑨원과 한국: 중화주의와 사대주의의 교차』, pp.107~127의 논지를 상당 부분 옮겨 온 것이다.

해 동삼성(東三省)을 점령하려고 하고 있는데 이리 지방을 러시아에 빼앗기면 (위구르족이 살고 있는) 신장(新疆)이 망하게 되고 신장이 망하면 티베트가 망할 것이며 티베트가 망하면 몽골이 망하고 몽골이 망하면 만주가 망하고 만주가 망하면 즈리 성(直隸省)의 북부[北直]가 망할 텐데 그렇게 되면 (전체) 중국이 망하지 않겠는가"[29]라고 쓰고 있었던 것이다.

이러한 분할 위기를 두고 중화민국의 대응은 크게 두 가지 방향에서 제기되었다고 할 수 있다. 첫째는 티베트나 몽골과 같은 주변 약소민족들의 독립 요구를 진압하기 위한 군사 원정의 도모였으며, 둘째는 공화혁명의 결과를 한족뿐만 아니라 주변 소수민족과 함께 향유한다고 하는, 이른바 오족공화론(五族共和論)을 내세우는 것이었다.

몽골의 독립 요구에 대한 중화민국 정부의 초기 대응은, 청조와 마찬가지로 외교적 교섭을 통해 중국의 종주권(혹은 주권)을 방어·유지하는 것이었다. 그러나 앞서 본 대로 열강들과의 외교 교섭을 통한 해결이 어려워지자 혁명파 인사들 사이에서 군사정벌 주장인 정몽론(征蒙論)이 대두하기 시작했다. 정몽론은 1912년 6월 이후부터 본격적으로 대두되기 시작했으니 6월 8일 혁명파의 대표적 신문인 ≪민립보(民立報)≫의 한 사설은 "러시아와의 교섭을 통해 몽골의 독립을 취소하도록 노력하는 한편 부득이하다면 중앙(정부)에서 파병하는 방안을 검토해야 한다"고 하고 있고 같은 신문의 6월 14일 자 논설에서도 "시한(時限)을 정해서 독립 취소를 요구하되 만일 받아들여지지 않는다면 불가불 파병하여 해결할 것을 국무원(國務院)에 권고한다"[30]고 하고 있었던 것이다.

그러던 것이 8월 초부터 위안스카이(袁世凱)가 총통으로 있던 베이징 정

29)  民畏, 「論說: 瓜分之現象」, ≪民權報≫(1912.5.23), p.2

30)  旡生, 「社論: 籌邊芻議(四)」, ≪民權報≫(1912.6.8), p.2; 血兒, 「評國務院之籌邊策」, ≪民權報≫(1912.6.14), p.2.

부에서까지 몽골 파병이 논의되면서 정몽론이 더욱 노골화되기 시작했다. 또 몽골의 독립 요구가 서몽골 지역으로 확대되어가고 러시아와 몽골이 협정을 체결하기 위해 협상을 진행 중이라는 소식이 알려진 8월 말 9월 초에 가서는 몽골에 대한 무력토벌론이 본격적으로 대두하기에 이르렀다. 그리하여 몽골 문제에 대한 유일한 해결책은 무력정벌뿐이라는 주장이 공공연하게 나타나기 시작했고[31] 몽골 정벌 파병에 소극적이라는 점 때문에 베이징 정부에 대한 비판도 조금씩 강도를 더해가고 있었던 것이다.[32]

물론 몽골 정벌론자들은, 몽골에 대한 무력정벌 주장이 몽골 독립 요구의 배후 세력이라고 본 러시아와의 정면 대립을 가져올 수 있고 러시아와의 전쟁이 발발할 경우 중국이 승리할 가능성이 없다는 것도 인정하고 있었다. 그러나 당시 혁명파에게뿐만 아니라 일반 국민들에게도 몽골 정벌론이 선택의 여지가 없는 유일한 해결책으로 받아들여졌기 때문에 당시 몽골 정벌 주장은 대다수 국민들의 적극적인 호응을 얻고 있었다고 보인다. 그리하여 1912년 11월에는 전국적으로 몽골 정벌을 지지하는 단체들이 여러 개 만들어졌고[33] 이들 단체를 중심으로 몽골 정벌을 위한 군비모금운동이 벌어지기도 했으며 심지어 몽골을 정벌할 경우 군대의 진격 방향을 어떻게 잡아야 할지가 대대적으로 논의되기까지 했다.[34]

몽골 정벌 주장이 전국적으로 확산되어가자 쑨원도 이에 호응하여 적극

---

31)  劉學銚 編著, 『蒙古論叢』(臺北: 金蘭文化出版社, 1982), pp. 185~186.

32)  大願, 「俄國承認外蒙獨立之心曲: 我政府當知所以對付策」, ≪民立報≫(1912.10. 25), p.2; 「社論: 論政府對蒙政策之謬誤」, ≪民立報≫(1912.10.27), p.2.

33)  당시 신문 기사에는 '蒙古聯合會', '蒙藏政治改良會', '征蒙女子籌資團', '按救蒙會', '救蒙會', '聯合救蒙會', '五族救蒙會' 등 몽골 정벌을 주장하는 수많은 단체들이 확인되고 있다.

34)  「征蒙戰事地圖說明」, ≪民權報≫(1912.11.24), p.10; 「外蒙軍事上之地理觀」, ≪民立報≫(1912.11.23), p.2 참조.

적인 무력행사를 주장하고 나섰다. 1912년 12월 초에 발표한 한 전문(電文)에서 쑨원은 "국민적 분위기[民氣]가 이와 같다면 몽골과 중국을 (외세의 침략으로부터) 구할 수 있다"고 하면서 "먼저 화폐혁명(錢幣革命)을 단행하여 (현재 중국이 당면하고 있는) 재정 곤란을 해결한 다음 6개월 내에 50만의 신병을 양성해 외몽골(外蒙古)과 북만주(北滿洲)에 파병하고 계속하여 6개월마다 50만씩 군대를 늘려간다면 만주와 몽골에서 러시아를 쫓아낼 수 있을 것이다"[35]라는 매우 낙관적인 입장을 밝히고 나섰던 것이다.

티베트 독립에 대한 중화민국 정부의 대응은 몽골의 경우와 마찬가지로 일면 외교적 노력을 통한 종주권(혹은 주권)의 회복을 도모하는 한편 군사적 대응도 추진되었다. 특히 중화민국 성립 직후인 1912년 5월에서 7월 사이 티베트 동부 캄(Khan, 康) 지역에서 일어난 전쟁은 근본적으로 티베트 독립을 인정하지 않으려는 중화민국의 군사적 대응을 그대로 보여주고 있다. 1912년 5월 달라이라마 휘하의 티베트군에 의해 점령된 창두(昌都, Chamdo)는 위안스카이 중앙정부의 명령을 받은 쓰촨군(四川軍)과 윈난군(雲南軍)에 의해 탈환되었다. 비록 영국군의 개입으로 중국군의 진군이 저지되었지만, 티베트 독립은 그만큼 불안정한 것이었음이 드러난 셈이기도 하다.[36]

그런 한편으로 실현 가능성이 거의 없는 군사정벌론(軍事征伐論)에 비해 어느 정도 설득력이 있다고 볼 수 있는 소수민족의 독립 요구 혹은 변경 문제 해결책으로는, 중화민국임시정부 성립 이후 쑨원에 의해 본격적으로 제기된 이른바 오족공화론을 들 수 있다. 오족공화론의 내용은, 쑨원이 1912년 1월 1일 발표한 임시대총통 취임 선언서에서 "한족(漢族), 만주족(滿族), 몽골족[蒙族], 회족[回族], 티베트족[藏族]의 여러 지역이 하나의 국가를 이루

---

35)  「倡議錢幣革命對抗沙俄侵略通電」, 『孫中山全集』 第2卷, pp.544~549.

36)  Warren W. Smith Jr., *Tibetan Nation: A History of Tibetan Nationalism and Sino-Tibetan Relations*, Westview Press(Oxford, UK, 1996), pp.182~188.

며 한족, 만주족, 몽골족, 회족, 티
베트족의 여러 민족이 모여서 하나
의 인민이 되는 것이니 이것이 곧
민족의 통일이다"[37]라고 한 것과
그 후 다른 몇 가지 연설에서 말한
대로 "한족, 만주족, 몽골족, 회족,
티베트족의 각 종족이 모두 국가의

오족공화 포스터

주체로서 공화국의 주인공이 되고 참정권을 행사함으로써 공화국의 혜택을
다 같이 누려야 한다"[38]는 주장에서 잘 드러나고 있다. 말하자면 중국은 한
족만의 단일민족 국가 아니고 오족으로 대표되는 다민족 국가이며 이들이
공화국 국민으로서 평등한 지위를 가진다고 하는 것이다.[39] 혁명의 성과인
공화체제는 한족만의 것이 아니고 오족 공동의 것이며 따라서 신해혁명은
오족이 주체가 되는 혁명이라는 주장이다.

이러한 오족공화의 주장은, 원래 우창기의 발발 이전 시기 쑨원의 정치주
장에는 전혀 보이지 않았던 것으로 우창기의 이후 벌어진 남북의화(南北議
和) 과정에서 양두(楊度)와 장젠(張謇) 등 입헌파에 의해 제기되었던 것[40]을
임시정부 성립과 함께 쑨원이 자신의 정치 주장으로 수용하면서 새롭게 주

---

37) 「臨時大總統宣言書(1912.1.1)」, 『孫中山全集』 第2卷, p.2.

38) 「在北京五族共和合進會與西北協進會的演說(1912.9.3)」; 「在張家口各界歡迎會的
演說(1912.9.7)」, 各各 『孫中山全集』 第2卷, pp.438~439; p.451.

39) 일부 신문에서는 이러한 입장을 '대중국주의(大中國主義)'라고 표현하면서 중
화민국은 '대중국주의'를 취했기 때문에 한족을 제외한 다른 민족들[滿蒙回藏]의 형제
들은 이제 모두 '중국인'이라고 하고 있다. 少白, 「大陸春秋: 大中國主義」, ≪民立報≫
(1912.3.1), p.7; 力子, 「全國決心」, ≪民立報≫(1912.9.11), p.7 참조.

40) 村田雄二郎, 「孫中山與辛亥革命時期的'五族共和'論」, ≪廣東社會科學≫ 2004-5
期, pp.121~128; 片岡一忠, 「辛亥革命時期の'五族共和'論をめぐって」, 『中國近現代史
の諸問題: 田中正美先生退官記念論集』(東京: 國書刊行會, 1984).

목받은 것으로 알려져 있다.[41] 우창기의 발발 이전 단계에 동맹회를 중심으로 하는 혁명파의 '민족주의' 주장이란, 1903년 도쿄흥중회(東京興中會) 창립 시 제기되었던 강령 가운데 '구제달로, 회복중화(驅除韃虜, 恢復中華)'에서 잘 드러나고 있는 대로, 만주족의 한족 지배를 종식시키고 한족의 민족적(종족적) 독립을 이룩한다는 내용으로, 이를테면 '반만(反滿)민족주의'라고 할 수 있다.

물론 이러한 반만 혹은 배만(排滿)민족주의 주장 가운데서 쑨원의 배만 주장은 유명한 혁명파 지도자 가운데 한 사람인 저우룽(鄒容)이 주장하던 배만 주장[42]과는 달라서 만주족 전체를 쫓아낸다거나 차별하려는 종족 차별주의는 아니고 한족에게 해를 가하는 만주족, 즉 청조에 대한 반대[反淸]라는 점을 인정할 수도 있을 것이다.[43] 그러나 쑨원도 우창기의 이전 단계의 '민족주의' 주장에서는 (한족 이외의) 소수민족들과 평등한 관계를 설정하는 데 대한 모색을 거의 하고 있지 않았다는 점에서 (한족 중심의) 종족주의적 한계를 분명하게 가지고 있었음[44]을 부인하기는 어렵다고 하겠다.

---

41)　林家有, 『孫中山振興中華思想研究』(廣州: 廣東人民出版社, 1996), p.159.

42)　저우룽의 배만론(排滿論)은 한족과 만주족의 공존 자체를 부정하고 만주족을 '중화'의 범위에 넣지 않는, 말하자면 한족 왕조의 회복과 같은 의미로 구분할 수 있다는 주장이 있다. 齊藤道彦, 『民國前期中國と東アジアの變動』(東京: 中央大出版部, 1999), pp.234~238.

43)　林家有, 『孫中山振興中華思想研究』, p.158; 沈茂駿, 「孫中山民族主義的幾個問題」, 孫中山與亞洲國際學術會議發表論文(廣東 翠亨, 1990.8), pp.3~4.

44)　중국의 저명한 신해혁명사 연구자인 장카이엔(章開沅) 교수가 배만(排滿)에 커다란 결함이 있음을 지적한 다음 "민국 성립 이후 혁명파와 정부에서 오족공화를 선포했다고 하더라도 (그 이전의) 대한족주의와 배만 주장이 가지고 있던 부정적 요소[消極因素]들을 제대로 정리하지 못했다"고 한 것은 그간 중국학계의 논조와 비교해 매우 주목할 만한 언급이라고 하겠다. 章開沅, 「辛亥革命時期的社會動員: 以'排滿宣傳'的實例」, 中華炎黃文化研究會 編, 『孫中山與現代文明』(蘇州: 蘇州大學出版社, 1997), pp.32~34. 한편 일본학자 齊藤道彦은 이것을 '중화세계 내 민족관계 전근대성'의 문제라고 표현하고 있다. 齊藤道彦, 『民國前期中國と東アジアの變動』, p.286. 참조.

우창기의 이전 단계의 이러한 반만민족주의와 비교해볼 때 우창기의 직후부터 나타나고 있는 쑨원을 비롯한 혁명파 주도 세력의 오족공화 주장은, 그 이전 단계까지의 민족주의로부터 상당한 방향 전환을 한 것이라고 할 수 있고 그런 의미에서 하나의 '전변(轉變)'이라고 표현할 만하다. 그뿐만 아니라 이후 오족공화론은 중화민국 정부의 중소학교(中小學校) 교과서 편찬의 기본 방침이 되는 등 이른바 소수민족 정책의 기본으로 자리 잡기에 이르렀다.[45] 그렇다고 하면 이러한 변신은 어떤 배경에서 이루어진 것일까? 그것은 혁명 당초부터 커다란 우려의 대상이었던, 몽골과 티베트의 독립 요구와 같은 변방 위기, 즉 중국 분할의 위기가 혁명 과정에서 실제로 대두하자 이를 극복하기 위한 방안으로서 혁명의 목표나 결과가 한족만의 공화혁명이 아니라 주변 소수민족이 함께 참여하는 공화혁명이 되어야 한다는 오족공화 주장으로 나타났던 것이다.

따라서 이와 같은 오족공화 주장의 제기는 그것이 몽골인이나 티베트인들과 같은 변방 소수민족들의 이탈을 방지하려는 목적에서 나온 것임은 물론이다. 쑨원의 경우 실제로 몽골의 지도층 인사들에게 몽골 독립을 취소하도록 설득하는 과정에서 오족공화 주장을 집중적으로 펼쳤다[46]는 사실을 확인할 수 있다. 또 이 시기 혁명파 신문의 논설 가운데 "혁명의 와중에서 한 뼘의 영토(寸土)도 잃는 일이 있어서는 안 된다"[47]는 주장이 자주 반복하여 나타나고 있었던 것은 바로 혁명파가 오족공화론을 전격 수용한 배경이, 혁명이 중국의 분할을 불러올 것이라는 '혁명과분(革命瓜分)'의 위기[48]를 해

---

45)  常書紅, 『辛亥革命前後的滿族研究: 以滿漢關係爲中心』(北京: 社會科學文獻出版社, 2011), pp.180~181.

46)  「致貢桑諾爾布等蒙古各王公電(1912.1.28)」; 「復蒙古聯合會蒙古王公電(1912.2.13)」; 「在北京五族共和合進會與西北協進會的演說(1912.9.3)」; 「在張家口各界歡迎會的演說(1912.9.7)」, 各各 『孫中山全集』 第2卷, p.48; p.89; pp.438~439; p.451.

47)  少白, 「大陸春秋: 大中國主義」, p.7 등 참조.

결하는 데 있었음을 말하고 있는 것이다.

1920년대에 가서 쑨원이 이 오족공화론을 버리고 민족융화론(民族融化論)을 제기했던 것은 오족공화론 자체가 임시변통에 불과한 것이었다는 점을 좀 더 분명하게 보여준다는 점에서 주목해야 할 것이다. 예컨대 1920년 11월의 한 강연에서 쑨원은 "청조가 이미 망했지만 제국주의 열강에 대항하기 위해 민족주의가 계속 필요하다"고 하면서 "이제는 오족공화를 그만두고 각 민족이 융화되어 하나의 중화민족이 되어야 비로소 민족주의가 완성될 것이다"[49]라고 말했다. 또 1921년 12월의 다른 강연에서는 "(오족 가운데 한족을 제외한) 티베트족, 몽골족, 회족, 만주족은 모두 자위 능력이 없기 때문에 (한족이) 넓은 민족주의를 발휘하여 이들 소수민족으로 하여금 한족에 동화하도록 함으로써 하나의 큰 민족국가를 건설해야 하는데, 이것은 한인의 결정[自決]에 달려 있다"[50]고 주장했다. 이 단계에 쑨원은 오족공화 주장을 근본적으로 부인하고 한족 중심의 민족 동화를 주장하고 있으며[51] 이러한 동화 정책의 원인이 다른 소수민족들의 무능력 때문이라고 말하기까지 했던 것이다. 이러한 오족공화 주장의 결말을 통해서도, 우창기의 직후 몽골과 티베트의 독립 요구에 대응하여 등장했던 오족공화 주장이 결국에는 표리부동한 임시방편에 불과했음을 간파할 수 있다.

48)  无生,「大陸春秋: 瓜分中國談」, ≪民立報≫(1912.8.20), p.7.

49)  「在上海中國國民黨本部會議的演說(1912.11.4)」,『孫中山全集』第5卷, p.394. 1921년 3월 연설에서도 거의 같은 논조의 주장을 되풀이하고 있다. 「在中國國民黨本部特設駐粵辦事處的演說(1921.3.6)」,『孫中山全集』第5卷, pp.473~474 참조.

50)  「在桂林對滇贛粵軍的演說(1912.12.10)」,『孫中山全集』第6卷, p.24.

51)  Marie-Claire Bergere, Sun Yat-sen, Translated from the French by Janet Lloyd (Stanford Univ. Pr., 1998), p.358.

## 4. 맺음말

신해혁명 전후 시기 쑨원의 일본 인식은 긍정과 부정 양면이 공존하는 복잡한 면모를 보인다. 그러나 일본의 제국주의적 면모를 이해하는 데 필수 불가결한 문제인 한국문제에 대한 쑨원의 소극적 내지 자기 규제적 태도를 고려할 경우 제국주의 열강으로서 일본에 대한 쑨원의 인식에는 상당한 한계가 있었다고 할 것이다. 또 마찬가지 입장에서 쑨원이 강조하고 있던 중일연대나 중일공동영도를 전제로 하는 아시아 제 민족 연대, 즉 아시아주의 주장도, 한국을 식민지로 삼고 중국 침략을 본격화해가고 있던 제국주의 열강 일본에 대한 쑨원의 인식이 얼마나 환상에 가까운 것이었던가를 잘 보여준다.

한편 청조의 몰락이 가져온 중앙 권력의 공백 가운데서 터져나온 몽골, 티베트 등 '변방'의 독립 요구는, 만주족 지배로부터 한족의 해방을 주장하는 신해혁명과 마찬가지로 이민족(異民族) 한족(漢族)의 지배로부터의 해방을 주장하는 것이었다. 그러나 이들 변방 약소민족의 독립 요구를 열강의 중국 분할책으로 본 쑨원과 혁명파의 대응은 몽골, 티베트에 대한 군사정벌 주장에서 잘 드러나듯이 철저하게 전통적 중화주의 영토 관념을 보여주고 있다. 군사정벌론의 다른 대안으로 제기되었던 오족공화론 주장도 변방 이탈에 대한 급조된 소수민족 무마 정책이었으니 다른 면에서 보자면 그것은 전통적 중화주의 동아시아 국제질서의 변종(變種)인 셈이다. 1920년대에 가서 쑨원이 이 오족공화론을 버리고 민족융화론을 제기했던 것은 오족공화론 자체가 임시변통에 불과했음을 분명히 보여준다는 점에서 주목해야 할 것이다.

일본과 한국, 몽골과 티베트에 대한 쑨원의 이러한 인식은, 중국혁명의 성공에 기대를 품고 참여해 자신을 희생하고자 했던 한국이나 베트남의 독립지사들, 혹은 이민족의 지배로부터 벗어나고자 하는 ―중국혁명과 마찬가지로 중국으로부터의 독립을 요구하며 또 다른 혁명에 나서고 있던― 몽골이나 티베트의 독립지사들에게는 분명한 동상이몽일 수밖에 없었던 것이다. 오늘날 G2로 급부상하고 있는 초강대국 중국과 동아시아 각국의 관계를 생각할 때 100년 전 중국혁명의 지도자 쑨원의 동아시아 인식이 시사하는 바는 결코 적지 않다 할 것이다.

_ 제2장 _

# 1920년대 쑨원의 대아시아주의

## 1. 머리말

앞 장에서 살핀 대로 20세기 초 중국의 대표적 정치 지도자 쑨원은 신해혁명 이전 일본 망명시기부터 미야자키 도텐 등 일본 아시아주의자들과 교류하며 그 영향을 강하게 받았다. 쑨원은 자강과 변법을 주장하던 황쭌셴이나 량치차오 등 개혁파와 마찬가지로 일본 중심의 아시아연대 주장에 대응하여, 일본과 중국이 함께 주도(영도)하는 아시아연대를 주장하고 있었음을 확인할 수 있었다. 신해혁명 단계에서부터 드러나고 있던 쑨원의 이런 아시아주의 주장을 보다 분명하게 보여주는 것으로 그가 죽기 몇 달 전인 1924년 11월 말 일본 고베에서 행한 이른바 '대아시아주의' 강연을 흔히 든다.

뒤에서 자세하게 언급할 것처럼 고베방문 당시 고베 상공회의소 측의 요청으로 이루어진 이 강연에서 쑨원은, 중국을 중심으로 하는 동양 문화와 서구 중심의 서양 문화를 도덕적 문화(王道文化)와 무력적 문화(覇道文化)로 나누면서 서구 열강의 무력 침략을 당하고 있는 아시아 제 민족들이 중국과 일본을 중심으로 연대함으로써 서구 열강을 물리쳐야 한다고 주장하여 일본 청중의 열렬한 지지를 받았다.[1] 쑨원의 연설에 대한 일본인들의 열렬한 지지는, 당시 미국의 이민제한법으로 인하여 일본인들 사이에 강한 반서구

정서가 나타나고 있었던 것과 관련되어 나타난 것이지만, 기본적으로는 일본의 아시아주의 주장 곧 일본 중심의 아시아연대 주장에 대한 공감 내지 지지로 읽혔던 때문이다. 그만큼 쑨원의 아시아주의 곧 아시아연대 주장은 일본 아시아주의 주장과 매우 밀접한 관련성을 가지고 있었던 것이다.

쑨원의 이러한 아시아주의 혹은 대아시아주의 주장이 쑨원의 정치사상을 대표하는 삼민주의 가운데 첫 번째 항목인 민족주의가 가지는 배타적 요소를 극복한 것으로 세계주의적 성격을 가지고 있다는 긍정적 평가가 있어 왔다. 주로 중국학자들을 중심으로 한 이러한 평가는, 그러나 쑨원의 아시아연대 주장 곧 대아시아주의 주장에서 연대의 대상으로 설정되어 있던 아시아 제 민족, 그 가운데서도 일본과 중국을 제외한 제 약소민족들의 입장에서 볼 때 선뜻 받아들이기 어렵다. 특히 일본의 식민지였던 한국의 입장에서 볼 때, 침략자 일본을 영도자로 하는 아시아연대 주장이 과연 설득력을 가질 수 있었을지 짐작하는 것은 어렵지 않다.

이 장에서는 이러한 관점(한국과 같은 중국의 주변으로부터 중국을 바라보는 주변적 관점)에 서서 1924년 11월 쑨원의 일본 방문과 고베에서의 강연, 그리고 그에 대한 한국인들의 관심과 대응, 평가를 집중적으로 다루어보고자 한다. 이를 통하여 1920년대 쑨원의 대아시아주의 주장이 갖는 의미와 한계에 접근해보고자 하는 것이다.

## 2. 쑨원의 대아시아주의 강연과 약소민족에 대한 태도

1924년 10월 23일에 일어난 베이징 정변은 당시 북부 중국을 장악하고

---

1)　고베에서의 강연 과정이나 청중들의 호응에 대해서는 安井三吉,「孫文大アジア主義講演と神戶」,≪孫文硏究≫ 第58號(2016.6)을 참조할 것.

베이징 정변의 주역 펑위샹 | 상하이에 도착한 쑨원(아래 줄에서 오른쪽 네 번째)

있던 즈리파(直隸派) 군벌의 한 파벌인 펑위샹(馮玉祥)이, 그때까지 베이징
정권을 장악하고 있던 즈리파의 다른 파벌인 차오쿤(曹錕), 우페이푸(吳佩孚)
를 축출하고 베이징을 차지한 사건이다. 베이징 정변 직후 펑위샹은, 정국
을 해결하기 위해 동북(東北) 군벌 장쭤린(張作霖)과 안후이(安徽) 군벌 돤치
루이(段祺瑞)의 지지를 끌어내는 한편 광둥에 있던 쑨원에게 베이징에 와서
통일 방안을 논의하자고 제안했다. 쑨원은 즉각 이에 호응하여 10월 27일
북상(北上)할 것을 펑위샹, 돤치루이 등에게 전보로 알리고[2] 이어 11월 1일
국민당(國民黨) 중앙정치위원회에서 자신의 북상 방침과 함께, 우선 상하이
에 가서 정국 해결의 방안을 발표하고 이 방안이 북방의 동의를 얻게 되면
합작을 추진해나간다는 방침을 공식적으로 정했다.[3]

베이징으로 가기 위해 11월 13일 광저우를 출발한 쑨원은 17일 오전 상
하이에 도착했다.[4] 그러나 베이징의 상황은 쑨원의 기대와는 거리가 멀어
져 가고 있었으니, 쑨원이 베이징으로 떠나기도 전에 이미 장쭤린과 펑위샹

---

2)   물론 쑨원의 북상 결정은 그 이전부터 논의되어오던 장쭤린, 돤치루이와의 이
    른바 반직삼각연맹(反直三角聯盟)의 구도에서 이루어진 것이었다. 배경한, 「反直三
    角聯盟과 孫文의 北上」, ≪부산사학≫ 8(1984.1) 참조.

3)   羅家倫 主編, 『國父年譜(全2冊 中 增訂本 下冊)』(臺北: 中國國民黨黨史會, 1969),
    p.1145.

4)   陳錫祺 主編, 『孫中山年譜長編(下冊)』(北京: 中華書局, 1991), pp.2061~2064 참조.

의 추대를 받은 돤치루이는 임시집정(臨時執政)에 취임할 뜻을 밝히고(20일) 곧이어 24일 임시집정부를 조직했다. 이런 가운데 21일 쑨원은, 베이징으로 가기에 앞서 일본을 방문하기로 결정하고 도쿄 주재 국민당 대표인 인루겅(殷汝耕)을 통해 일본 외무성과 접촉을 시도했다.[5]

당시 쑨원은 자신의 일본 방문이 미리 계획된 것이 아니라고 주장했었다. 그러나 이 말과는 달리 그의 일본 방문은 광저우를 출발하는 단계에서부터 예정되어 있었던 것이다. 이 점은 국민당 대표 자격으로 일본에서 활동하고 있던 리레쥔(李烈鈞)이 쑨원의 명령을 받고 상하이로 돌아온 것이 쑨원이 광저우를 떠나던 11월 13일이었다는 사실과 그 전날에 쑨원이 일본인 친구 사와무라 유키오(澤村幸夫)에게 전보를 쳐서 베이징으로 가는 도중 일본을 방문할 것이라는 사실을 알리고 있었던 점[6]으로도 확인된다.

사와무라에게 보낸 전보에서 쑨원은 일본과 제휴를 통하지 않고서는 시국 해결, 즉 중국의 통일을 이룰 수 없다는 점을 강조하고 있었다. 일본과의 제휴나 일본으로부터의 지지에 대한 쑨원의 기대는 1923년 11월 이누카이 쓰요시가 입각하게 된 것을 계기로 이미 분명하게 나타나고 있었다. 쑨원은 9월 말 리레쥔을 자신의 특사로 일본에 파견했던 것이니 그 파견은 일본과의 제휴 방안을 모색하는 데 목적이 있었던 것이다.[7]

---

5)　같은 책, p.2072 참조.

6)　이 전문에서 쑨원은 오늘날 중국문제는 단순히 중국만의 문제가 아니라 세계의 문제가 되었기 때문에 일본과 제휴 합작하지 않고서는 해결될 수 없고 황색인종의 단결을 통해 열강의 압박에 대항해야 한다고 주장하면서 21개조 조약의 폐기나 뤼순, 다롄의 회수를 주장하지는 않을 것이라고 하고 있다. 「致澤村幸夫電(1924.11.12)」, 廣東省社會科學院歷史研究所 等編, 『孫中山全集』 第11卷(北京: 中華書局, 1986), p.310 참조.

7)　국민당 도쿄 지부 환영회에서 리레쥔은 자신의 일본 방문 목적이 일본 제국주의와 타협하려는 것이 아니라 중국에 대한 일본 조야의 의견을 관찰하고 동방민족의 단결을 공고히 함으로써 극동의 평화를 도모하려는 것이라고 말했다. 「國民黨東京支

쑨원의 일본 방문 계획에 대해 일본 외교부는 방문 자체를 반대할 수는 없다는 입장을 취했지만 쑨원이 도쿄를 방문하는 것에는 난색을 표했다.[8] 이와 같은 일본 당국의 반응에 인루겅은 다시 외무성 아시아 국장을 만나 쑨원이 직접 도쿄에 오는 대신 다이지타오(戴季陶)와 같은 쑨원의 대표를 도쿄에 파견하는 방안을 제시했고 외무성도 이를 받아들였다. 협상 과정에서 외무성은 쑨원이 불평등조약 철폐 주장을 유보하는 대신 돤치루이 등과 합작하여 기반이 튼튼한 중앙정권을 수립하는 데 협력한다면 쑨원에 대한 단독 재정 지원을 포함하여 기타 여러 가지 호의적인 원조를 해줄 용의가 있음도 밝혔다.[9] 이를테면 일본 외무성은 쑨원이 기대하고 있던 일본으로부터의 원조 가능성을 내비침으로써 쑨원을 자신들의 영향력 아래 두려고 시도하고 있었던 것이다.

이러한 일본 당국과의 협상 과정을 통해서 본다면, 쑨원은 상하이에서 리레쥔을 통해 일본 상황을 일차로 파악한 다음 베이징으로 가기에 앞서 일본을 방문하려고 계획하고 있었고 불평등조약 철폐 주장을 둘러싼 일련의 협상을 통해 일본으로부터 모종의 정치적 지지나 재정적 지원을 약속받으려고 시도했던 것을 확인할 수 있다.[10] 말하자면 아무런 군사적 기반도 없이 적수공권(赤手空拳)으로 베이징의 협상 테이블에 앉아야 했던 쑨원으로서는[11] 일본으로부터의 지지 혹은 재정 지원이라는 새로운 카드를 움켜쥐려

---

部ノ孫文代表李烈鈞ノ歡迎情況ニツキ漢字紙ノ報道振リ報告ノ件」, 『日本外交文書』 大正十三年 第二冊, pp.551~552; 段雲章 編著, 『孫中山與日本史事編年』(廣州: 廣東人民出版社, 1996), pp.641~643.

8)  C. M. Wilbur, *Sun Yat-sen: Frustrated Patriot*(New York: Columbia Univ. Pr., 1976), pp.272~273.

9)  藤井昇三, 『孫文の硏究』(東京: 勁草書房, 1966), p.211 참조.

10)  "奇異한 中國人과 孫文", ≪시대일보(時代日報)≫(1924.12.14), p.3 참조.

11)  11월 23일 자 ≪상하이민국일보(上海民國日報)≫는 "쑨원이 적수공권으로서 많은 군대를 거느리고 있는 적진에 들어가는 것과 같다"고 하면서 "인민을 위한 국민

는 계산 아래 일본 방문을 추진했던 것이다.

물론 일본에 대한 쑨원의 이러한 의존적인 태도는 이전부터 여러 차례 반복적으로 나타나고 있었던 것이다. 특히 1923년에서 1924년에 걸친 시기에는 관세 잉여금(關餘) 처리 문제와 상인 단체들의 광둥정부 반대 사건인 상단사건(商團事件)의 처리와 관련하여 쑨원과 광둥정부가 일본의 지지를 얻기 위해 적극 노력하고 있었음이 확인된다.[12] 따라서 1924년 11월 베이징으로 가는 도중에 일본을 방문했던 것은 쑨원이 이전부터 가져왔던 일본에 대한 의존적 태도의 연장선상에 있는 것으로 그리 새삼스러운 일이 아니었던 것이다.

1924년 11월 22일 상하이를 출발한 쑨원은 24일 고베에 도착했고 30일까지 그곳에서 머물렀다.[13] 고베에 머무는 일주일 동안 쑨원은 이누카이 쓰요시 등 일본 정계의 주요 인물들을 만나고 몇몇 신문사 기자와 면담을 했으며 몇 차례의 강연을 행했다.[14] 이 중 28일 오후 고베고등여자학교에서의 강연은 대아시아주의 강연으로 불리며, 쑨원의 일생에서 최후의 공식 강

---

회의 개최를 (유일한 희망으로) 안고 가는 것이다"라고 하고 있다. 「社說: 爲人民而去的孫先生」, ≪上海民國日報≫(1924.11.24), p.1-1 참조. 한편으로 당시 한국언론은 쑨원의 베이징행이 결국 아무런 성과도 거두지 못할 것이라는 평가를 이미 내리고 있었다. 「問題의 中國三巨頭」, ≪開闢≫ 6-1(1925.1), p.97 참조.

12)  이에 대해서는 兪辛焞, 「孫中山의 反帝鬪爭策略」, ≪南開學報(哲社版)≫ 1993-4 참조. 또 당시 광둥정부의 재정 핍박이라는 관점에서 쑨원의 관여 청구문제와 상단사건에 대한 태도를 설명하고 있는 橫山宏章, 『孫文の革命と政治指導』(東京: 研文出版社, 1983), pp.357~362 참조.

13)  상하이 출발 당시 쑨원은 고베에 2~3일간 머물려고 했던 것 같다. "中國은 中國人의 中國이다: 孫文氏對記者談", ≪동아일보≫(1924.11.25), p.1; "孫文先生昨晨離滬", ≪上海民國日報≫(1924.11.23), pp.2~5 참조.

14)  고베에서 쑨원을 영접했거나 방문한 인물들의 명단은 安井三吉, 「講演'大亞細亞主義問題'について: 孫文と神戶(1924)」, ≪近代≫ 61(1985.3), p.111; "孫氏와 日政客: 神戶에서 會見數次", ≪동아일보≫(1924.11.27), p.1; "孫氏來訪諸氏", ≪조선일보≫(1924.11.27), p.1 참조.

연이 되었다. 이 강연은 쑨원이 일본을 방문
한 실제 의도가 일본으로부터의 지원을 바랐
다는 사실을 잘 보여준다는 점에서뿐만 아니
라, 이러한 그의 일본 의존적 태도가 흔히 그
의 후기 민족주의 단계에서 강조되고 있는 것
으로 알려진 반제국주의 주장과는 상반된다
는 점에서 그동안 연구자들로부터 많은 주목
을 받아왔다.

고베에서 쑨원의 강연(11월 28일)

　이와 함께 쑨원의 대아시아주의 강연에서 우리의 주목을 끄는 것은, '중
국과 일본 중심의 아시아연합 주장[中日共同領導論]'을 아시아 대연합의 전제
조건으로 내세우고 있었다는 점이다. 여기서는 이 '중국과 일본 중심의 아
시아연합 주장'의 의미를 살펴보고, 쑨원의 아시아민족연합 주장이 실제로
어떠한 성격을 띠고 있는지 면밀히 검토해보고자 한다. 이러한 관점은 한국
과 같이 '아시아 민족 대연합'에서 다 같은 구성원으로 상정되어야 하면서도
중국이나 일본과는 다른 입장에 있을 수밖에 없었던 약소민족의 입장에서
쑨원의 아시아 대연합 주장을 검토하는 바가 될 것이다.

　11월 28일 오후 2시부터 2시간가량 진행된 대아시아주의 강연의 대체적
인 내용은 다음과 같다.

　　러일전쟁에서 일본이 러시아를 이기고 새로운 열강이 된 이후 일본은 아
　시아 약소민족들의 희망이 되어왔다. …… 현재의 세계적 정세는 동양과 서
　양의 대립 상황인데 서양 문화의 기반은 이욕[功利]과 강권[武力]에 기반을 둔
　'패도문화(覇道文化)'인 반면 일본과 중국을 포함하는 동양 문화의 기반은 도
　덕과 인의(仁義)에 기반을 둔 '왕도문화(王道文化)'이다. …… 이러한 왕도문
　화를 발양(發揚)할 수 있도록 하기 위해서는 일본과 중국을 중심으로 하는 아

시아 민족들의 대연합, 곧 대아시아주의가 실현되어야 하며 현재 강권적 패
도문화로부터 이탈해나와 동양의 인의 도덕에 접근하고 있는 소련과의 연합
도 모색해야 한다.[15]

이러한 아시아 민족 간의 연합과 특히 일본·중국·소련의 연합 주장은,
리례쥔이 일본에 파견되었을 때 이미 적극적으로 표명되고 있었으니[16] 쑨
원의 대아시아주의 강연에서 불쑥 등장한 문제는 아니었으며 일본 방문 이
전부터 구상·추진되고 있었음을 확인할 수 있다. 그뿐만 아니라 앞 장에서
자세히 살핀 대로 쑨원이 아시아 대연합 주장을 제기한 것은 신해혁명 직후
인 1910년대부터였으니 그 내용에 얼마간의 차이는 있을지언정 그의 대아
시아주의 주장은 사실 십수년의 모색을 거쳐 나온 것이었다.

기왕의 연구들에서 모두 지적하고 있듯이 쑨원의 대아시아주의 주장은
일본 대아시아주의의 영향을 강하게 받아서 나온 것이었다.[17] 물론 그의
대아시아주의는 기본적인 목표에서 같은 시기 일본의 그것과는 구별될 수
있다. 일본의 대아시아주의가 일본의 팽창을 합리화하기 위한 도구로 변질
되고 있었던 반면, 쑨원의 대아시아주의는 그 출발점을 (서양) 열강의 침략
에 대한 대항에 두고 있었던 때문이다.[18] 다만 쑨원의 초기 대아시아주의

---

15)  「對神戶商業會議所等團體的演說(1924.11.28)」, 『孫中山全集』 第11卷(北京: 中
     華書局, 1987), pp.401~409 참조.
16)  당시 리례쥔은 중국, 일본, 소련의 삼국대연맹을 주장하면서 일본정부의 요인
     과 각 정당의 인물 등을 만나 교섭했으나 일본국민의 의견과 정부 당국자 간 입장 차
     이가 많음을 확인했을 뿐 구체적인 진척을 이루지 못해 아쉽다고 했다. 「李烈鈞離日
     前之談話」, 《上海民國日報》(1924.11.14), pp.1~2.
17)  일본에서 대아시아주의 주장이 대두하게 된 과정과 중국과의 관련성, 그리고
     일본 대아시아주의가 쑨원에 미친 영향에 대해서는, 쑨원과 일본의 관계를 다룬 고전
     적 연구 Marius B. Jansen, *The Japanese and Sun Yat-sen*, pp.214~221이 여전히 설
     득력이 있다.

는 유럽 백인종의 침략에 대항하기 위해 황인종들의 단결을 주장했던 것으로, 열강의 침략을 백인종의 침략이라고 본다는 점에서 진정한 의미의 반제국주의 인식을 가지지 못한 채 황인종인 아시아인들의 단결만을 강조하고 있었다는 한계점을 가지고 있었다.[19]

이러한 초기 쑨원의 대아시아주의 주장에 비해, 쑨원이 좀 더 분명한 반제인식(反帝認識)을 가졌다고 알려져 있는 만년(晚年)의 대아시아주의 주장에서는 반제를 위한 아시아 민족의 연합이 어떠한 모양으로 나타나고 있었던가? 앞서 살펴본 대아시아주의 강연에서 볼 수 있듯이, 쑨원은 여전히 서양과 동양의 대립이라는 시각을 가지고 서세동점의 상황을 설명하고 있다. 다만 대아시아주의 강연에서는 동양과 서양의 구분을 단순히 피부색에 의한 것으로 설명하지 않고 왕도문화와 패도문화라는 문화적 관점으로 구분하고 있다. 쑨원이 말하는 왕도문화와 패도문화란 맹자(孟子)가 말한 왕도와 패도에서 따온 것으로, 왕도문화란 도덕이나 인의와 같은 정신적 가치가 존중받는 (좀 더 고급한) 문화를 일컫는 것[20]이고 이에 비해 패도문화란 이욕과 무력을 기초로 하는 (좀 더 저급한) 문화를 지칭하는 것으로 사용되었다.

동양과 서양 문화에 대한 이러한 이해는 동양 문화의 우월성을 전제로 한 것으로 서양의 동양에 대한 침략은 군사력과 경제력에 의한 것으로 정당하지 않을 뿐만 아니라 야만적인 행위가 된다. 이러한 서양의 침략을 막아내고 좀 더 우월한 동양의 왕도문화를 빛내기 위해서는 같은 왕도문화를 가진

---

18)  蔣翰廷·趙矢元,「略論孫中山'大亞洲主義'與日本'大亞洲主義'的本質區別」, ≪東北師大學報(哲社版)≫ 1982-6.

19)  藤井昇三,「孫文の'アジア主義'」, 辛亥革命硏究會 編, ≪中國近現代史論集≫(東京: 汲古書院, 1985), pp.415~421.

20)  쑨원이 왕도를 강조하고 있었던 것이, 유교로부터 받은 영향을 보여준다는 지적은 논란의 여지가 없다. Audrey Wells, *The Political Thought of Sun Yat-sen*(New York: Palgrave, 2001), pp.118~119.

동양, 곧 아시아 민족들의 연합이 필요하다는 게 쑨원이 말하는 아시아 대연합의 출발점이다. 그런데 문제는, 아시아 대연합 과정에서 아시아 민족의 리더인 중국과 일본의 지도력이 필요하다는 대목이다. 이를테면 아시아 대연합의 구심점(求心點) 내지는 주도권을 일본과 중국이 가져야 한다는 주장이다.

앞 장에서도 지적한 대로 쑨원이 이러한 '중국과 일본의 아시아 공동 지도(指導)'를 주장하는 것은 이 연설이 처음이 아니다. 확인할 수 있는 것으로는 1913년에도 마찬가지의 주장을 한 적이 있었다. 즉, 1913년 초 쑨원이 일본을 방문했을 때도 "현재 아시아의 독립국은 일본과 중국 두 나라뿐이다. …… 따라서 동아시아 문제를 해결하여 평화를 유지하는 것은 중일 양국 국민의 의무이다[現今在亞洲之獨立國, 卽日本及中國二國 …… 故爲東亞之大局計, 維持平和, 實中日兩國國民之義務]"[21]라고 말한 적이 있었다. 또 같은 해의 다른 연설에서는 "아시아 인구는 전 세계 인구의 3분의 2를 점하고 있지만 현재 일부 아시아는 유럽인의 세력 범위에 굴복해 줄어들고 있다. 만일 중일 양국이 협력을 진행하여 세력을 팽창한다면 하나의 대아시아를 이루어 이전의 영광스러운 역사를 회복하는 것이 어렵지 않다. 세계가 평화롭고 인류가 대동단결하려면 각 민족들이 자유평등 할 권리를 가져야할 것이다[亞洲人口, 占全地球三分之二, 今日一部分屈伏于歐人勢力範圍之下. 假使中日兩國協力進行, 則勢力膨脹, 不難造成一大亞洲, 恢復以前光榮之歷史. 令世界有和平, 令人類有大同, 各有平等自由之權利]"[22]라고 주장했던 것이다.

앞 장에서도 언급한 바지만, 쑨원의 이러한 중일공동영도 주장은 그 자신의 독창적인 것은 아니었다. 쑨원에 앞서 19세기 말에 황쭌셴, 량치차오와

---

21)  「在日本東亞同文會歡迎會的演說(1913.2.15)」, 『孫中山全集』第3卷, p.14.

22)  「在東京中國留學生歡迎會的演說(1913.2.23)」, 『孫中山全集』第3卷, p.27 참조.

같은 개혁파의 아시아 인식이나 아시아주의 주장 가운데서도 일본 중심의 아시아연대를 강조하고 있던 일본의 초기 아시아주의에 대한 대응 형태로서 중일공동영도 내지 중일연대를 주장[23]하고 있었음을 알 수 있으니 그런 점에서 본다면 쑨원의 중일공동영도 주장 또한 개혁파의 주장을 상당 부분 답습하고 있었음을 알 수 있는 것이다.

이와 아울러 기존 연구들에서도, 쑨원이 아시아연합을 주장하면서 중일공동영도를 조건으로 내세운 것을 쑨원의 일본 의존적 태도에서 나온 것으로 보는 해석이 있었다.[24] 역사적 경험으로 보아서 쑨원의 말대로 아시아에서의 일본과 중국의 지도적 위치를 인정할 수 있는 여지가 없는 것은 아니지만, 대아시아주의 강연에서 쑨원이 중일 양국에 의한 지도를 새삼 강조하고 나선 것은, 이미 앞에서 지적한 대로 쑨원의 북상 결정 단계에서부터 진전되고 있었던 일본으로부터의 원조에 대한 기대에서 나온 것이었다. 이를테면 일본 당국뿐 아니라 아시아주의 강연에 청중으로 참가한 일본 국민들에게 아시아연합에서 일본의 중요한 역할을 내세우면서 한편으로는 중국과의 연합 내지는 중국혁명에 대한 지지와 지원을 이끌어내려는 것이 그의 의도였을 것이다.[25]

그러나 아시아 민족 대연합을 말하려면 아시아 민족 간의 평등우호관계가 전제되어야 할 텐데 당시 한국을 식민지로 삼고 대륙에 대한 침략을 본격화해 가고 있던 일본을 아시아 민족 대연합의 맹주(盟主)로 삼는 것을 전제로 하는 대연합이 과연 가능할 것인가? 사실 쑨원은 일본이 조선과 만주

---

23) 이 책의 제1부 제1장과 제2장 참조.

24) 藤井昇三, 「孫文의 'アジア主義'」, pp.421~422. 藤井昇三는 중일영도라고 하지 않고 중일제휴라고 하고 있다.

25) Harold Z. Schiffrin, *Sun Yet-sen: A Reluctant Revolutionary*(Boston: Little, Brown and Company,1980), p.264.

에 이어서 조만간 전 중국을 지배할 가능성이 있다는 것을 일찍이 알고 있었다.[26] 그렇다면, 일본에 대한 쑨원의 태도는 말 그대로 매우 애매하고 이중적인 것이었다고 하겠다. 일본에 대한 원조 기대라는 쑨원의 현실 정치적 의도가 있을 수 있다고 하더라도 서구 제국주의 열강의 침략에 대한 공동 대항을 목표로 삼고 있었던 그의 대아시아주의가 그 자신도 (침략자로서의) 열강 중 하나라고 생각하고 있었던 일본과의 공동 지도를 내세우고 있었다는 점에서 모순을 가지게 되는 것이다. 그뿐만 아니라 쑨원이 한때 일본의 재정적 지원의 대가로서 만주와 몽골을 일본에게 할양하려고 한 적이 있었다는 사실까지 함께 고려한다면[27] 우리는 그의 일본에 대한 의존도가 이해할 수 없을 정도로 컸다는 사실을 지적하지 않을 수 없다.

그뿐만 아니라 쑨원은 아시아 민족 대연합의 또 다른 주도권을 중국이 가져야 한다고 주장했는데 이것은 또 어떻게 이해될 수 있을 것인가? 이 점은 필자가 다른 글에서 지적한 바대로 쑨원이 그의 말년까지 중국 중심의 중화주의적 영토 관념을 가지고 있었다는 점과 밀접한 관련이 있는 것 같다. 예컨대 쑨원은 1921년에 행한 한 연설에서 "중국의 영토로 말하자면 베트남, 한국, 미얀마, 티베트, 타이완 등은 중국의 속국이거나 속지였다. 요컨대 이전에 이들은 모두 중국의 영토였는데 현재 외국의 판도로 들어가서 중국의 이들 각 지역의 주권을 잇달아 상실했던 것이다(若論中國領土, 如安南, 如高麗, 如緬甸, 如西藏, 如臺灣等, 或爲中國屬國, 或爲中國屬地. 要以言之, 前此皆中國領土也, 今乃已入外國版圖, 中國對于各土地之主權, 亦同時隨之喪失矣)"라고 말한 적이 있

---

26)  1911년에 쑨원은, 일본이 조선과 만주를 경영하는 데 10년이 걸릴 것이고 그 이전에 중국을 개조해야 한다고 말한 적이 있다. 「復咸馬里(Homer Lea)函(1911.8. 10)」, 『孫中山全集』第1卷, p.533.

27)  松本英紀, 「孫文の中日提携論をめぐって」, ≪季刊中國研究≫ 7號(1987.6), pp.91~109 참조.

다.[28] 그의 이런 중화주의적 영토 관념에서 볼 때 특히 아시아 약소민족들은 대등한 연합의 상대가 아니라 중국의 영향력 아래 복속되어 있었고 또 복속되어야 할 대상들일 뿐이다. 그러니 중국의 주도권이나 영도권을 전제로 하는 아시아민족연합은 쑨원의 논리로는 자연스러운 주장이었던 것이다.

물론 쑨원이 일본과 중국의 지도권을 인정하는 아시아 대연합 주장을 주장했던 것과 관련하여, 당시 아시아 약소민족들의 역량이 서구 열강의 침략에 대항할 수 있을 정도로 충분하지 못했기 때문에 전술적 차원에서 일본과의 제휴가 불가피했을 것이라는 설명을 해볼 수도 있다.[29] 그러나 그가 아시아 약소민족들에 대해 어떠한 입장을 취했는지 고려한다면, 그 가운데서도 특히 일본의 식민지로 전락한 한국이나 한국의 독립문제에 대해 어떤 입장을 취했는지 본다면 일본 제국주의에 대한 그의 이해가 피상적이고 불철저한 것이었다는 비판을 피하기는 어렵다.

예컨대 쑨원의 한국(조선)의 독립문제에 대한 언급들은, 일본 제국주의에 대한 그의 피상적인 이해를 가장 잘 보여준다고 생각된다. 쑨원은 한국의 독립문제에 대해 몇 차례 언급했는데, 그중 한국의 독립을 직접적으로 지지한다고 표현한 경우는 매우 적다. 한국독립에 대한 직접적인 지지 표명으로는, 1920년 1월 1일 자 ≪대정일일보(大正日日報)≫ 1면에 실린 쑨원의 "중국인의 일본관(支那人の日本觀)"이라는 글을 들 수 있다. 이 글에서 쑨원은 "청일전쟁에서 중국은 (패배의 결과로 조선에 대한 종주권을 포기한 것이 아니라)

---

28) 「在桂林對滇贛粤軍的演說(1921.12.10)」, 『孫中山全集』第6卷, p.16. 또 1924년에 행한 다른 연설에서는 류큐, 태국(暹羅), 보르네오(蒲魯尼), 필리핀(蘇綠), 실론(錫蘭), 네팔(尼泊爾), 부탄(布丹) 등 전통시대의 조공국들도 중국 영토에 속했었다고 말한 적이 있다. 「民族主義 第二講」, 『孫中山全集』第9卷, pp.199~200 참조.

29) 일본과의 제휴가 전략적 선택이었을 것이라는 주장은, 桑兵, 「試論孫文的國際觀與亞洲觀」, 廣東省孫文硏究會 編, 『"孫中山與亞洲"國際學術討論會論文集』(廣州: 中山大學出版社, 1994), pp.40~59 참조.

중국이 조선의 독립을 침해하고 있다는 일본의 정의로운 주장에 승복해서 조선으로부터 손을 뗀 것이었고 그 때문에 중국인들은 일본을 숭배하게까지 되었는데 현재 일본의 조선 점령은 중국인들에게 커다란 위협이 되고 있기 때문에 철회되어야 한다"고 주장하고 있다.

쑨원의 이 글은 그나마 조선의 독립을 '적극적'으로 표현하고 있었다는 점에서 당시 한국 언론들의 집중적인 관심을 끌기에 충분했다. 상하이한국임시정부(上海韓國臨時政府)의 기관지였던 ≪독립신문≫과 국내 민족주의 언론의 중심이었던 ≪동아일보(東亞日報)≫는 이 글이 쑨원의 한국독립 지지를 잘 보여준다고 해서 이 글을 번역·게재했다.[30] 그러나 이 글을 자세하게 검토해보면, 쑨원이 한국의 독립을 주장한 것은 전통시대 중국의 조선 지배까지를 부당한 것으로 보는 자기 반성적 입장에서 나온 것은 전혀 아니라는 점을 간파하기란 어렵지 않다.

쑨원이 한국문제를 언급한 대부분의 경우는 (청일전쟁 이후 본격화된) 일

≪독립신문≫ 1920년 1월 17일 자에 번역 게재된 쑨원의 글

본의 중국 침략을 저지하기 위한 것이거나, 제1차 세계대전 이후 패전국이 된 독일의 산둥(山東) 지역 이권을 일본이 차지한 문제, 곧 산둥문제를 해결하는 한 가지 방편으로서 한국(독립)문제를 취급하는 경우였다. 그리고 이

---

30)  ≪동아일보≫의 역문은 ≪독립신문≫의 역문과는 표현이 달라서 같은 글을 따로 번역한 것으로 보이는데 ≪독립신문≫과 달리 출전을 밝히지는 않았다. "孫逸仙氏의 日本觀", ≪독립신문≫(1920.1.17), p.3; "朝鮮問題와 中國", ≪동아일보≫(1920.8.11), p.2 참조.

경우 쑨원은 일본 침략으로부터 중국을 보호하기 위해서는 (조선 독립이 아니라) 조선을 일본과 중국의 완충지대(혹은 완충국)로 만들어도 좋다는 입장을 보여주고 있었다.[31] 이런 까닭에 쑨원은 조선 독립 그 자체에 대해서는 매우 소극적이거나 혹은 부정적이었다고까지 말할 수 있는 것이다.

논쟁의 여지가 없지는 않지만 일본에 대한 쑨원의 태도가 1919년 이후 상당한 변화를 보여주고 있다는 주장이 일반적으로 받아들여지고 있다.[32] 쑨원이 1919년 6월 이후 일본 제국주의적 정책을 공개적으로 비난하기 시작했음은 사실이고 특히 공산당 및 코민테른과의 합작을 새로운 노선으로 받아들인 후에는 "일본이 아시아 인민들의 마음(人心)을 수습하지 못한다면 (아시아 인민들은) 소련에 의지하는 수밖에 없을 것"[33]이라고 함으로써 일본으로부터의 원조를 더 이상 기대하지 않는 듯한 입장을 나타내기도 했다.

그러나 우리가 논의하고 있는 문제인 1924년 말 단계의 대아시아주의 강연에서도 쑨원의 대일 의존적 태도가 여전하다는 점을 확인하는 것은 그리 어렵지 않다. 앞서 언급한 대로 이 강연에서 그는 일본정부와 일본 국민을 구분하고, 침략해오고 있는 영국과 미국 등 열강에 공동으로 대응하기 위해 일본 국민들의 지지를 호소하고 있지만,[34] 일본의 한국 점령에 대해서는 전혀 언급하지 않고 아시아인의 대동단결을 위해 중국과 일본의 공동 지도만

---

31) 「與上海通訊社記者的談話(1920.11.8)」, 『孫中山全集』, 第5卷, p.399; 「民族主義 第六講(1924.3.2)」, 『孫中山全集』, 第9卷, p.246 참조.

32) 池田誠, 「孫文における反帝國主義路線の確立」, 同氏著, 『孫文と中國革命』(京都: 法律文化社, 1983), pp.313~316; 藤井昇三, 「孫文の反帝國主義: 不平等條約廢棄論と日本お中心に」, 孫文研究會 編, 『孫文研究日中國際學術討論會報告集』(京都: 法律文化社, 1986), p.237; 趙軍, 「孫中山和大亞洲主義」, ≪社會科學戰線≫ 1988-4, p.198.

33) 「致犬養毅書(1923.11.16)」, 『孫中山全集』, 第8卷, p.403.

34) 이것은 중일(소) 간 연맹에 대해 일본정부와는 달리 일본국민의 반응은 상당히 긍정적이라는 리례쥔의 정세 보고에 따른 입장 표명으로 보인다. 「李烈鈞離日前之談話」, pp.1~2 참조.

강조하고 있었던 것이다.[35]

요컨대 쑨원의 대아시아주의는 중국과 일본의 공동 지도를 전제로 내세우고 있었기 때문에 상당히 미묘한 문제들을 내포할 수밖에 없었는데 그럼에도 불구하고 그가 중국과 일본의 공동 지도를 그토록 강조했던 배후에는 그의 중국 중심적(중화주의적) 세계관과 영토 의식, 그리고 말년까지 지속되었다고 여겨지는 일본으로부터의 원조에 대한 끈질긴 집착과 함께 일본 중심으로 재편되고 있던 동아시아 국제질서 속에서 중국의 전통적 영향력을 유지하고자 하는 의도가 들어 있었다고 보아야 할 것이다.[36]

## 3. 대아시아주의 강연에 대한 한국인들의 반응

1910년 이래 일본의 식민지로 전락한 한국인들의 가장 큰 관심은 한국의 독립이었음이 당연하다. 당시 한국인들은 이와 관련해 중국의 정세, 그 가운데서도 특히 중국혁명에 대해 관심이 클 수밖에 없었다.[37] 특히 쑨원과 광둥정권[38]에 대한 국내 언론들의 관심과 보도는 중국 내 일반 언론들에 비해서도 전혀 손색이 없을 정도로 활발했고 어떤 면에서는 중국 언론들보다 더 호의적이고 자세했었다고 할 수 있다. 여기에서 다루는 쑨원의 북상

---

35) 『孫中山全集』, 第11卷, pp.401~409.
36) 쑨원이 일본에 지원을 기대했던 것은, 쑨원과 국내 군벌, 쑨원과 서구 열강, 쑨원과 일본, 일본과 서구 열강 등의 몇 가지 모순 가운데 취할 수 있는 부득이한 선택이었다는 흥미로운 설명이 있다. 兪辛焞, 「孫日關係與矛盾論」, ≪近代史硏究≫ 1995-2期, pp.285~290 참조.
37) 그런 까닭에 당시 한국언론에 나타는 중국 보도는 타국에 대한 것과 달리 독특한 의미가 있고 사료로서의 가치도 크다. 배경한, 「中國現代史硏究에 있어서 新聞資料의 效用과 限界」, ≪서울대학동양사학과논집≫ 15(1991.12), pp.74~76 참조.
38) 당시 한국언론은 광둥정권을 '남방정권(南方政權)'으로 불렀다.

과 일본 방문, 일본에서의 대아시아주의 강연에 대한
한국 언론들의 보도나 평론 역시 당시 한국인들의 커
다란 관심을 반영한다.

동아일보 창간호
(1920년 4월)에 실린
쑨원의 축하 휘호

≪동아일보≫나 ≪조선일보(朝鮮日報)≫와 같은 한
국 언론들은 쑨원이 11월 초 북상을 공식 결정하는 단
계에서부터 간단한 사실 보도를 냄으로써 관심을 비
치기 시작했다. 그러다가 쑨원이 상하이에 도착한 이
후 단계부터는 본격적인 보도를 내면서 집중적인 관심
을 나타내고 있었다. 이것은 당시 ≪동아일보≫를 비롯한 국내 언론들의 관
심이 임시정부가 있던 상하이에 쏠려 있어서 그곳에 특파원을 상주시키는
등 상하이가 보도 활동의 중심이 되고 있었기 때문이다. 특히 한국인들이
쑨원의 북상에 관심을 집중하게 된 것은 그가 일본을 경유하여 톈진(天津)으
로 가는 도중에 한국을 통과할지도 모른다는 ≪동아일보≫ 상하이 특파원
조덕진(趙德津)의 보도39) 이후부터였다. 그리하여 상하이 도착 이후부터 쑨
원의 동태와 주장에 대한 한국 언론의 보도는 더욱 빈번해지고 자세해졌다.
특히 ≪동아일보≫는 쑨원이 상하이에 체류하는 동안 상하이 특파원으로
하여금 계속 그의 동정을 추적하게 했을 뿐 아니라 단독으로 쑨원을 만나
인터뷰를 하기도 했다.40) 그리고 쑨원이 일본으로 간 이후에도 도쿄 특파
원 윤홍열(尹洪烈)을 나가사키(長崎)와 고베로 직접 파견하여 취재를 담당케
했다. 동시에 베이징 특파원 조동호(趙東祜)는 쑨원의 '북상선언(北上宣言)'

---

39)  "孫文氏上海出發: 朝鮮을 經由할 意向도 있다", ≪동아일보≫(1924.11.23), p.1
참조.
40)  "三民主義를 實行할 時期이다: 上海에 來着한 孫文氏談", ≪동아일보≫(1924.11.
23), p.1; "上海發은 三四日後", ≪동아일보≫(1924.11.23), p.1; "孫氏奇禍", ≪동아
일보≫(1924.11.23), p.1 참조.

전문을 번역하여 게재하는 등[41] 북상과 관련한 쑨원의 정치적 입장과 주장을 적극 소개하기도 했다.

당시 상하이 한인 사회의 중심적인 지도자였던 여운형(呂運亨)이 북상 도중 상하이에 온 쑨원을 만났다는 사실 또한 쑨원의 북상에 대한 한인들의 지대한 관심을 보여주고 있다. 1916년 이후 쑨원과 빈번한 교류를 가지고 있던 여운형은 북상 도중 상하이에 도착한 쑨원을 만나기 위해 직접 부두로 환영을 나갔으며 이후 몰리에르로(莫利愛路)에 있는 쑨원 사저로 옮겨 환담을 나눴다고 한다.[42] 쑨원의 북상에 관한 한국인들의 이러한 관심으로 미루어본다면 한국인들에게 고베에서 있었던 대아시아주의 강연은 특별히 주목할 만한 일이었을 것이다. 고베에서 쑨원을 환영하는 행사에 참석하거나 쑨원을 직접 면담한 인물 명단에 5명의 한국인이 포함되어 있었던 것도 바로 그러한 이유에서였다.[43] 그중 한 사람인 윤홍열은 대아시아주의 강연 이후 그 내용을 간단히 소개[44]하는 동시에 대아시아주의 주장과 관련하여 쑨원과의 단독 대담을 ≪동아일보≫에 보도 기사로 실었다.

---

41) "戰地行: 孫文의 宣言(上, 下)", ≪동아일보≫(1924.11.27, 28), 각각 p.1 참조.

42) 여운형, 「孫中山先生의 十週忌를 당하야: 印象 깊은 追憶의 一節」, 『몽양여운형전집』 제1권(한울, 1991), pp.129~130; 배경한, 「여운형과 국민혁명: 國民黨二全大會(1926.1) 참석과 '反帝連帶'활동」, ≪중국근현대사연구≫ 제64집(2014.12), p.157 참조.

43) 「神戶滯在中ノ孫文ノ動靜竝ヒニソノ講演要旨報告ノ件」, 『日本外交文書』 大正十三年 第二冊, p.575; 安井三吉, 「講演'大亞細亞主義'問題について: 孫文と神戶(1924)」, p.111 참조. 동아일보 도쿄 특파원 윤홍열은 11월 27일 쑨원을 방문했고 28일 강연 뒤 오리엔탈 호텔에서 열린 고베 주재 중국영사, 고베상업회의소 등이 주최한 환영회에는 서기준(徐基俊, 조선인협회동경본부 총무), 김동혁(金東赫, 동회장), 박홍규(朴興奎, 동 노공부장), 이선홍(李善洪, 오사카조선인형제회회장) 등 4명의 한국인들이 참석했다. 이 중 서기준과 김동혁은 29일 다시 쑨원을 방문했다. 安井三吉, 「孫文'大アジア主義'講演と神戶」, p.4 참조.

44) "日本神戶에 在한 孫文氏演說內容: 亞細亞主義를 高調", ≪동아일보≫(1924.11.30), p.1 참조.

쑨원과의 인터뷰에서 윤홍열은 쑨원에게 "대아시아주의 주장이 한국의 실상과는 저촉(抵觸)되지 않는가?"라고 하면서 대아시아주의 주장에 당연히 포함되었어야 할 한국의 독립문제, 즉 일본의 한국에 대한 식민지 지배 청산을 강연에서 거론하지 않은 이유에 대해 물었다. 이에 쑨원은 "(나의 대아시아주의와 일본의 한국 지배는) 물론 양립할 수 없다. 그러나 나는 일본에서 한국문제를 철저하게 거론하는 것은 회피하고자 한다"[45]라고 대답했다.

대아시아주의 주장과 일본의 한국 지배가 양립할 수 없는 것이라는 쑨원의 대답은 일본의 한국 식민 지배를 전제하는 것으로서, 자신이 말하는 아시아 대연합의 불가능성을 인정한 것이다. 바꾸어 말한다면 일본의 한국 지배가 없어져야 아시아 대연합이 비로소 가능해진다는 점을 스스로 인정한다는 말이다. 그런 점에서 쑨원은 일본이 한국 지배를 철회하도록 주장했어야 했는데, 실제로는 일본(혹은 청중인 일본 국민)을 자극하지 않으려는 의도에서 이 문제를 거론하지 않았다는 것이 쑨원의 변명이었다.

쑨원의 이러한 태도가 '자기 규제'에 의한 것이었고 정치적 입장에서 충분히 계산된 의도를 가진 것이었다는 설명[46]은 어느 정도 설득력이 있다고 생각한다. 이 시기 쑨원의 자기 규제적 태도는 그가 일본에 온 이후 '북상선언'에서 내세웠던 불평등조약의 철폐와 조계(租界)의 회수 주장[47]을 상당 정도로 완화시켜 (당장은) 불평등조약 철폐를 주장하지 않고 치외법권과 관세자주권의 회복만을 목표로 한다고 주장했던 점[48]으로도 확인할 수 있을

---

45) "三民主義를 力說: 意氣軒昂한 孫文氏", ≪동아일보≫(1924.11.30), p.1 참조.

46) 安井三吉, 「講演 大亞細亞主義問題について: 孫文と神戸(1924)」, pp.123~124 참조.

47) 「北上宣言(1924.11.10)」, 『孫中山全集』 第11券, p.295; 「與黃季陸的談話(1924.11)」, 『孫中山集外集補編』(上海: 上海人民出版社, 1994), p.441 참조.

48) 「與頭山滿的談話(1924.11.26)」, 『孫中山集外集』, pp.318~319; 「與日本年鑑記者福特的談話(1924.11.29)」, 『孫中山集外集補編』, pp.451~452 참조.

쑨원의 대아시아주의를
비판한 《동아일보》
영문 사설(1924.12.6)

것이다. 그렇다고는 하더라도 쑨원의 이러한 자
기 규제가 결국에는 우리가 앞서 말한 대로 한국
문제에 대한 그의 평소 태도와 무관하다고 볼 수
는 없을 것이다. 따라서 쑨원이 대아시아주의 주
장 가운데서 한국의 독립문제를 거론하지 않은
것은 전술적 차원의 자기 규제라기보다는 '중국
이해 중심적' 입장에서 한국문제를 바라보고 있

었다는 반증이고, 그의 입장이 본질적으로 자신의 대아시아주의의 기본 주
장과도 상반되는 것[49]이었다는 비난을 면하기 어려운 것이다.

실제로 쑨원의 자기 규제가 한국인들에게 불가피한 외교적 언사로 받아
들여질 여지는 처음부터 거의 없었다고 보인다. 당시 한국의 언론들은, 미
국과 일본 사이의 불화[배일이민법(排日移民法)을 둘러싼 반미(反美) 감정의 대
두]를 계기로 일부 일본인들을 중심으로 제기되고 있던 아시아 대연맹(大聯
盟) 주장이 (일본을 제국주의 침략자로 보고 있는) 한국과 중국을 비롯한 아시
아 약소민족 국가들의 동의를 얻기는 어려울 것이라는 점을 분명하게 인식
하고 있었다.[50] 또 같은 논리에서 일본인들이 말하는 '중일친선(中日親善)'
이란 가장(假裝)된 침략주의라는 점도 잘 알고 있었던 것이다.[51] 또 일소협
약(日蘇協約) 체결 후 일부 일본 언론에서 일본, 중국, 소련의 제휴설이 나돌

---

49)  당시 《동아일보》는 쑨원의 이러한 대아시아주의는 공정하지 못하고 실현 가
능성도 없다고 혹평했다. "英文評論", 《동아일보》(1924.12.6, 7) 참조.

50)  "社說: 中國人의 大聯盟運動", 《동아일보》(1924.7.18), p.1; 森悅子, 「孫文と
朝鮮問題」, 《孫文研究》 13(1991.12), pp.14~17 참조.

51)  "社說: 日中親善이 可能할가", 《조선일보》(1924.12.3), p.1 참조. 《시대일보》
는 사설에서 중일 간 제휴가 이루어지려면 중국인들이 주장하는 불평등조약의 폐기
를 일본인들이 자발적으로 받아들여야 한다고 했다. "東洋大勢와 日中關係", 《시대
일보》(1924.12.24), p.3 참조.

자 한국 언론에서는 이것이 영국과 미국을 중심으
로 한 앵글로색슨 민족의 우월적 지배에 대한 방어
적[畏怖的] 자위책이라고 평가하면서도 그 실현 가
능성은 전혀 없을 것이라고 보고 있었던 것이다.[52]

　당시 한국 최고의 언론인이었던 ≪조선일보≫

주필 안재홍(安在鴻)은 아시아주의 강연이 있고 나서 넉 달 뒤 쑨원이 베이
징에서 사망한 직후 ≪조선일보≫에 쑨원의 대아시아주의를 신랄하게 비판
하는 논평을 실었다. 이 논평에서 안재홍은 쑨원의 대아시아주의 주장이 워
싱턴 회의 이후 모색되고 있던 영미 중심의 아시아 정책에 대한 중일 중심
의 대응책으로 나온 것이라고 하면서, 그의 민중적 대지도자라는 자격으로
보아 (그러한 대아시아주의를 주장한 것은) 때가 적절치 않은(시의를 잃은) 경솔
한 행동이었다고 냉혹하게 평가했다.[53] 그리고 제삼(第三)의 민족 일간지라
고 할 ≪시대일보≫도 배일(排日)운동의 수령이던 쑨원이 (친일) 매국적으로
매도하던 돤치루이, 장쭤린과 연합을 추진하고 고베를 방문하여 시간을 허
비하고 있음은 참으로 기이한 일이며 친일파 돤치루이의 집정 취임과 쑨원
의 이와 같은 기행을 그저 바라보고만 있는 중국인들을 이해할 수 없다고
꼬집었다.[54] 또 ≪개벽(開闢)≫ 잡지의 단평(短評)은 쑨원이 본래 자신의 적
대 세력이던 돤치루이와 연합을 모색하고 적국 일본을 방문하는 등 궁여지
책인지는 모르지만 그 행동이 자못 의문스럽다고 하면서 쑨원을 꼬집어 비
난하고 있었던 것이다.[55]

---

52)　"社說: 日中露三國의 提携說에 對하야", ≪조선일보≫(1925.1.29), p.1 참조.
53)　"孫文과 中國革命(七)", ≪조선일보≫(1925.3.21), p.1 참조. 안재홍의 쑨원 평
　　가에 대해서는 関斗基, 「1920年代の韓國人の孫文觀」, 孫文研究會 編,『孫文とアジア』
　　(東京: 汲古書院, 1993), pp.137~139 참조.
54)　"奇異한 中國人과 孫文", ≪시대일보(時代日報)≫(1924.12.14), p.3 참조.
55)　「問題의 中國三巨頭」, ≪開闢≫ 6-1(1925.1), p.97 참조.

이러한 한국 언론들의 입장은 쑨원의 '중국과 일본 중심의 아시아연합' 주장 내지는 중일연대론을 중국의 친일적 외교 방침으로 파악한 것이었다. 이와 같은 입장은 쑨원의 '중국과 일본 중심의 아시아연합' 주장을 적극 환영하고 나섰던 한국 내 일부 친일 언론56)이나 일본 측 언론의 입장57)과는 근본적으로 구분되는 것이었다.

## 4. 맺음말

1924년 11월 쑨원이 북상 도중에 일본을 방문한 것은 그의 주장과는 달리 광저우를 출발하는 단계에서부터 이미 계획되고 준비되었던 것으로, 일본정부와도 일정한 협의를 거쳐 결정된 것이었다. 말 그대로 적수공권의 쑨원은 베이징에서의 정치적 협상 가능성에 대해서는 처음부터 큰 기대를 가질 수 없는 입장이었기 때문에 북방의 신정권[段祺瑞 執政府]을 지지하고 있던 일본으로부터 모종의 지지나 지원 약속을 얻어내고 협상에 임하려 했으나 실제로 일본의 지지를 얻어내는 데 실패하고 말았던 것이다.

1924년 11월 28일 고베에서 행한 대아시아주의 강연은 바로 이러한 쑨원의 고충이 표출된 것이었다. 쑨원은 이 강연에서 일본의 성공을 치하하고 중국과 일본이 공동으로 지도하는 아시아 민족의 연합을 강조함으로써 당시 배일이민법 문제로 반미감정이 고양되어 있던 일본 국민에게 자신에 대

---

56)  당시 조선총독부의 기관지이던 ≪매일신보(每日申報)≫는 쑨원이 일본과의 제휴를 주장한 것은 마땅한 일이라고 하면서 그의 이런 주장은 확실한 충성에서 나온 것으로 이를 환영한다고 했다. "日支提携問題에 對하여", ≪매일신보≫(1924.12.4), p.2 참조.
57)  대아시아주의 강연에 대한 당시 일본언론의 태도에 대해서는 安井三吉, 「講演 '大亞細亞主義問題'について: 孫文と神戶(1924)」, pp.118~120 참조.

한 지지를 끌어내려고 했던 것이다. 또 쑨원은 북상 목표로 내세웠던 '불평등조약의 철폐' 요구를 유보한 채 치외법권과 관세자주권의 회복만을 당장의 목표라고 말함으로써 일본정부와 국민의 감정을 자극하지 않으려고 노력하는 '자기 규제적' 입장을 보이고 있었다.

쑨원의 대아시아주의 강연에서는 아시아 민족들 간의 연합과는 상반되는 일본의 제국주의 침략자로서의 입장은 철저하게 간과되고 있었으니,[58] 이를테면 한국의 독립문제나 일본의 한국 지배가 가지는 부당성에 대한 언급은 없이 중일공동영도만 강조되고 있었던 것이다. 이 또한 쑨원의 자기 규제적인 표현이라고 볼 측면이 없지 않으나 쑨원의 중화주의적 영토 관념에 대한 강한 집착과 관련지어 생각한다면 단순한 전략적 언급으로만 보기는 어려울 것이다. 그뿐만 아니라 쑨원의 이러한 중일공동영도 주장도 사실은 황쭌셴이나 량치차오의 중일공동영도 주장을 잇고 있는 것으로 결국에는 전통적 중화제국질서의 회복 주장에 다름 아닌 것이라고 생각된다.

쑨원의 일본 방문과 일본에서의 대아시아주의 강연에 대한 한국인들의 관심은 매우 컸다. 이는 쑨원의 대아시아주의 주장이 한국독립에 대한 지지를 포함할 것이라는 한국인들의 기대가 반영되었기 때문이다. 그러나 한국인들의 기대와 달리 쑨원은 일본에서 불평등조약의 철폐를 내세우지 않았고 마찬가지로 대아시아주의 강연에서도 한국문제에 대한 언급을 회피함으로써 한국인들을 크게 실망시켰다. 이에 대해 당시의 한국 언론들은 쑨원의 대아시아 주장이 애초부터 실현 가능성이 없는 것이었다고 비판하면서 쑨원의 경솔한 행동을 맹렬하게 비난했다. 한국 언론들의 이러한 비판의 배후

---

58) 일본에 대한 쑨원의 이해가 모순적이라는 점과 관련해, 그의 제국주의 이해가 경제적 측면보다는 정치적·문화적 측면에 맞추어져 있었고 그런 까닭에 그의 반제(反帝) 개념이 훨씬 포괄적이었다는 주장(Marie-Claire Bergere, *Sun Yat-sen*, p.364)은 시사하는 바가 많다고 생각된다.

에는 일본 제국주의 세력과 한국과 같은 식민지 약소민족의 연합이란 처음부터 불가능한 것이라는 분명한 현실 인식이 깔려 있었다.

쑨원의 대아시아주의 주장에 나타나 있는 약소민족, 특히 한국문제에 대한 태도는 그의 민족주의 사상에 관한 평가에 새로운 관점을 제공할 수 있을 것이다. 일반적으로 쑨원의 민족주의는 시기에 따라 몇 단계로 발전해갔다는 평가를 받고 있다. 특히 신해혁명 이후 단계에 가서 쑨원은 전통적 중화주의의 잔재를 극복했다[59]는 평가를 받고 있으며, 1919년 이후 단계에는 본격적인 반제인식을 가지게 되면서 그의 민족주의도 새로운 단계로 접어든다는 평가를 받고 있다. 그러나 이 글에서 살펴본바, 한국과 같은 주변 약소민족에 대한 쑨원의 태도나 영토 관념, 그의 대아시아주의에 드러나는 약소민족 문제에 대한 태도와 제국주의 열강 일본의 지지에 대한 기대 등은, 그가 1919년 이후 단계뿐만 아니라 1924년 대아시아주의 강연을 하던 무렵까지 반제인식에 커다란 한계를 지니고 있었다는 점을 지적해준다.

---

59)　張正明·張乃華, 「論孫中山的民族主義」, 『紀念辛亥革命七十周年學術討論會論文集』(北京: 中華書局, 1983), pp.1793~1797 참조.

제3부

# 1930~1940년대 중일전쟁 시기의 한국·아시아 인식

:

_ 제1장 _

# 중일전쟁 시기 장제스·국민정부의
# 한국 인식과 대한정책(對韓政策)

## 1. 머리말

아편전쟁 이후 점증하는 열강의 침략으로 중국은 제국에서 약소국으로 몰락하는 커다란 위기에 직면했다. 이에 따라 주변 지역이나 국가들을 조공국(朝貢國)이라는 명목 아래 일종의 완충지대로 확보하는 전통적 국제체제, 즉 중화제국질서도 와해되어버렸다. 이를테면 제국주의 열강의 침략으로 중국을 중심으로 하는 전통적 아시아 국제질서 또한 근본적인 변화를 수반할 수밖에 없게 되었던 것이다.

이러한 상황에서 1920년대 국민혁명(國民革命)의 성공으로 난징국민정부(南京國民政府)라는 중앙집권적 통일정부를 만들게 된 것은 중국이 국민국가의 기반을 확보하게 되었다는 점에서뿐만 아니라 '강대국 중국'의 회복을 향한 발판을 마련하게 되었다는 점에서 하나의 커다란 전기(轉機)라고 말할 수 있다. 난징국민정부 성립 이후 본격화된 불평등조약 철폐운동의 결과 관세자주권의 회복을 중심으로 하는 새로운 조약체제를 갖게 된 것[1] 또한 '강대국 중국'의 회복을 전망하게 하는 것으로서 난징국민정부 성립의 국제적 의

---

[1]  박제균, 「中國國民黨의 민족주의이념과 '혁명외교'」, ≪중국근현대사연구≫ 31 (2006.9), pp.67~79.

미를 잘 보여주는 일이었다고 할 것이다.

그러나 1931년 만주사변(滿洲事變) 이후 본격화된 제국주의 일본의 중국 침략과 1937년 칠칠사변(七七事變) 이후 전면전으로 확대된 8년간의 중일전쟁은 '강대국 중국'의 회복 시도를 근본적으로 불가능하도록 만들었으니, 난징국민정부는 국가적 생존을 위해 수도를 충칭으로 옮기고 기나긴 전면 항전에 매달릴 수밖에 없었던 것이다. 이러한 상황 아래 1941년 12월에 발발한 태평양전쟁과 그에 이은 미국의 참전은, 오랜 항전으로 거의 고사 직전에 놓여 있던 중국과 중국인들에게 승전 가능성을 보여주는 하나의 서광과 같은 일이었다. 유럽 전쟁이 발발한 이래 영국과 미국의 아시아 지역 개입을 고대하고 있던 장제스 주석은, 일본의 진주 만 습격 직후 미루어왔던 대일선전(對日宣戰)을 발표하고 "이제 왜적은 자멸의 구렁텅이에 빠졌고 국제 형세와 항전의 전도는 우리의 이상과 맞아 떨어지게 되었다"[2]고 자신 있게 말하고 있었던 것이다. 이를테면 태평양전쟁의 발발은 기나긴 대일항전(對日抗戰)으로 미룰 수밖에 없었던 '강대국 중국'의 회복에 대한 새로운 전망을 중국에 제공해주는 결정적 계기가 되었던 것이다.

일본 패망에의 전망과 함께 '강대국 중국'의 회복을 전망하게 된 중국에게 전후의 국제질서, 그중에서도 특히 중국을 둘러싸고 있는 아시아 국제질서를 어떻게 수립할 것인가 하는 문제는 당장의 현안이 되었다. 그러나 중국의 전후 아시아에 대한 새로운 구상은 그렇게 간단한 문제가 아니었다. 전통 중국의 제국질서는 이미 와해되어버렸고, 비록 그것을 복원한다고 하더라도 국제사회로부터 공인받기에는 많은 문제를 안고 있었다. 또 아직은 '강대국'의 지위를 독자적으로 구축할 능력이 없었던 중국이 새로운 국제질서를 구축하는 데는 미국과 소련을 중심으로 하는 초강대국들의 아시아에

---

2)　「電各戰區司令長官副司令長官」, 『蔣中正總統檔案: 事略稿本』47(臺北: 國史館, 2010), pp.632~633.

대한 점증하는 영향력을 고려하지 않을 수 없었다. 이런 점에서 1940년대 종전(終戰)을 전후한 시기 장제스를 중심으로 하는 국민정부의 새로운 아시아 질서 구상을 살펴보는 것은 전후 새로운 국제질서에 대한 중국의 의도와 함께 이러한 새로운 국제질서 속에서 중국의 위치를 이해하는 데 매우 유용한 시각을 제공해줄 것으로 기대된다.

주지하듯이 1919년 상하이에서 설립된 대한민국임시정부는 1931년 4월 상하이 홍커우(虹口) 공원에서 일어난 윤봉길 의거 이후 일제의 탄압을 피해 항저우(杭州), 전장(鎭江), 장사(長沙), 광저우(廣州), 류저우(柳州)를 거쳐 서천(西遷)하여 1940년 9월 충칭에 자리 잡았다. 이 충칭의 한국임시정부가 가장 중점적으로 내세운 활동 목표는 한국의 자주적 독립을 추진하는 데 부분적으로나마 기여할 수 있는 군사 조직을 만드는 것과 외교적 활동을 통해 임시정부에 대한 국제적 승인을 얻는 것이었다. 이 두 가지는 임시정부의 존립 기반을 확인시켜주는 것이었을 뿐만 아니라 종전 이후에 있을 것으로 예상되는 국제강화회담에서 일정한 발언권을 얻어내는 데 필수적인 일이었으니 그런 만큼 임시정부에게는 매우 절박한 문제였다.

충칭의 한국임시정부가 이러한 두 가지 목표를 달성하는 데 중국 정부, 즉 국민정부의 지원이 필수적이었음은 물론이다. 나라를 잃고 이국땅으로 망명해와 세운 임시정부로서는 정치적·경제적·군사적으로 거의 아무런 기반을 가지지 못한 채 존립조차 어려운 상황이었으므로 중국의 지원은 임시정부의 존립을 가능하게 하는 결정적인 조건이었던 것이다. 1919년 임시정부가 성립된 이후 중국 측의 우호적 지원이 없었다면 임시정부는 존립하기조차 어려웠다는 점은 부인할 수 없는 사실인 것이다.

기왕의 연구들도 이런 점에서 한국임시정부를 중심으로 하는 중국 내 한국독립운동에 대해 중국 정부가 얼마나 우호적이었던가를 충분히 강조해왔다.[3] 필자가 보기에도 20세기 전반기에 전개된 한중 간의 호혜와 연대는 역사상 그 어느 시기보다 두드러졌던 것으로, 미래의 한중관계에 대한 긍정적인 전망과 관련해서라도 그 역사적 경험은 충분히 강조될 필요가 있다.

그런 한편으로 임시정부의 독자적 군사 조직으로 만들어졌던 한국광복군의 성립 및 운영 과정에서 드러나고 있었던, 장제스를 중심으로 하는 국민정부의 태도가 기본적으로 견제와 통제에 맞추어져 있었다는 지적이나 임시정부에 대한 국제 승인문제에 대한 국민정부의 태도 또한 호혜와 지지라기보다는 유보와 통제에 맞추어져 있었다는 지적이 있어왔다.[4] 이들 연구들은 기본적으로 중국의 한국독립운동 지원 자체가 약소국 간의 연대라거나 국제적 공의(公義) 실현이라는 이상에서 비롯된 것이 아니라 어디까지나 중국의 국익을 전제로 한 것이었으며 전후 아시아 국제질서를 중국 주도적인 것으로 구축하려는 구상과 연관되어 있었다는 현실적 관점에 서 있다고 볼 수 있다.

---

3)    예컨대 중국 내 한국독립운동 연구의 선구자인 후춘후이(胡春惠) 교수는 그의 선구적 연구에서 많은 중국 당안자료들을 이용하여 중국에서 진행된 한국독립운동에 대해 장제스를 중심으로 하는 국민정부가 한국독립운동에 얼마나 우호적이고 적극적인 지원 정책을 폈는지 잘 보여주었다. 胡春惠, 『韓國獨立運動在中國』(臺北: 中華民國史料硏究中心, 1976). 또 한국학계의 독립운동사 연구자들도 임시정부를 중심으로 하는 중국 내 한국독립운동에 대한 중국의 지원을 강조하면서 한중 간 우호 내지는 호혜를 강조해왔으며(이현희, 『대한민국임시정부사연구』(혜안, 2001); 김희곤, 『대한민국임시정부연구』(지식산업사, 2004) 등 참조] 1990년대 이래 활기를 띠고 있는 중국학계의 한국독립운동사 연구에서도 마찬가지로 이 점을 강조하고 있다. 石源華, 『韓國獨立運動與中國』(上海: 上海人民出版社, 1996); 石源華, 『韓國獨立運動血史新論』(上海: 上海人民出版社, 1996); 石源華, 『韓國反日獨立運動史論』(北京: 社會科學出版社, 1998) 등 참조.

4)    한시준, 『한국광복군연구』(일조각, 1993); 구대열, 「이차대전시기 中國의 對韓政策: 國民黨政權의 臨時政府政策을 중심으로」, ≪한국정치학회보≫ 28-2(1995); 노경채, 「中國關內地區 朝鮮人의 民族解放運動과 中國國民黨」, ≪아시아문화≫ 13(1997); 최봉춘, 「大韓民國臨時政府와 中華民國黨의 관계」, ≪한국민족운동사연구≫ 16(1997) 등 참조.

이와 아울러 중일전쟁 시기 중국 정부의 대한정책과 관련한 기존 연구들을 검토할 경우 그동안 덜 주목되어왔던 것으로서 지적되어야 할 것은, 종전을 예상하는 단계, 즉 카이로회담 이후 시기부터 전개된 국민정부의 한국문제에 대한 정책 구상이 구체적으로 어떤 것이었나 하는 문제이다. 최근 타이완에서 공개된 국민정부 외교부의 관련 당안자료[檔案資料]들은, 이 시기 장제스를 중심으로 하는 국민정부가 전후 한반도에 대한 정책을 어떤 방향에서 검토하고 있었는지, 그리고 나아가 전후 새로운 아시아 국제질서를 구체적으로 어떻게 만들어가려고 시도했는지 밝혀줄 수 있는 직접적인 자료로 주목된다.

여기에서는 이러한 그간의 연구들을 비판적으로 검토하는 한편, 그동안 공간(公刊)된 적지 않은 한국과 중국 양측의 관련 당안자료들5)과 미국 측 외교문서들,6) 최근 개방된 『장제스일기(蔣介石日記)』, 『외교부당안(外交部檔案)』을 비롯한 새로운 중국 공문서들을 이용하면서 장제스 및 국민정부의 (충칭)한국임시정부에 대한 태도와 한국문제 정책이 어떠했는지에 대해 접근해보기로 한다. 이를 위해 여기에서는 첫째 한국임시정부의 군사 조직 건설 노력의 핵심이었던 한국광복군의 창설과 운영 과정에서 나타나고 있었던 장제스와 국민정부의 입장, 둘째 한국임시정부의 최대 목표였던 국제 승인문제에 대한 장제스와 국민정부의 정책 문제, 셋째 한국임시정부의 승인

---

5)   한국독립운동사 연구와 관련해 그간 많은 중국 당안자료에 대한 조사와 수집이 이루어져 여러 종류의 자료집이 간행되었다. 그중 최근 한국에서 간행된 임시정부 관련 자료집에는 그간 국내외, 특히 대륙과 타이완에서 발굴된 당안자료들이 망라되어 있어서 편리하게 이용할 수 있다. 국사편찬위원회 편, 『대한민국임시정부자료집』 전 21책(국사편찬위원회, 2005~2007) 참조.

6)   공간된 외교문서(Foreign Relations of United States)와 마이크로필름 형태의 국무부 외교문서들(Records of the U.S. Department of State relating to the internal affairs of Korea, 1940-1944; Records of the U.S. Department of State relating to the internal affairs of China, 1940-1944) 참조.

문제를 둘러싸고 전개된 중국과 미국의 관계 문제, 넷째 태평양전쟁 발발 이후 국민정부의 외교문서에 나타나고 있는 전후 한국정책 구상의 실체와 같은 문제를 차례로 다루어보고자 한다.

　이러한 접근을 통해 추구하고자 하는 1940년대 한중관계의 실상에 대한 이해 그 이상으로, 중일전쟁 기간, 특히 종전이 예상되는 시기(카이로회담 전후)에 전후 한국을 둘러싼 아시아 질서에 대해 장제스나 국민정부가 어떤 입장을 가지고 있었느냐 하는 것이다. 이를테면 서구 제국주의 열강의 침략 이래 전통적 중화질서가 무너지고 일본 제국주의의 침략에 의해 국가적 존망마저 위협당했던 중국이 종전 이후에 승전국으로서 그리고 열강으로서 지위 회복을 바라보게 되었을 때 과연 어떠한 아시아 질서를 구상하고 있었는지에 관한 하나의 시각을 가질 수 있기를 기대하는 것이다.

## 2. 한국광복군의 창설과 장제스·국민정부의 입장

　한국광복군 창설은 임시정부 서천 이후 한국독립당(韓國獨立黨)에 의해 본격적으로 추진되었다. 한국독립당은 중국에서 활동하던 독립운동가 조직 가운데 우파 3당 —김구(金九) 중심의 한국국민당, 조소앙(趙素昻) 중심의 (재건) 한국독립당, 지청천(池靑天, 일명 이청천) 중심의 조선혁명당— 연합으로 만들어진 정당으로서 임시정부의 실질적인 여당 역할을 하고 있었다. 한국광복군이 한국독립당이라는 한 정당의 당군(黨軍) 형태로 창설된 것은 임시정부를 둘러싼 각 세력의 내분과 갈등이 상존하여 통일된 군사 조직을 구성하기가 어려웠기 때문이다. 특히 좌파 측 군사 조직으로서 이미 중국의 지원을 받고 있던 조선의용대가 활동하고 있었기 때문에[7] 임시정부가 단일 군사 조직을 다시 만드는 것은 그만큼 어려움이 많을 수밖에 없었다. 이런 까닭에 한국광복군은 출발 단계에서부터 임시정부의 군대, 즉 '국가의 군대(국군)' 형태를 띠지 못하고 한국독립당이라는 '정당의 군대(당군)' 형태를 띠게 되었다.

당군이든 국군이든 간에 임시정부의 군사 조직 구상은 중국의 사전 허락을 얻어야 가능한 일이었다. 이를 위해 임시정부는 1940년 초부터 중국과 교섭을 시작했는데 이때 임시정부가 내세운 광복군 창설 이유는, 일본군에 징집되어 중국 전선에 파견되어 와 있는 한국 출신 일본군 병사(韓籍兵士)들을 투항시켜 광복군으로 조직한 다음 항일전에 참가하도록 한다면 중국군의 항일전 수행에도 큰 도움이 될 것이라는 점이었다.[8] 임시정부의 이러한 제의는 중국 측 교섭 당사자였던 국민당 조직부장 주자화(朱家驊) 등의 적극적인 찬동과 장제스의 원칙적 인준을 얻었다. 그러나 광복군 창설은 그렇게 간단히 실현될 문제가 아니었다. 1940년 4월 중순 장제스는 이 문제를 군사위원회 허잉친(何應欽) 참모총장과 협의해 처리하도록 지시했지만,[9] 군사위원회의 조치는 즉각 이루어지지 못했다. 그 이유는 기본적으로 외국 군대인 광복군의 지위와 조직, 지휘 계통 등에 대한 처리가 간단하지 않았던 탓도 있지만 이미 군사위원회의 지원을 받고 있던 조선의용대와의 관계 설정도 문제가 되었을 것이다.

이렇게 되자 1940년 5월 초 임시정부에서는 「한국광복군편련계획대강

---

7)　조선의용대는 김원봉(金元鳳, 일명 김약산)을 중심으로 하는 좌파 독립운동 세력인 조선민족전선연맹에 의하여 1938년 10월 만들어졌는데, 선전공작 등 중국군의 항일전을 보조하는 역할을 맡고 군사위원회의 지도와 감독을 받는 것으로 되어 있었다. 노경채, 「中國關內地區 朝鮮人의 民族解放運動과 中國國民黨」, pp.88~89.

8)　「徐恩曾致朱家驊爲金九面稱華北鮮籍士兵可成立光復軍情報網幷請呈委座酌予補助函(1940.2.25)」, 中央研究院近代史研究所 編, 『國民政府與韓國獨立運動史料』(臺北: 中央研究院近代史研究所, 1988), pp.206~207.

9)　「蔣委員長致朱家驊爲補助光復軍案准照辦希與何總長楗洽辦理電(1940.4.11)」, 『國民政府與韓國獨立運動史料』, p.210.

(韓國光復軍編練計劃大綱)」을 장제스에게 제시하고 광복군 창설을 독촉했다. 11개 조항으로 된 「한국광복군편련계획대강」의 내용은, 동북의 옛 광복군과 일본군 점령 지역[淪陷區]의 한인 병사[韓籍士兵], 그리고 중국인 사병을 모집하여 1개 사단을 기준으로 광복군을 편성하고 한국독립당 소속으로 하되 중국의 군사 최고지도자가 중한연합군 총사령관 자격으로 지휘 통솔하도록 한다는 것이었다.[10]

이에 대해 장제스는 '한국광복군이 중국 항일전에 참가한다'는 것을 전제로 비준하고 군사위원회 군정부(軍政部)로 하여금 광복군 편성이 조속히 이루어지도록 하라는 지시를 내렸다.[11] 그러나 「한국광복군편련계획대강」에 대한 군정부의 검토 결과는, 광복군을 한국독립당 내지는 임시정부에 소속시키는 것에 반대하고 군사위원회에 예속시키기로 한다는 것이었다.[12] 군사위원회의 이러한 결정에 대해 임시정부는 광복군의 독자성을 완전히 부정하는 것으로 받아들이고 강력하게 반발했을 뿐 아니라 독자적인 창설을 강행하기에 이르렀다. 1940년 9월 17일 임시정부는 군사위원회와의 사전

한국광복군 성립대회(1940.9.17)

한국광복군 성립대회에 참가한 축하객 명단
(쑨커, 허잉친, 펑위샹, 저우언라이 등 주요
인사들이 대거 참석했다)

10) 「韓國光復軍編練計劃大綱(1940.5.1)」, 『대한민국임시정부자료집』 제10책(한국광복군1, 2005), pp.8~14.

11) 「朱家驊致金九爲補助光復軍案已轉陳總裁並奉准辦理書(1940.5.18)」, 『國民政府與韓國獨立運動史料』, p.214.

12) 「李超英致朱家驊爲光復軍編練計劃已審查完畢並附呈意見函(1940.6.21)」, 『國民政府與韓國獨立運動史料』, pp.229~230.

협의 없이 한국광복군총사령부 성립 대회를 거행했던 것이다.[13]

이와 같은 임시정부의 광복군 독자 출범은 장제스 및 군사위원회와의 심각한 갈등과 대립을 가져올 수밖에 없었다. 장제스는 1941년 7월 초 한국광복군의 성립을 인가한다고 하면서 "다만 일정한 한도를 정해야 한다"고 해서 허잉친에게 군정부로 하여금 방법을 모색하라고 지시했다.[14] 장제스는 또 1941년 10월 말 허잉친에게 보낸 지시에서 "한국광복군과 조선의용대를 모두 군사위원회에 예속케 하고 참모총장이 직접 통일 장악하여 운영하라"는 명령을 내렸다. 이어서 11월 중순 군사위원회 판공청에서는 「한국광복군행동구개준승(韓國光復軍行動九個準繩)」이라는 규정을 만들어 직접적인 통제 정책을 구체화하기에 이르렀던 것이다.[15]

이 「한국광복군행동구개준승」의 주요 내용은 광복군을 군사위원회에 예속시키고 군사위원회와 그 예하 지휘관들의 지휘를 받으며 광복군의 활동 범위를 한적(韓籍) 병사들을 흡수할 수 있는 일본군 점령지로 한정하고 중국인에 대한 모집이나 선전 활동도 독자적으로 할 수 없고 필요한 경우 군사위원회에서 인원을 파견해서 맡도록 하며 (이후) 광복군이 한국 국경 내로 진입한 경우에도 계속하여 중국의 지원을 받을 수 있도록 한다는 것 등이었다.[16] 「한국광복군행동구개준승」이 누구의 발상으로 만들어진 것인지에

---

13) 「韓國光復軍總司令部成立典禮記錄(1940.9.17)」, 『대한민국임시정부자료집』 제10책, p.27. 물론 이때 광복군은 총사령부와 상부 지휘부만을 설치하는 것으로서, 실제 하부 군사 조직은 만들어지지 못했지만 일부 뒤이어 만들어진 지역 단위의 군사 조직도 군사위원회의 중지 단속(取締) 명령에 따라 활동할 수 없는 형편이었다. 한시준, 『한국광복군연구』, pp.89~98; 김광재, 『한국광복군』(한국독립운동사연구소, 2007), pp.103~110.

14) 「蔣委員長致朱家驊爲光復軍案已令何總長交軍政部速辦及金九等四人可約來一談電(1942.7.18)」, 『國民政府與韓國獨立運動史料』, p.332.

15) 「軍委會辦公廳致李靑天爲凝光復軍活動準繩九條電(1941.11.13)」, 『國民政府與韓國獨立運動史料』, pp.335~337.

대해서는 분명하게 밝혀진 바 없지만, 당시 이 문제를 다각도로 조사했던 주중 미국대사 클라렌스 E. 고스(Clalense E. Gauss)는 국무부에 보낸 보고서에서 군부의 최고책임자인 허잉친이나 장제스의 직접 지시에 의한 것이었을 것으로 추측하고 있었다.[17] 이를테면 「한국광복군행동구개준승」은 장제스와 국민정부 최고지도자들의 의중을 그대로 반영했을 것이라는 점이다.

「한국광복군행동구개준승」은 한마디로 광복군의 임시정부 소속을 완전하게 차단하고 일반 중국 군대의 경우와 마찬가지로 군사위원회의 지휘 아래 예속시켜, 이를테면 광복군을 일종의 외국인 지원군의 성격을 가지도록 만드는 것이었다. 또 그 후 실제로 진행된 광복군의 편성과 운영 과정에서도 광복군에 대한 군사위원회의 예속과 장악 의도는 확실하게 드러나고 있었으니, 예컨대 광복군 총사령부의 간부 인원 중 참모처장을 비롯한 주요 직위를 맡은 45명의 장교 가운데 80% 이상인 33명이 중국인이었으며, 각 지대를 포함한 전체 광복군의 장교 117명 중에서도 중국인이 65명으로 약 55%를 차지하고 있었던 것이다.[18]

「한국광복군행동구개준승」에 의한 군사위원회의 광복군 장악 및 통제 정책에 대한 임시정부의 불만과 저항은 계속되었으니, 특히 1942년과 1943년에 걸친 임시의정원의 정기 회의에서는 「한국광복군행동구개준승」의 철폐가 최대 쟁점으로 떠올라 임시정부 주석 김구와 외교부장 조소앙 등은 매번 그 해명에 분주했던 것이다. 당시 김구는 「한국광복군행동구개준승」이

---

16) 국민정부의 이 같은 광복군 통제 정책의 이면에는 군사위원회의 지원을 받고 있던 조선의용대가 1941년 봄 화베이(華北)로 이동한 뒤 중공군과 합류한 것에 대한 불만도 작용한 것으로 보인다. 장세윤, 「중일전쟁기 대한민국임시정부의 대중국외교: 광복군문제를 중심으로」, 『한국독립운동사연구』 2(1988), pp.23~25; 한시준, 『한국광복군연구』, pp.61~64.

17) 고스가 국무장관에게 보낸 보고(1942.12.11), LM79, R.2, 895.01/200 참조.

18) 한시준, 『한국광복군연구』, pp.118~119.

임시정부의 독자적 존재 자체를 근본적으로 부정하는 것이라고는 받아들이지는 않지만, 중국의 협력 없이는 그마저의 군사 조직도 가질 수 없기 때문에 어쩔 수 없이 받아들이게 되었음을 솔직하게 인정하면서 철폐를 위한 적극적인 노력이 필요하다는 점을 시인하고 있었던 것이다. 또 광복군 총사령관 지청천은 "남의 땅에서 군사 활동을 하자니 부득이 「구개준승」을 접수하게 되었으나 확실히 가혹한 조건이기 때문에 의정원에서 이 문제를 제기해준다면 (오히려) 수정할 수 있는 기회가 될 것이다"라고 답변했다.[19]

이런 가운데 임시정부에서는 1943년 2월 「한국광복군행동구개준승」의 수정을 위한 소위원회(小組會)를 만들고 국민정부 외교부와의 교섭을 진행하여 대안으로서 「한중호조군사협정(韓中互助軍事協定)」 초안을 제기했다.[20] 이러한 수정 요구에도 불구하고 군사위원회의 입장에 변함이 없자 임시정부는 다시 장제스와 접촉을 시도하여 1943년 7월 말 김구를 비롯한 임시정부 지도자들이 장제스를 면담했으나 「구개준승」 철폐라는 목표를 달성하지 못했다. 이를테면 이 시기까지도 장제스와 국민정부의 기본적인 입장은 광복군을 임시정부 휘하에 둘 수 없고 군사위원회로 하여금 광복군을 통솔하게 한다는 것이었음을 확인할 수 있다.

그러나 1944년 중반에 들면서 장제스와 국민정부의 광복군 문제에 대한 태도는 일대 전환을 맞는다. 「한국광복군행동구개준승」의 철폐라는 임시정부의 주장을 받아들이는 쪽으로 방향을 선회하게 된 것인데 이러한 정책적 방향 전환이 어떠한 배경에서 나온 것인지를 확인시켜주는 자료는 아직 보지 못했다. 다만 이 시기에 오면 카이로회담을 비롯하여 연합국들 사이에 전후 한국문제 처리가 본격적으로 거론되기 시작했고 종전을 앞두고 한반

---

19) 「臨時議政院第34回會議速記錄(1942.11.2~3)」, 『대한민국임시정부자료집』 제3책 (임시의정원2, 2005), pp.47~54.
20) 「九個準繩廢止要請公函(1943.2.20)」, 『대한민국임시정부자료집』 제10책, p.45.

도를 둘러싼 국제적 환경도 달라지고 있었기 때문에 「한국광복군행동구개준승」과 군사위원회의 광복군 통제에 대한 임시정부의 반감과 저항이 한중 간 우호관계를 크게 훼손할 가능성이 있다고 (장제스나 국민정부가) 판단하게 된 것이 아닌가 하는 추측을 해볼 수는 있다. 이를테면 장제스와 국민정부로서는 임시정부의 입지를 어느 정도 세워주면서 기왕의 우호적 연대를 지속하는 가운데 종전 후에 있을 한국문제를 해결하는 과정에서 임시정부를 통한 영향력 확보 전략을 구상했을 것으로 추측되는 것이다.

여하튼 국민정부에서 「한국광복군행동구개준승」 수정을 긍정적으로 검토하기 시작하자 양측의 교섭은 급물살을 타기 시작했다. 그 결과 1944년 6월 말부터 7월 초에 걸쳐 여러 차례의 협상이 이루어졌으며[21] 장제스의 허가를 얻은 허잉친은 8월 23일 임시정부 주석 김구에게 공문을 보내 「구개준승」의 취소를 공식 통보하기에 이르렀다.[22]

이로써 한국광복군은 3년에 걸친 군사위원회의 예속과 통제, 간섭에서 벗어나 명실공히 임시정부의 지휘 아래 들어가게 되었으며 이후부터 광복군에 대한 중국의 지원도 적어도 명분상으로는, 평등한 국가 간의 차관이라는 형식을 띠게 되었다.요컨대 광복군의 창설과 운영을 둘러싼 임시정부와 장제스 및 국민정부의 대립과 갈등은 임시정부에 대한 중국의 통제와 이용 의도를 분명하게 보

전쟁 시기의 장제스

허잉친

---

21) 「光復軍交涉經略錄(1944.6.22~7.10)」, 『대한민국임시정부자료집』 제10책, pp. 152~161.
22) 「한국광복군행동구개준승」 취소를 국민정부의 임시정부에 대한 '사실상 승인'이라고 보는 견해도 있다. 吳景平, 「關于抗戰時期中國國民政府對韓國臨時政府承認問題的態度」, ≪東方學志≫ 92(1996), p.64.

여주고 있었던 것이다. 광복군의 존립 자체가 외국에서의 군사 활동으로서 국제법상 많은 제약을 안고 출발할 수밖에 없다는 점을 인정한다고 하더라도, 광복군에 대한 장제스와 국민정부의 이러한 통제적 입장은 뒤에서 언급할 임시정부 승인이나 종전을 대비한 외교부의 한반도 정책 구상과 더불어 전후 한반도에 대한 영향력 확보를 위한 포석이라는 중국의 입장을 잘 보여주고 있다고 하겠다.

### 3. 임시정부 승인문제와 장제스·국민정부의 태도

한국임시정부는 1919년 성립 당초부터 국제적 승인을 얻는 데 많은 노력을 기울이고 있었다. 특히 1921년에는 워싱턴 회의에의 참가하기 위한 준비 작업으로서 중국의 혁명정부, 광둥호법정부(廣東護法政府)의 승인을 얻기 위한 방문단을 광저우에 파견하여 쑨원을 면담하고 '사실상 승인'을 얻는 성과를 내기도 했던 것이다. 당시 광둥호법정부도 워싱턴 회의에 공식적인 대표를 파견하지 못하는 등, 국제적 발언권을 얻지 못한 상황이었기 때문에 한국임시정부에 국제법상 효력 있는 외교적 승인을 해줄 수 있는 상황이 아니었던 점[23]을 고려한다면 당시의 '사실상 승인'은 나름대로 적지 않은 의미를 가진다고 할 수 있다.

이후 임시정부에 대한 국제 승인은 한중 간의 중요한 현안이었지만, 임시정부가 충칭으로 옮겨온 1940년 이후, 특히 태평양전쟁이 발발한 1941년 말 이후 단계에 가서 종전이 예상되는 상황이 되면, 전후 한반도 처리를 고려해 임시정부의 국제적 승인이 국민정부와 임시정부 사이의 가장 중요한

---

23) 이에 대해서는 裴京漢, 「孫中山與上海韓國臨時政府」, 同氏著, 『從韓國看的中華民國史』(北京: 社會科學文獻出版社, 2004), pp.32~53 참조.

국민당 조직부장
주자화

현안으로 다시 떠오르게 되었다. 임시정부에서는 태평
양전쟁 발발 이전부터 임시정부에 대한 국민정부의 승
인을 요청한바 있는데, 이를 기회로 국민정부의 일부
인사들 사이에서는 한국독립당 중심의 임시정부가 한
국독립운동 세력의 구심점이라는 사실을 인정하고 가
능한 한 조속히 임시정부를 승인해야 한다는 주장이 제

기되고 있던 상황이었다. 예컨대 국민당 조직부장 주자화는 1941년 11월의
한 보고에서 "한국임시정부의 승인문제는 외교부장 궈타이치(郭泰祺) 등과
이미 여러 차례 협의한 것으로 멀지 않은 장래에 이루어질 것이다"[24]라는
전망을 하고 있었던 것이다.

국민정부의 한국임시정부 승인문제에 대한 주장은 태평양전쟁 발발 직
후에도 이어지고 있었으니 예컨대 정보기관인 국민당 중앙조사통계국(中央
調査統計局) 부국장 쉬언쩡(徐恩曾)은, 태평양전쟁 발발 직전인 1941년 11월
말에 이승만이 미국에서 보낸 임시정부에 대한 정식 승인 요청서에 대해
"현재 미국정부가 (승인을) 고려 중이며 소련 원동군(遠東軍) 쪽에도 현재 3
만 내지 4만 명의 한국인 홍군(紅軍)이 있어서 소련과 일본이 개전한다면 곧
바로 (한국인) 소비에트를 조직할 가능성도 있다"는 정보와 함께 중국도 하
루빨리 임시정부를 정식 승인하는 것이 좋겠다는 의견을 내고 있었다.[25]

또 궈타이치의 후임으로 외교부장이 된 쑹쯔원(宋子文)과 입법원장 쑨커
(孫科)도 가능한 한 조속히 임시정부를 승인할 필요가 있음을 강조하고 있었
던 것이다. 특히 쑨커는 1942년 3월의 한 강연에서 "우리가 현재 한국의 독

---

24)  「朱家驊復徐恩曾爲報告中以獨立黨最有希望事一切早已照此辦理等函(1941.11.
23)」, 『國民政府與韓國獨立運動史料』, p.122.
25)  「徐恩曾致朱家驊爲韓國臨時政府似應早日承認函(1941.12.11)」, 『國民政府與韓國
獨立運動史料』, pp.562~563.

립운동을 지원하는 데 가장 중요한 것은 한국임시정부를 승인하는 것이다. …… 우리가 먼저 (한국임시정부를) 승인한다면 영국과 미국이 뒤따라 승인하게 될 것이며 장차 소련도 그 뒤를 따를 것이다"라고 주장했다.[26]

국민정부에서 제기되고 있던 이러한 주장들에 비하여 장제스는 좀 더 소극적이고 관망적인 입장이었으니 1942년 12월 중순 국민당 중집위(中執委) 비서처에서 쑹쯔원에게 보낸 편지에는 임시정부 승인 시기를 되도록 늦출 것을 지시하고 있었다.[27] 장제스와 국민정부의 임시정부 승인에 대한 유보적 입장은 미국 외교문서에서도 확인되고 있으니 1942년 초 충칭 주재 미국 대사 고스는 국무성 극동국(極東局)에 보낸 보고서에서 "중국 측이 한국임시정부 승인을 주저하고 있는 이면에는 현재의 임시정부가 일부 세력만을 지지 기반으로 삼고 있어서 임시정부를 승인할 경우 다른 세력들이 또 다른 정부를 만들 것에 대한 우려를 하고 있는 것 같다"고 말했던 것이다.[28] 이를테면 당시 임시정부가 한국독립운동 세력 전체를 대표할 수 있는가에 대해 장제스와 국민정부는 심각한 우려를 가지고 있었다는 말이다. 실제로 장제스와 국민정부에서 임시정부에 독립운동 세력의 통합과 단결을 여러 차례 주문했었다는 사실[29]을 감안한다면 장제스나 국민정부가 임시정부의 대표성에 대해 심각하게 우려했었다는 주장이 어느 정도 설득력을 갖는다고 할 수도 있을 것이다.

그러나 독립운동 세력의 분열을 이유로 승인 불가를 주장하는 중국의 입

---

26) ≪大公報≫(1942.3.23)에 실린 쑨커의 연설문 참조.
27) 「國民黨中央執行委員會秘書處致宋子文函(1942.12.15)」, 趙中孚·張存武·胡春惠 編, 『近代中韓關係史資料彙編』 第12冊(臺北: 國史館, 1990), p.379.
28) 고스가 국무부에 보낸 보고(1942.2.12, 1942.3.28); 미국 국무성 극동국(Division of Far Eastern Affairs)의 메모(1942.4.1), LM78, R.1, 895.01/88 참조.
29) 「朱家驊呈蔣總裁爲處理韓國問題以光復軍爲最主要問題簽呈(1942.9.12)」, 『國民政府與韓國獨立運動史料』, p.408.

장은 다른 측면에서 보면 임시정부가 독립운동 세력을 대표할 만한 자격을 가지도록 만들고 그다음 임시정부를 승인함으로써 전후 한반도에 영향력을 행사하겠다는 계산된 의중을 보여주는 대목이라고 할 수도 있을 것이다. 뒤에서도 상술하겠지만 실제로 일본 패망 직후인 1945년 12월 국민정부 외교부가 한반도 정책으로 적극 추진하고자 주장한 바는 한국독립당(실제로는 충칭의 한국임시정부) 중심의 친중분자(親中分子)를 한국에 부식(扶植)하는 방안[30]이었으니 이는 임시정부를 통해 전후 한반도에 영향력을 행사하고자 한 국민정부의 의도를 잘 보여주고 있는 것이다.

## 4. 임시정부 승인문제를 둘러싼 중미관계

장제스와 국민정부에서 임시정부 승인에 유보라는 정책적 입장을 견지한 것과 동시에 속으로는 임시정부 승인에 대해서도 일단의 모색을 하고 있었다는 점에 주목할 필요가 있다. 1942년 4월 중순 국민정부 외교부는 전후 아시아 질서의 가장 중요한 문제인 한국, 태국, 미얀마 등 식민지 약소국들의 독립과 관련하여 중국이 영토적 야심을 가지고 있다는 (연합국들의) 의혹을 불식하기 위한 한 가지 방편으로 중국이 한국임시정부를 승인할 의사가 있다는 점을 미국에 전달하도록 했다.[31] 외교부의 이러한 조치는 1942년 2월 말 프랭클린 D. 루스벨트(Franklin D. Roosevelt) 대통령이 한 라디오 연설

---

30)　「韓國問題之對策(1945.12)」, 『韓國問題硏究綱要及資料』 中華民國外交部檔案 (이하 外交部檔案으로 약칭)(臺灣中央硏究院 近代史硏究所檔案館 所藏) 11-EAP-06114, p.33.

31)　고스가 국무장관에게 보낸 보고(1942.4.10), LM/9, R.1, 895.01/96; 895.01/117 참조.

에서 한국문제를 언급한 것과 관련해 미국이 중국에 앞서 한국임시정부를 승인할지 모른다는 우려에서 나온 것으로 보인다.[32] 다른 한편으로 외교부의 이러한 한국임시정부 승인 입장 표명이, 태평양전쟁 발발 이후 미국으로부터의 군사적 지원에 대한 의존이라는 상황과 함께 전후 아시아 질서 구상에서 무엇보다도 미국의 역할을 중시하지 않을 수 없다는 판단에 따른 것이었음은 물론이다.

또 국민당 조직부장으로 한국임시정부에 관한 업무를 주관하고 있던 주자화는 비슷한 시기 장제스에게 보낸 편지에서 소련의 한국문제 개입을 우려하면서 "소련이 일본에 대해 개전(開戰)하게 되면 소련이 양성한 수개(數個) 사단 (師團)의 한인부대(韓人部隊)를 기반으로 (한국) 소비에트 정부를 세울 수 있기 때문에 그 이전에 우리가 먼저 임시정부를 승인하는 것이 필요하다"는 주장을 제기하고 있었다.[33] 이를테면 종전 이후 한반도에 대한 영향력을 확보하기 위해서 다른 열강, 특히 소련에 앞서서 중국이 임시정부를 먼저 승인할 필요가 있다는 주장이다.

그러나 중국의 한국임시정부 승인 의사에 대해 미국은, 영국도 승인에 동의해야 한다는 점과 중국의 한국임시정부뿐만 아니라 미국의 한국독립운동 세력에 대해서도 평등하게 처우해야 한다는 점 등의 이유를 들어 임시정부

---

32)  워싱턴의 미국 주재 중국대사관에서는 한국임시정부 승인문제에 대한 미국의 입장이 아직 정해진 것이 없다고 본국 외교부에 보고했다. 「胡大使致重慶外交部電 (1942.3.13)」, 外交部檔案 11-NAA-05033 참조. 미국이 먼저 임시정부를 승인할 것이라는 소문謠傳이 1942년 3월에 있었다는 점에 대해서는 林定平, 「韓國革命運動(1944. 6)」外交部檔案 11-EAP-05348, p.56 참조.

33)  시베리아에 2개 사단의 한인부대가 있다는 설은 1944년 6월경에 써진 외교부 한국 관련 전문 보고서에도 언급되어 있다. 林定平, 「韓國革命運動(1944.6)」, p.83. 또 1944년 11월 주미 중국대사 웨이다오밍(魏道明)은 충칭 외교부에 보낸 전문에서 8만 명의 한인 부대가 시베리아에 존재한다고 언급했다. 「魏道明致外交部電(1944.11. 17)」, 『韓國問題研究綱要及資料』外交部檔案 11-EAP-06113, pp.122~123 참조.

승인에 대한 부정적 내지 유보적 입장을 표명했다.[34] 미국의 임시정부 불
승인 정책의 저변에는 한국의 독립 능력에 대한 극단적인 부정적 견해가 들
어 있었다. 특히 태평양전쟁 발발 직후부터 미국 국무부에서는 한국문제와
관련하여 '자유한국(自由韓國)'을 대표한다는 어떤 '한인 그룹'도 승인해서는
안 된다는 의견이 제시된 바 있었고 이것이 전후 신탁통치 방안으로까지 연
결되기에 이르렀다는 지적이 있다.[35] 동시에 미국의 임시정부 불승인 정책
에는 태평양전쟁 승리에서 중요한 역할을 할 것으로 기대되던 소련의 입장
에 대한 고려도 깔려 있었으니, 미국은 한국문제에 대해 특별한 관심을 가
지고 있을 소련과 사전 협상 없이 중국 단독으로 임시정부를 승인하게 두는
것은 또 다른 문제를 낳을 수 있다는 생각을 가지고 있었던 것이다.[36]

그렇다고 해서 한반도 문제에 관한 한 중국이 우선권을 가지고 있다는 점
을 미국이 부정했던 것은 아니다.[37] 미국의 이러한 입장은 전후 아시아의
새로운 질서를 구축하는 데 중국의 역할이 일차적으로 중요하며 이를 인정
해야 한다는 미국의 전후 아시아 구상과 관련되어 있었던 것이었다. 이를테
면 항일전쟁 수행 과정에서 미국의 군사적·외교적 지원에 크게 의존하고
있던 중국은 전후 한반도에서의 주도권 장악을 위해 미국과 협력을 시도하
고 있었다. 말하자면 1942년 중반 이전까지 국민정부의 임시정부 승인 정
책은 내부적으로는 유보적인 입장을 유지하면서 동시에 미국과 협력을 통

---

34) 홍순호, 「해방직전의 한미관계: 미국의 중경한국임시정부 불승인정책을 중심
  으로」, ≪사회과학논집≫ 12(1992) 참조.
35) 고정휴, 「태평양전쟁기 미국의 대한민국임시정부에 대한 인식과 불승인정책」,
  ≪한국근현대사연구≫ 25(2003), pp.507~514.
36) 당시 중국 또한 소련의 개입을 가장 두려운 상황으로 인식하고 있었다. 이에
  대해서는 「朱家驊가 蔣介石에게 보낸 편지(1942.6.11)」 참조.
37) 당시 미국은 "중국이 가장 현명한 판단을 내리면 미국은 이를 방해하지 않을
  것"이라는 입장을 표명했다. 국무장관이 고스에게 보낸 지시(1942.4.23), LM79, R.1,
  895.01/99 참조.

한 승인 가능성도 배제하지 않는, 말 그대로 양면적 태도를 가지고 있었다고 할 것이다.

장제스와 국민정부의 이러한 양면성은 1943년 11월 22일부터 26일까지 카이로에서 개최된 미·영·중 삼국 정상회담에도 그대로 드러나고 있었다. 카이로회담으로 알려진 이 회담에서 미국은 중국을 강대국의 일원으로 대우하면서 전후 아시아 질서 재건에 중국이 중요한 역할을 담당할 수 있는 기회를 부여함으로써 아시아 지역에서의 미국의 이익을 확보하고자 했다. 특히 한반도 문제와 관련해 미국은 중국과 소련이 한반도에서 팽창하려는 시도를 사전에 억제하면서 한반도에서의 발언권을 확보하고자 연합국 열강에 의한 공동 신탁통치 방안을 회담에서 제시하고 있었던 것이다.[38]

그런데 전술한 바대로 미국의 전후 세계 구상의 일환으로 강대국의 지위를 얻은 중국이 미국의 공동 신탁통치 제안을 거부하기란 어려웠을 것이고 중국은 신탁통치라는 범위 안에서 자신들의 영향력을 확보하는 수밖에 없었을 것이다. 따라서 중국은 카이로회담에서 중일전쟁으로 일본에 빼앗겼던 동삼성과 타이완, 펑후열도를 되찾는 것에 주력하고 한반도에 관해서는 독자적인 주장을 내세우기 어려웠을 것이다. 장제스는 카이로회담 중에 쓴 일기에서 루스벨트의 인품과 중국에 대한 미국의 호의에 여러 차례 경의를 표시했으며 회담 성과에 대해서도 "실로 중외고금에 없었던 외교 성공"이라고 커다란 만족을 표했던 것이다.[39]

---

38) 카이로회담 공동결의안에 "한국인의 노예 상태에 유념하여 적절한 시기에 한국을 자유 독립시키기로 결의한다"고 못 박은 것은 바로 이런 미국의 신탁통치 방안이 밑바탕에 깔려 있었던 것이다. 고정휴, 「태평양전쟁기 미국의 대한민국임시정부에 대한 인식과 불승인정책」, pp.526~527 참조. 카이로회담에서의 한국문제 논의에 대해서는 이 책의 제3부 제2장에서 상론할 것이다.

39) 원문은 "實爲中外古今未曾有之外交成功也"이다. 장제스는 한반도 문제에 대한 카이로선언의 의미를 "전후 조선의 자유 독립을 승인한 것"이라고 말하고 있었다. 『蔣

요컨대 카이로회담 이후 한국문제에 대한 주도권은 태평양전쟁에서 군사적 주도권을 확보한 미국이 가지게 되었으며 미국의 한국문제에 대한 정책은 앞서 말한 대로 연합국 열강(전승국)들의 일정 기간 공동 신탁통치를 통한 독립으로 굳어져 있었다. 태평양전쟁의 수행 과정에서부터 미국에 크게 의존할 수밖에 없었던 중국은 임시정부에 대한 독자적(혹은 선도적) 승인으로 전후 한반도에서 영향력을 확보하려는 의도를 가지고 있었지만 그것을 실현하기란 사실상 불가능한 것이었다고 할 것이다.


### 5. 맺음말

한국광복군 창설을 둘러싼 한국임시정부와 국민정부 사이에 벌어진 논의는 1940년 한국임시정부의 충칭 정착 이후부터 본격적으로 추진되었는데, 그것은 임시정부의 독자적 운영권 확보 노력과 이에 대한 중국의 견제 및 통제 정책을 잘 보여준다. 중국은 「한국광복군행동구개준승」을 제정해 광복군을 군사위원회에 예속시키고 실제적인 군 운영도 군사위원회에서 파견한 중국 장교들이 장악하도록 했다. 중국의 이러한 정책은 중국에서 활동하는 외국군을 어떻게 통제할 것인가라는 시각에서 출발하고 있는 것으로 일면 타당성이 없지 않다. 그러나 한국인의 입장에서 이러한 조치는 항일을 위한 연대라는 중한호조(中韓互助) 측면이나 한국망명정부에 대한 인도적 지원 측면보다는 주변 약소민족에 대한 통제와 예속 측면을 더 잘 보여준다고 할 수 있을 것이다.

한편 1940년 이후, 특히 1941년 말 태평양전쟁 발발 이후 한중 간에 중요

介石日記』(1943.11.27, 30) 日條; 王建朗, 「信任的流失: 從蔣介石日記看抗戰後期的中美關係」, ≪近代史研究≫ 2009-3期, p.56 참조.

현안으로 떠오른 임시정부 승인문제에서도 장제스와 국민정부는 적극적인 승인 의지보다 소극적이고 관망적인 태도를 보여주고 있었다. 국민정부의 이러한 태도 이면에는 한국독립운동 세력 내부의 분쟁이 워낙 심해 임시정부가 이들 세력을 충분히 대표하지 못하고 있다는 판단과 다른 열강들, 특히 미국과 소련 입장을 고려하지 않을 수 없다고 하는 중국의 입장이 포함되어 있었다. 중국으로서는 임시정부 승인을 통해 전후 한반도에서의 영향력을 확보하려는 의도와 함께 임시정부에 대한 견제와 통제, 미국을 비롯한 열강과의 관계를 고려해야만 하는 복잡한 상황에 처해 있었던 까닭에 임시정부 승인은 결코 간단한 문제가 아니었다. 특히 1943년 11월 카이로회담에서 미국의 외교 전략에 따라 강대국의 지위를 얻은 중국으로서는 신탁통치에 의한 전후 한반도 문제 해결이라는 미국 주도 방안에 동조하는 것으로 한반도 문제에 대한 입장을 정리하게 되었다. 따라서 카이로회담 이후 단계에서 중국의 독자적인 임시정부 승인이란 불가능해진 것이었다.

그럼에도 불구하고 중국에서는 종전을 앞두고 동맹군이 한국 진공(進攻)시 중국군도 참여하는 방안을 내부적으로 검토하고 있었고, 재정적 원조와 민간투자 확대 등을 포함한 한국에 대한 지원 확대를 검토하기도 했다. 아울러 국민정부는 카이로회담에서 한국독립 이전에 거치도록 규정한 '적당시기(適當時機)'에 대한 방안으로 외교와 국방을 중국인 고문이 담당하는 고문정치를 검토하는 등 적극적인 개입 의사를 분명히 하고 있었음이 확인된다. 그리고 중국의 이러한 적극적인 한반도 개입 정책은 일본 패망 이후 미국군과 소련군에 의한 한반도 분할 점령이 이루어진 이후 단계까지 계속되었음도 확인된다.

이상 살펴본 태평양전쟁 시기 장제스를 중심으로 하는 국민정부의 대한정책은 중국의 전후 아시아 국제질서에 대한 구상을 엿볼 수 있는 하나의 창이 될 것이다. 즉, 장제스와 국민정부는 카이로회담에서 합의된 내용, 즉 중일전쟁으로 일본에게 빼앗겼던 영토인 만주와 타이완, 평후열도의 회복을 넘어서서 전통시대 중국이 종주권을 행사하던 변강 지역에 대한 적극적인 영향력 확대라는 입장을 관철하려고 하고 있었던 것이다. 물론 중국의 이러한 전후 아시아 구상은 쉽게 달성될 수 없었으니 전통시대 중국의 변강 지역은 대부분 전승국인 열강들의 이해관계 안에 들어 있었기 때문이다. 예컨대 티베트는 영국의 지배 아래에 있었고 베트남은 프랑스의 지배 아래, 그리고 신장의 일부와 몽골은 남하하는 소련의 영향력 아래 있어 이들 지역에 대한 중국의 영향력 확보는 동맹국 열강들과의 충돌을 가져올 수밖에 없었다. 류큐군도의 경우에도 전후까지 중국의 '영토 회복' 노력이 계속되었지만[40] 미국의 군사기지 건설 방안과 충돌하여 협상에 이르지도 못한 채 일본 영토로 남고 말았던 것이다.

동아시아의 발칸이라고 불리던 한반도의 경우 일본 패망으로 해방될 수 있는 기회가 주어지기는 했지만 그마저도 미국과 소련이라는 새로운 열강들의 분할 점령에 놓이게 되었으니 이러한 상황에서 한반도에 대한 중국의 영향력 확대 시도는 처음부터 실현 불가능한 꿈에 불과했던 것이다. 미국의 대아시아 정책으로 말미암아 중국이 사대강국(四大强國)에 포함되기는 했으나, 장제스의 걱정대로 '강대국 중국'은 아직 그 명실이 상부하지 못했던 것이다.[41] 그럼에도 불구하고 장제스와 국민정부가 도모하고 있던 한국정책은 일본의 아시아 침략 이전 상태의 아시아 국제절서의 회복과 그것을 통한 중국의 주도권 회복을 잘 보여주고 있고 거기에서 드러나는 장제스와 국민정부의 전후 아시아 구상은 전통적 중화제국체제의 회복으로 이해될 수 있을 것이다.

---

40)  林建民, 「琉球必須歸還中國之理由」, 『琉球問題』 外交部檔案 11-NAA-05508, pp.40~48.

41)  「上星期反省」, 『蔣介石日記』(1942.1.3) 참조.

# 제2장

# 카이로회담에서의 한국문제와
# 중국의 전후 아시아 구상

## 1. 머리말

2013년은 카이로회담이 열린 지 70주년이 되는 해로, 이를 기념해 한국과 중국 학계에서 카이로회담을 주제로 한 회의가 몇 차례 개최되었다.[1] 그런데 양국 학계가 카이로회담에 새삼 주목하게 된 것이 모두 일본과의 영토분쟁 관련해서였다는 사실은 매우 흥미롭다. 현재 중일 간 최대 분쟁점인 댜오위다오(釣魚島)[일본에서는 센카쿠열도(尖閣列島)로 부른다] 영유권 문제나 한일 간 최대 분쟁점인 독도(獨島)[일본에서는 다케시마(竹島)라고 부른다] 영유권 문제가 모두 카이로회담의 주요 논제였던 일본에 대한 전후 처리문제, 그중 가장 중요한 부분인 전쟁 기간 중 일본이 강점한 영토의 회복 내지 처

---

1) 한국학계에서는 카이로회담을 주제로 하는 학술대회가 2012년과 2013년에 걸쳐 4차례 개최되었다. 2013년 7월 서울에서 동북아역사재단, 세계NGO역사포럼, 경희대학교 공동 주최로 '제5회 역사NGO 세계대회: 카이로선언 70주년 기념학술세미나'가 개최되었고, 같은 해 11월에는 카이로에서 이집트 주재 한국대사관 주최로 '카이로선언 70주년 국제학술대회'가 열렸고, 같은 해 12월에는 동북아역사재단과 미국 조지워싱턴대학교 공동 주최로 같은 대학에서 '카이로선언 70주년 기념국제학술회의'가 열렸으며, 2014년 4월에는 독립기념관과 단국대학교 공동 주최로 '대한민국임시정부와 카이로선언 학술대회'가 개최되었다.

리 문제에서 비롯되었다고 보기 때문이다.[2] 특히 중국학계에서는 댜오위다오 분쟁이 일본의 류큐(현재의 오키나와) 강점과 카이로회담에서의 류큐열도 처리 문제의 연장선상에 있다고 보면서 카이로회담이 중요한 관심사로 떠올랐던 것이다.[3] 이에 비하여 한국학계에서는 그간 전후 한국의 독립이 국제적으로 처음 언급된 자리가 카이로회담이었을 뿐 아니라 이후 한국 역사에서 커다란 의미를 가지게 된 (한국독립의 전제로서 붙게 된) '적당 시기'의 문제가 공식 거론된 것 또한 카이로회담이라는 점에서 이 회의에 대한 연구가 많이 이루어져 왔던 것인데,[4] 최근 독도를 둘러싼 한일 간 분쟁이 격화되면서 전후 일본이 강점한 영토 처리문제와 관련해 카이로회담에 대한 관

---

2)    和田春樹, 「카이로선언과 일본의 영토문제」, ≪영토해양연구≫ 5(2013); 최영호, 「카이로선언의 국제정치적 의미」, ≪영토해양연구≫ 5(2013) 등 참조.

3)    馮全普, 「開羅會議與國民黨政權對前後日本政策的設計」, ≪河南師範大學學報(哲學社會科學版)≫ 33-3(2006); 王暉, 「冷戰的預兆: 蔣介石與開羅會議中的琉球問題」, ≪開放時代≫ 2009-5; 王建朗, 「大國意識與大國作爲: 抗戰後期的中國國際角色定位與外交努力」, ≪歷史研究≫ 2008-6; 王建朗, 「信任的流失: 從蔣介石日記看抗戰後期的中美關係」, ≪歷史研究≫ 2009-3; 侯中軍, 「困中求變: 1940年代國民政府圍繞琉球問題的論爭與實踐」, ≪近代史研究≫ 2010-6 등 참조.

4)    이 문제를 두고 한국학계에서 이루어진 기왕의 연구로는, 정동귀, 「제이차세계대전중에 있어서의 미국의 對韓정책구상」, ≪사회과학논총≫ 15(1987); 신복룡, 「한국 신탁통치의 연구」, ≪한국정치학회보≫ 27-2(1994); 이완범, 「미국의 한국 점령안 조기 준비: 분할점령의 기원, 1944~1945」, ≪국제정치논총≫ 36-1(1996); 유병용, 「이차대전 중 한국신탁통치문제에 대한 영국의 외교정책연구」, ≪역사학보≫ 134(1992); 이주천, 「루스벨트 행정부의 신탁통치 구상과 대한정책」, ≪미국사연구≫ 8(1998); 정용욱, 「왜 연합국은 한국을 신탁통치하려 했는가?」, ≪내일을 여는 역사≫ 5(2001); 이재훈, 「해방 전후 소련 극동정책을 통해 본 소련의 한국인식과 대한정책」, ≪사림≫ 20(2003); 고정휴, 「태평양전쟁기 미국의 대한민국임시정부에 대한 인식과 불승인정책정책」; 구대열, 「'자유주의' 열강과 식민지 한국(1910~1945)」, ≪정치사상연구≫ 10-2(2004); 이재령, 「20세기 중반 한중관계의 이해: 한국독립에 대한 중화의식의 이중성」, ≪중국근현대사연구≫ 29(2006); 안소영, 「태평양전쟁기 미국의 대일 대한정책 및 점령 통치 구상: 이중적 대립축과 그 전환」, ≪한국정치외교사논총≫ 31-2(2010); 신복룡, 『한국 분단사 연구』(한울아카데미, 2011) 등이 있다.

심이 더욱 커진 것이다.

주지하듯이 카이로회담은 미국에 의해 제안되었던 것으로, 제2차 세계대전 종결을 앞두고 유럽과 아시아 지역에서 연합국들 간의 군사적 협력 체제 마련을 일차적인 목표로 하면서, 동시에 종전 이후의 새로운 국제질서를 모색하기 위한 의도를 가진 것이었다. 특히 아시아 지역의 경우 일본 패망 이후 새로운 국제질서가 수립되는 과정에서 중국의 역할을 기대한 미국이 중국을 사대강국 중 하나로 삼으려고 하면서 미얀마 탈환 작전을 위한 삼국(영국·미국·중국) 군사협력체제 수립과 종전 이후 일본 처리문제가 회의의 최대 논제가 되었던 것이다.

현재 한국과 중국 학계에서 집중적인 관심을 받고 있는 한국의 독립문제나 류큐문제는 둘 다 전후 중국을 중심으로 하는 새로운 아시아 국제질서 수립이라는 전망 가운데 카이로회담의 주요 논제가 되었던 것이다. 따라서 카이로선언에서 구체적으로 언급되고 있는 한국의 독립문제나 동북4성(東北四省), 타이완, 펑후열도 등은 각각의 영토 처리문제로 보기보다는 전후 새로운 아시아 국제질서의 수립과 이를 둘러싼 열강들 간의 대립과 갈등이라는 좀 더 넓은 관점에서 주목해야 할 것이다.[5] 카이로회담에서의 한국의

---

[5] 최근 한국학계에서는 카이로회담에서의 한국의 독립문제 처리를 둘러싸고 그것이 중국(장제스)에 의해 제기된 것인지 아니면 미국(루스벨트)에 의해 제기된 것인지, 그리고 장제스와 루스벨트의 제안에 영향을 미친 한국독립운동 세력(김구, 이승만)이 누구인지를 둘러싸고 치열한 논쟁이 일어나고 있다. 그러나 이것은 문제를 일국사의 관점에 한정시킨다는 점에서 결코 바람직하지 않을 뿐만 아니라 대한민국 건국의 공로를 누구에게 돌릴 것인가 하는 공과론에 집착하여 결국에는 정치적 논쟁으로 비화될 수밖에 없다는 점에서 바람직한 연구 방향은 아니라고 생각한다. 鄭逸和, 『대한민국 독립의 문: 카이로선언』(선한약속, 2003); 한시준, 「카이로선언과 대한민국임시정부」, 『대한민국임시정부와 카이로선언: 대한민국임시정부 수립 제95주년 기념 학술회의발표논문집』(2014.4); 이상철, 「장제스일기로 본 카이로회담」, 『대한민국임시정부와 카이로선언: 대한민국임시정부 수립 제95주년 기념 학술회의발표논문집』(2014.4) 등 참조.

독립문제나 류큐문제를 다루려고 할 때 중국이나 한국이라는 일국사의 관점이 아니라 동아시아 전체를 하나의 시야에 넣는 이른바 '동아시아 시각'으로 접근할 필요가 있는 것은 바로 이 때문이다.[6]

이 장에서는 카이로회담에서 처음으로 언급된 '한국의 독립문제'를 중심으로 장제스와 국민정부의 전후 동아시아 국제질서에 대한 구상의 단면을 밝혀보려 한다. 이를 위해 카이로회담의 참여 여부 및 일정 조율과정에 나타나고 있는 장제스와 국민정부의 태도, 장제스와 국민정부의 카이로회담 준비 과정에서 드러나고 있던 한국문제에 대한 입장, 카이로회담의 구체적 진행 과정에서 보이던 장제스와 국민정부의 한국문제 처리 태도, 한국문제 처리를 둘러싼 장제스와 국민정부·미국·영국의 입장 차이, 카이로회담 선언서 작성 과정에서 나타난 장제스와 국민정부의 입장, 이른바 전후 한국에 대한 국제공관(國際共管) 주장 대두과정과 이에 대한 장제스와 국민정부의 대응, 한국과 마찬가지로 국제공관 대상으로 논의되던 류큐, 베트남 문제와 한국문제의 관련성, 류큐·베트남·한국에 대한 전후 국제공관 주장에 나타나고 있던 장제스와 국민정부의 전후 아시아 구상 등을 차례로 살펴보려 한다.

## 2. 장제스·국민정부의 카이로회담 준비 과정과 한국문제

### 1) 카이로회담 개최 및 일정 합의 과정과 장제스의 입장

잘 알려져 있는 대로 카이로회담은 미국 대통령 루스벨트에 의해 제안되었다. 루스벨트가 장제스에게 회담 참석을 처음 제안한 것은 1943년 6월 4

---

[6]    裴京漢, 「東亞視角下的蔣介石研究」, ≪奧門理工大學學報(人文社會科學版)≫ 2014-1 참조.

일 국민정부 외교부장 쑹쯔원과의 회담 자리였다. 루스벨트는 미얀마 작전으로 불거진 윈스턴 처칠(Winston Churchill)의 중국에 대한 불만을 거론하면서 (이것을 해소하기 위해서라도) 가까운 시일 안에 사강영수(四强領袖)를 초청해 회담을 개최하자고 제안했고 사강회담(四强會談)에 앞서 장제스와 루스벨트의 양자 회담을 쑹쯔원에게 제의했다.[7]

쑹쯔원

이 보고를 받은 장제스는 7일 쑹쯔원에게 전보를 보내 루스벨트의 회담 참가 권유에는 감사하지만 선뜻 받아들이기는 어렵겠다고 전하도록 했다. 장제스는 (중국이 일본과 전쟁을 하고 있는 상황에서 일본과 불가침조약을 맺고 있는 소련의 입장을 고려할 경우) 이오시프 스탈린(Iosif Stalin)과 자신이 사강회담에 참석한다면 스탈린이 불편해 할 것이니 미·영·소 정상이 먼저 만나 회의를 열고 그다음 그 결과를 가지고 루스벨트 대통령과 자신이 만나는 게 좋겠다는 입장을 내세워 회담 참가 권유를 받아들이지 않았다.[8]

그러나 소련과의 관계를 내세운 이러한 거절은 표면적인 것에 불과했다고 보인다. 회담 참석 거절을 결정하는 단계에서 나타나고 있었던 장제스의 실질적인 판단은 매우 복잡한 것이었으니, 미·영·소 삼국영수 간의 회담에 자신이 참여하는 것은 별 소득 없이 들러리가 되는 데 불과할 것이라는 걱정이 있었다. 회담 참석 거절을 통보하기 직전인 6월 6일의 일기에서 장제스는 자신의 회의 참석이 "잘해야 유명무실한 결과일 것이고 사거두(四巨頭)의 하나가 된다는 것도 허영에 불과하여 실제로 도움되는 것이 전혀 없을 것"[9]이라고 쓰고 있었고, 심지어 회담 참석 거절이 (좋은) 기회를 잃어버리

---

7)    『蔣中正總統檔案: 事略稿本』 53(臺北: 國史館, 2011), p.567.

8)    『蔣中正總統檔案: 事略稿本』 53, pp.580~581.

9)    『蔣介石日記』(1943.6.6).

는 것이 될 것이라는 주위의 비판을 의식해서 "정신적·인격적 자존(自存)이라는 수확이 그 어떤 승리보다도 더 큰 것"이라고 말함으로써 회담 참석 거절을 "자존심을 지킨 일"로 평가하기도 했다.[10]

장제스가 회담 참석에 부정적인 입장을 가지게 된 가장 큰 원인은, 표면적 이유로 제시했던 소련과의 어려운 관계 문제와 함께 영국과의 악화된 관계도 있었다. 먼저 중국과 소련의 관계는 중일전쟁 발발 이후 충실한 지원자 관계에서 1941년 4월 일소중립조약 체결 이후 대립관계로 급속한 변화를 겪어왔지만 그럼에도 불구하고 중국으로서는 소련으로부터의 지원이나 소련의 대일전 참전에 대한 기대 자체를 부인할 수만도 없는 어려운 상황에 놓여 있었다. 그뿐만 아니라 중소 양국은 신장과 몽골에 대한 소련의 '진출'을 둘러싸고 마찰을 빚고 있었기 때문에 군사적·재정적 지원에 대한 기대, 영토 문제를 둘러싼 대립, 일본과의 관계를 둘러싼 갈등, 중국공산당에 대한 지원을 둘러싼 갈등 등, 말 그대로 복잡한 관계였다.[11]

다음으로 영국과의 관계 또한 소련과의 관계 이상으로 복잡했으니 홍콩과 티베트를 둘러싼 영토 문제, 1942년 2월 장제스의 인도 방문으로 크게 악화된 중국과 영국의 관계[12], 미얀마 탈환 작전을 둘러싼 양국의 군사적

---

10)  「本月反省錄」, 『蔣介石日記』(1943.6.30).

11)  陶文釗·楊奎松·王建朗, 『抗日戰爭時期中國對外關係』(北京: 中國社會科學出版社, 2009), pp.251~256, 508~518 참조.

12)  장제스와 영국의 관계는 1942년 2월에 이루어진 장제스의 인도 방문 이후 크게 악화되었다. 장제스가 인도를 방문한 목적은 마하트마 간디(Mahatma Gandhi)를 비롯한 인도독립운동 지도자들을 회유하여 세계대전에 참전토록 하는 것(영국의 요청)이었다. 우여곡절 끝에 장제스와 간디의 회담이 성사되기는 했으나 인도는 세계대전 참전에 동의하지 않았다. 영국은 오히려 이 회담이 인도독립운동을 자극했다고 평가했으며 장제스 또한 영국이 간디와의 면담을 방해했다고 여겨 영국에 대한 불만이 커지는 결과를 가져왔다. 장제스의 인도 방문에 관해서는 陳謙平, 「1942年蔣介石訪印與調停英印關係的失敗」, 同氏著, 『民國對外關係史論(1927~1949)』(北京: 三聯書店, 2013), pp.266~279; 伊原澤周, 「論太平洋戰爭中的中印關係: 以蔣介石訪問印度爲中心」, ≪抗

분담, 영국으로부터의 재정적 지원을 둘러싼 협상 난항 등이 얽혀 있었던 것이다. 요컨대 장제스가 4강회담에 참가하면 소련과 영국은 중국에 대해 냉담한 혹은 경우에 따라서는 대립적 입장을 취할 것이라는 게 장제스의 판단이었던 것이다.

그럼에도 불구하고 장제스는 미국의 회담 참석 제의에 대해 완전히 거부하는 입장은 아니었던 것 같다. 이는 장제스가 회담 참석 제의를 거부한 이후에도 당시 미국을 방문 중이던 부인 쑹메이링(宋美齡)과 처남인 외교부장 쑹쯔원을 통해 4강회담에 대한 루스벨트의 진의를 파악하고자 계속 노력했다는 점[13]을 통해서 짐작할 수 있다. 오히려 자신의 4강회담 참석에 대한 소련과 영국의 냉담한 태도를 우려하는 입장에서 유일하게 의지할 수 있다고 본 미국의 중국에 대한 적극적인 지지 의사를 먼저 확인하려는 것이 장제스의 실질적인 의도였던 것이다.

쑹메이링이 귀국한 직후인 1942년 6월 30일, 루스벨트는 장제스에게 다시 전보를 보내 양자 간 회담을 제의했다. 이 전문에서 루스벨트는, 부인에게 이번 가을에 만날 것을 간절히 바란다고 전했다고 하면서 우리 두 사람이 만나는 일은 매우 중요하니 만약 (장제스가) 동의한다면 양국 수도(首都)의 중간 지점에서 만나면 어떻겠냐는 의견도 제시했다.[14] 귀국한 쑹메이링으로부터 직접 보고를 들은 장제스는 비로소 루스벨트의 진심을 확인한 양

---

日戰爭硏究≫ 2012-2; 肖如平, 「從日記看1942年蔣介石訪問印度: 以蔣甘會晤中心的分析」, 浙工大學蔣介石與近代中國硏究中心, 『蔣介石與抗日戰爭學術硏討會論文集』(杭州, 2014.6), pp.43~56 등 참조.

13)  6월 25일 쑹메이링이 장제스에게 보낸 전보를 보면, 쑹메이링이 루스벨트를 만났을 때 루스벨트가 장차 장제스와 만날 때 처칠과 동석해도 좋겠느냐는 질문을 했다고 보고하고 있다. 『蔣中正總統檔案: 事略稿本』53, p.667.

14)  'President Roosevelt to Generalissimo Chiang(June 30, 1943)', *Foreign Relations of the United States(FRUS): diplomatic papers, 1943 The Conference at Cairo and Teheran*, United States Government Printing Office(1961), p.13.

7월 8일 회담 참석에 동의한다는 전문을 루스벨트에게 보냈다.[15]

이후에도 회담 장소와 시간을 둘러싸고 양자 간 논의가 이어졌다. 7월 8일 회담에서 장제스는 9월 이후가 적합하다는 의견을 루스벨트에게 제시했고 21일 쑹쯔원에게 보낸 전보에는 (9월 이후가 아니라) 8월에서 9월 사이에 회담을 해야 한다면 15일 이전에만 알려주면 가능하다는 의견을 루스벨트에게 전하라고 지시했다. 회담 장소에 대해서 미국은 양국의 중간 지점으로 알래스카를 제시했는데, 장제스는 스탈린을 만나지 않으면서 소련(시베리아)을 거쳐 알래스카로 가는 게 모양이 좋지 않다는 이유로 찬성하지 않았다. 루스벨트의 특별 보좌관 해리 L. 홉킨스(Harry L. Hopkins)는 8월 18일 쑹쯔원에게 장제스가 미국을 방문해 워싱턴에서 회담을 갖는 방안을 제의했으나[16] 장제스는 쑹쯔원에게 완곡히 거절하도록 회답을 보냈다. 그러면서 장제스는 루스벨트와 이미 회담 장소를 아프리카로 정했으니 그대로 하자고 주장했다.[17] 이런 과정으로 본다면 회담 장소로 카이로가 거론된 것은 8월 중순 이전으로 보인다.

8월 초 이후 미국이 소련과 회담을 성사시키기 위해 힘을 기울이느라 장제스와의 일정(장소 협의)은 잠시 소강 상태를 나타내고 있었다. 루스벨트가 스탈린에게 사강회담 참석을 요청한 것은 장제스에게 회담 참석을 제의했던 것보다 한 달여 앞선 5월 초부터였다. 스탈린이 계속해서 부정적이거나 소극적인 입장이었기 때문에 8월 초에 와서야 논의가 본격화될 수 있었던 것이다. 9월 초 다시 루스벨트의 요청을 받은 스탈린은 회담 참석에는 동의

---

15)  'Generalissimo to President Roosevelt(undated)', *FRUS*, p.16.

16)  「外交部長宋子文自華盛頓呈蔣委員長報告霍普金斯告以能否邀請委員長飛華盛頓晤相及宋部長之答語電(1943.8.18)」, 秦孝儀 主編, 『中華民國重要史料初編: 對日抗戰時期』 第3編 戰時外交(第3冊)(臺北: 中國國民黨黨史委員會, 1981), p.494.

17)  『蔣中正總統檔案: 事略稿本』 54, pp.349~351.

하면서도 회담 장소는 이란의 테헤란이어야 한다고 고집했다. 10월 초 스탈린과 장제스 모두로부터 중소 간 직접적인 회담이 부담스럽다는, 그래서 사강회담이 불가능하다는 입장을 확인한 루스벨트는 10월 말 처칠과 협의해 2차례 회담—미·영·중 삼국회담과 연이은 미·영·소 삼국회담—으로 나누어 진행하는 방안을 확정하기에 이르렀다.[18] 10월 30일 루스벨트는 카이로에서 소련을 제외한 미·영·중 삼국회담을 열자고 장제스에게 제안했고 장제스가 이에 동의함으로써 결국 11월 초에 가서야 11월 22일부터 카이로회담이 열리는 것으로 확정되었다.

이상에서 언급한 장제스의 카이로회담 참가 여부와 회의 일정 및 장소를 둘러싼 협의 과정을 자세하게 살펴보면, 당시 미국의 배려로 사강에 합류하게 된 장제스는 사강회담에 참석함으로써 전후 새로운 국제질서 수립에 참여할 수 있다는 기대에 부풀어 있으면서도 다른 한편으로는 중국이 미국과 영국의 군사적·재정적 지원에 크게 의존하고 있었기 때문에 새로운 국제질서 수립에 대한 적극적·주도적 입장을 표명하는 데는 매우 조심스러울 수밖에 없었다는 점을 분명히 알 수 있다. 특히 중국 입장에서는 일본과 불가침조약을 맺고 있던 소련과 군사적 협력 및 전후 처리를 논의한다는 것이 사실상 불가능한 것으로 받아들여졌고 영국과도 여러 가지 문제로 불편한 관계였다. 그런 상황에서 미국에 대한 중국의 의존도는 더 클 수밖에 없었던 것이다. 그런데 중국을 사강의 일원으로 초청하겠다는 의도를 가진 미국조차도 중국이 아시아의 중심으로 자처하는 데는 노골적으로 견제 의사를 표하고 있었으니[19] 이런 상황에서 중국의 사강 진입은 장제스의 말대로 들

---

18)  조덕천, 「카이로회담의 교섭 및 진행에 관한 연구」, 『대한민국임시정부와 카이로선언: 대한민국임시정부 수립 제95주년 기념 학술회의발표논문집』(2014.4), pp.67~69 참조.

19)  미국은 중국이 아시아의 영수로 자처하는 것에 대해서 외교적 경로를 통해 노

러리로서의 '허영'에 불과할지도 모를 일이었다. 한마디로 대국의 회복을 노리는 장제스로서는 대국의 지위를 받쳐줄 만한 국력을 갖지 못한 상황에서 어떤 식이든 대국의 역할을 감당해야 하는 난국의 처지였던 것이니 그런 점에서 카이로회담에 임하는 장제스의 태도는 처음부터 매우 조심스러울 수밖에 없었던 것이다.

### 2) 국민정부의 카이로회담 준비 과정에서의 한국문제

장제스와 국민정부의 이런 신중한 태도는 카이로회담의 의안(議案) 준비 과정에서도 잘 드러나고 있다. 기존 연구들에서는 중국이 카이로회담에 대비해 본격적으로 준비에 나선 것이 일정이 확정된 이후인 1943년 11월 14일 전후라고 주장한다. 물론 카이로회담의 의안을 다루는 좁은 의미에서의 준비 과정은 회담 일정이 확정된 다음부터라고 하겠으나 후술할 것처럼 전후 처리문제에 대한 국민정부의 대응방안 마련은 1942년 초부터 시작된 것으로 보이기 때문에 전후 처리에 관한 전체적인 준비는 훨씬 이전부터 진행되었으며 그런 만큼 신중한 준비가 있었다고 봐야 한다.

구체적으로 살펴보자면, 회의에 참석하기 전에 장제스에게 의안에 대한 의견을 제시한 기관은 모두 3곳으로, 하나는 군사위원회참사실(軍事委員會參事室)이었고 다른 하나는 국방최고위원회비서청(國防最高委員會秘書廳)이었으며, 나머지 하나는 중국전구(中國戰區) 참모장을 맡고 있던 조지프 스틸웰(Joseph Stilwell)이 마련한 것이었다. 군사위원회참사실에서 제출한 문건은 '카이로회담에서 중국이 제기해야 할 문제에 대한 초안[關於開羅會議中我方應

---

골적으로 불만을 제기하기도 했다. 王建朗, 「大國意識與大國作爲: 抗戰後期的中國國際角色定位與外交努力」; 劉曉原, 「東亞冷戰的序幕: 中美戰時外交中的朝鮮問題」, ≪史學月刊≫ 2009-7, pp.69~71 참조.

提出之問題草案: 이하 '초안'으로 약칭)'이었고 국방최고위원회비서청에서 제출한 문건은 '카이로회담에서 제출할 전시군사합작, 전시정치합작, 전후중미경제합작의 세 가지 방안[關於準備在開羅會議中提出之戰時軍事合作, 戰時政治合作, 戰後中美經濟合作等三種方案: 이하 '방안'으로 약칭)'이었으며 스틸웰이 제시한 문건은 '이번 회의 중 군사 방면에 관한 건의[關於未來會議軍事方面之建議]'였다.[20]

이 중 한국문제를 포함한 전후 영토 회복문제를 다루고 있는 것은 군사위원회참사실의 '초안'과 국방최고위원회비서청의 '방안'이다. 우선 '초안'에서는 군사 문제, 정치 문제, 전후 중요 문제(戰後重要問題) 세 가지로 나누어 광범한 문제를 제기하는 가운데 정치 문제의 하나로 조선 독립의 승인을 의제 중 하나로 제기하고 있다. '초안'에서는 전후 환수되어야 할 영토로 동북[뤼순, 다롄, 남만철로(南滿鐵路)와 중동철로(中東鐵路)], 타이완, 펑후열도, 류큐군도를 열거하고 있었다. 특히 류큐군도는 국제공동관리 방안이나 비무장 지대로 만드는 방안을 병기(併記)하고 있는 점이 눈에 띈다.

그런 한편, '방안'에서는 전시군사합작, 전시정치합작, 전후중미경제합작의 세 가지 방안 가운데 '전시정치합작방안'의 첫 번째 조항으로 중·미·영·소 4개국이 공동 혹은 개별적으로 즉각 조선의 독립을 승인하거나 아니면

---

20)  이 문건들은 『中華民國重要史料初編: 對日抗戰時期』第3編 戰時外交(第3冊), pp.499~506에 들어 있다. 이 자료집에는 '초안'이 군사위원회참사실에서, '방안'이 국방최고위원회비서청에서 제출한 것으로 되어 있는데 뒤에서 언급할 것처럼 국방최고위원회 휘하의 국제문제토론회(國際問題討論會) 회의록에서 확인되는 보고서 내용이 '초안'의 그것과 일치하고 또 국제문제토론회 주임인 왕충후이가 카이로회담 직전인 1943년 11월 16일 장제스에게 제출했다는 문건의 내용(『蔣中正總統檔案: 事略稿本』 55, pp.400~408 참조)과도 일치하기 때문에 '초안'을 제출한 곳이 군사위원회참사실이 아니라 국방최고위원회비서청인 듯하다. 그런데 왜 이 자료집에 두 보고서의 제출처가 바뀌어 있는지는 알 수 없다. 여기서는 일단 이 자료집의 내용대로 '초안' 제출처를 군사위원회참사실로, '방안' 제출처를 국방최고위원회비서청로 해서 논의를 진행했다.

조선의 독립을 보증한다는 선언을 발표할 것을 제안하고 있다는 점에서 '초안'의 내용에 비하면 훨씬 적극적 입장을 보여주고 있다. 그뿐만 아니라 연이어 한국의 독립문제에 대한 자세한 설명까지 덧붙이고 있는데, "소련은 대일관계(對日關係, 일본과의 불가침조약을 가리킨다) 때문에, 그리고 영국은 인도문제에 영향을 미칠까 걱정하기 때문에 조선 독립에 관해 당장은 동의하지 않을 것이고 미국은 (소련과 영국의 눈치를 보면서) 주저할 것"이라는 각국의 입장을 예상하고 있다. 결국 "중국이 먼저 단독으로 조선 독립을 승인하는 경우 (국제관계상) 유리한 점과 불리한 점이 모두 있기 때문에 단독 승인과 공동 승인 두 방안의 유불리(有不利)를 계산하여 '적당 시기'에 중국이 먼저 승인하는 것이 좋겠다"는 주장을 제시하고 있다. 아울러 '방안'에서는 인도가 전후 자치권을 가지도록 한 다음 수년 뒤에 독립하게 해야 한다는 방안을 제시하고 있고, 중국의 영토 회복에 대해서는 1894년 청일전쟁 이후 일본이 침략한 영토로 그 범위를 제시하고 있음이 눈에 띈다.

앞서 언급한 '초안'과 '방안' 문건에 작성일이 없기 때문에 정확한 작성 날짜는 알 수 없지만 대체로 카이로회담 직전인 11월 중에 만들어진 것으로 추측된다. '초안'은 군사위원회참사실에서 만들어졌는

데 참사실은 군사위원장 장제스에 대한 국민정부 고위급 인사들의 자문 기구였다.[21] 참사실 주임을 맡고 있던 왕스제(王世杰)가 장제스로부터 사국회의(四國會議)가 열릴 경우 상대방들이 제기할 문제와 중국의 대응방안을 제출해달라는 부탁을 받은 것이 11월 5일이었

왕스제

---

21)  전시외교 결정 과정에서 군사위원회참사실은 자문 기구로서 정책 제언의 기능을 가지고 있었지만 반드시 결정적인 역할을 한 것은 아니었다. 陽子震, 「國民政府の'對日戰後處理構想': カイロ會談への政策決定過程」, ≪東アジア近代史≫ 第14號(2011. 3), pp.101~102.

다. 이에 왕스졔가 '사국회의 문제에 관한 요약[關于四國會議問題節略]'이라는 제목의 대응 방안을 마련하여 장제스에게 제출한 것이 11일이었다. 또 장제스가 카이로로 출발하기 바로 전날인 17일 왕스졔는 다시 장제스의 부름을 받고 루스벨트, 처칠과의 회담에서 어떻게 대응해야 할지, 그리고 그들이 제기할 문제에 관해 의견을 개진했다고 한다.[22] 이로써 보건대 '초안' 작성은 비교적 짧은 시일에 이루어진 것이다.[23]

한편 '방안'을 만든 국방최고위원회는 명목상으로 국민정부의 전시 최고 의결기구였으며 당정군(黨政軍)의 의견조정기구로서도 그 역할을 담당하고 있었다. 비서청의 최고책임자인 비서장(秘書長)직은 1941년 7월 이후 왕충후이(王寵惠)가 맡고 있었으니 왕충후이는 장제스를 수행하여 카이로회담에 직접 참석한 중국의 핵심 인물이었다. 장제스는 일찍이 왕충후이에게 (앞으로 예상되는) 강화회의에 관한 연구와 준비를 지시했으며 그 결과 1941년 7월 왕충후이를 주임으로 하는 '국제문제토론회' 조직을 국방최고위원회 안에 설치하도록 했다. 국제문제토론회는 10월 이후 여러 차례 회의를 가지면서 대일 전후처리 구상의 기본 골격을 마련해나갔다. 특히 1942년 1월 국제문제토론회에 상정된 '중일문제 해결의 기본 원칙'에서는 영토 회복의 기준을 "청일전쟁 이전 상태로 돌이킨다"로 정하고 "동북, 타이완, 펑후열도의 반환과 조선 독립"을

왕충후이

---

22)  林美莉 編輯校訂, 『王世杰日記(上)』(臺北: 中央研究院近代史研究所, 2013), pp.550~553.

23)  왕스졔는 카이로회담 직후인 1943년 12월 초에 중국대표단 단장 자격으로 영국 방문 일정이 잡혀 있어 카이로회담에 참석할 수 없었다고 말하고 있다. 왕스졔는 런던으로 가다가 11월 26일 카이로에 들러 27일 장제스를 면담했다. 이때 장제스는 "이번 회의 결과가 만족할 만하다. (걱정했던) 처칠의 태도도 좋았다"고 말했다고 한다. 林美莉 編輯校訂, 『王世杰日記(上)』, pp.556~557.

기본 목표로 정하기에 이르렀다. 영토 회복문제와 관련하여 국제문제토론회에서 특히 열띤 논쟁점이 되었던 것은 류큐문제였다. 일본의 류큐 지배를 인정할 것인지 아니면 류큐의 독립을 요구할 것인지 혹은 중국으로 귀속(歸屬)을 요구할 것인지를 두고 내부에서 격론이 벌어졌고 최종적으로는 "류큐를 중국에 귀속시키되 국제공동관리 방안과 비무장지대로 만드는 방안을 병기한다"는 것으로 결론냈다.[24] 이렇게 본다면 '방안'의 실제적인 준비 작업은 카이로회담 일정이 잡히기 훨씬 전부터 이루어졌다는 것을 알 수 있고 그만큼 장제스와 국민정부의 준비가 치밀했다는 것을 보여준다.

어쨌든 카이로회담 직전에 세 가지 방면으로부터 대응 방안을 접한 장제스는 '초안'과 '방안' 두 가지 보고서를 기초로 회의에 대한 기본 입장을 정리하고 있었다. 그 결과 11월 18일 카이로로 향하던 비행기에서 장제스는 일곱 가지 쟁점을 정리했는데 ① 국제 정치조직의 결성 문제, ② 극동위원회 조직 문제, ③ 중·영·미 연합 참모단 조직 문제, ④ 점령지 관리 방안, ⑤ 미얀마 공격 계획, ⑥ 한국의 독립문제, ⑦ 동북, 타이완의 환수 문제였다.[25] 이렇게 본다면 한국의 독립문제는 1942년 초부터 국방최고위원회 산하 국제문제토론회에서 계속 거론되어오던 것으로, 장제스는 국제문제토론회의 초안을 바탕으로 국방최고위원회비서청 보고서와 또 다른 정책 라인인 군사위원회참사실 보고서를 참조해 카이로회담에서 다룰 주요 의제 중 하나로 삼게 되었음을 알 수 있다.

---

24) 국제문제토론회의 구성과 성격, 회의 내용 등에 대해서는 陽子震, 「國民政府の'對日戰後處理構想': カイロ會談への政策決定過程」, pp. 103~108.

25) 『蔣中正總統檔案: 事略稿本』 55, pp. 432~433.

## 3. 카이로회담에서의 한국문제 논의와 장제스의 입장

### 1) 카이로회담에서의 한국문제 논의와 선언서 작성 과정

카이로회담은 삼국의 거두가 모두 카이로에 도착한 11월 23일 11시 제1차 정식회의에서부터 시작해 26일까지 계속되었다. 이 중 한국문제가 집중적으로 논의된 것은, 23일 만찬과 함께 진행된 장제스와 루스벨트의 3시간여 회담[26)과 여기서 만들어진 합의를 기

카이로회담의 세 정상
(장제스, 루스벨트, 처칠)

초로 처칠을 포함한 삼국영수가 최종 성명서를 작성하기 위해 조율과 합의를 이룬 24일 회의에서였다. 23일 만찬회의에서 논의된 사항들에 관한 미국의 기록은 없고 중국의 기록만 남아 있다. 미국은 만찬을 위한 비공식 회의였기 때문에 공식 기록을 하지 않았다는 것이다. 뒤에 미국은 중국 기록의 영역본(英譯本)을 얻어와 자신들의 자료집에 실었는데 이 기록[27)에 의하면 이 회합에서는 모두 10개 항의 문제들이 토의되었다. 그 주요 내용은 중국의 국제적 지위 문제, 전후 일본의 국체(國體) 문제[천황제(天皇制) 유지 여부를 가리킨다], 대일 군사점령 과정에 중국군의 참여 문제, 전후 배상문제, 영토 회복문제, 군사적 협력체제 구축문제, 한국·인도·태국의 전후 처리문제, 중국에 대한 미국의 경제 지원문제, 외몽골과 신장 처리문제, 미중 연합 군사참모본부 설치문제 등이었다. 이 장의 논점인 한국문제와 관련해서는

---

26) 이 회의에는 쑹메이링이 통역을 위해 참석했고 루스벨트의 특별 보좌관 홉킨스(Harry L. Hopkins)가 배석했다.

27) 이하 「23일 회의록」으로 약칭.

10개 항 토의 중에서도 영토 회복문제와 한국·인도·태국의 전후 처리문제가 특히 주목되는데, 장제스는 전후 회복해야 할 중국 영토로 동북4성, 타이완, 펑후열도, 뤼순과 다롄을 포함하는 요동반도(遼東半島)를 열거했고 루스벨트는 여기에 동의했다고 되어 있다. 이어서 장제스는 특히 한국에 독립이 허용될 필요가 있음을 강조했고 인도와 태국이 독립을 달성하는 데도 양국이 함께 노력할 것을 제의했으며 루스벨트는 여기에도 동의했다고 한다.[28]

한편 11월 23일 밤 회의 내용에 대한 『장제스일기』의 기술은 「23일 회의록」과는 얼마간의 차이를 보이고 있다. 즉, 「23일 회의록」에는 없고 『장제스일기』에만 언급된 내용이 일부 있는데, 그것은 공산주의와 제국주의에 관련된 문제로 장제스가 소련 공산주의를 불신한다는 입장을 표명하고 루스벨트의 주의를 환기시켰다는 대목, 영토 문제 가운데 류큐에 대한 처리 방안을 언급하면서 미국을 안심시키기 위해 국제기구에 위탁하거나 중국과 미국이 공동으로 관리하는 방안을 장제스가 주장했다는 대목, 베트남도 전후 독립할 수 있도록 중국과 미국이 적극 도와야 한다고 장제스가 주장했다는 대목, 뤼순과 다롄 군항(軍港)은 중국과 미국이 공동으로 사용할 수 있도

카이로선언 초안을
만든 홉킨스

록 하겠다고 장제스가 말한 대목 등이다.[29] 한국의 독립문제는 「23일 회의록」과 마찬가지로 『장제스일기』에서도 일곱 번째 항목으로 기록되어 있는데, 장제스는 "특별히 루스벨트가 내 주장을 받아들여 조선 인민으로 하여금 독립을 달성할 수 있도록 돕는 데 애썼다"고 쓰고 있다. 또 회의 말미에 루스벨트가 배석한 특별 보좌관 홉킨스에게 "오늘

---

28)  'Chinese Summary Record(Translation)', *FRUS*, pp.323~325.
29)  『蔣介石日記』(1943.11.23).

의 토론 내용에 근거해 선언문(會議公報)을 기초하라"고 일렀다는 대목도 『장제스일기』에 적혀 있다.

이튿날인 11월 24일 오후에 홉킨스는 선언문 초안을 만들어 쑹메이링과 왕충후이에게 검토를 부탁한 다음 만약 고칠 의견이 있다면 25일 오전까지 제출해달라고 했다. 이날 저녁 왕충후이는 홉킨스의 선언문 초안을 중역(中譯)해 장제스에게 전달했다. 장제스는 '오가사와라(小笠原)'는 평후열도의 잘못된 표기이므로 이를 바로 잡는 선에서 동의할 수 있음을 밝혔다.[30] 최종적으로는 26일 오후에 소련 주재 미국대사 윌리엄 A. 해리먼(William A. Harriman), 영국 외무차관 알렉산더 캐도간(Alexander Cadogan), 영국 외무장관 앤서니 이든(Anthony Eden), 왕충후이가 참석하여 선언문의 최종 수정작업이 이루어졌다. 중국 기록에 의하면 선언문 초안의 최종 수정작업에서 가장 논란이 되었던 부분은 중국이 환수해야 할 영토를 일일이 열거할 것인가 아닌가의 문제와 한국독립을 명기할 것인가의 두 가지 문제였다. 둘 다 모두 영국이 이의를 제기한 것으로, 캐도간은 "만주, 타이완과 같이 일본이 중국으로부터 탈취한 영토는 당연히 중국에 환수되어야 한다(the territory they have so treacherously stolen from the Chinese, such as Manchuria, Formosa, will be resturned to the republic of China)"로 되어 있던 초안을 "만주, 타이완, 평후열도는 당연히 일본으로부터 해방되어야 한다"로 고치자고 주장했다.[31]

---

30)  장제스는 같은 날 일기에서 "(선언서 초안의) 모든 내용이 전날 밤 루스벨트에게 제기했던 것 그대로임을 알고 그의 중국에 대한 성심성의의 자세와 정신을 알 수 있었다"라고 기록하고 있다.

31)  「國防最高委員會秘書長王寵惠自重慶呈蔣委員長關於開羅會議日誌」, 『中華民國重要史料初編: 對日抗戰時期』 第3編 戰時外交(제3冊), pp.530~531. 미국 측 자료집에 들어 있는 영국 측 선언서 초안(처칠이 직접 수정)에는 "all the territories Japan has stolen from the Chinese, such as Manchuria, Formosa, and the Pescadores, shall be restored to the republic of China"라고 되어 있는데 이는 선언서 최종본과 거의 같은 내용이다. 홉킨스의 초안을 루스벨트가 고친 다음 이를 처칠이 수정해서

또 캐도간은 한국문제를 영국 내각에서 논의한 적이 없다는 점과 소련이 어떤 입장인지 확인하지 않았다는 점을 이유로 (홉킨스의 초안을 루스벨트가 수정한) 초안 중 한국의 독립과 관련된 문구, 즉 "일본의 조선 인민에 대한 노예 대우를 우리는 잊지 않아왔으며 일본 패망 이후 적당 시기에 조선으로 하여금 자유독립 국가를 이루도록 결정했다(We are mindful of the treacherous enslavement of the people of Korea by Japan, and are determined that that country, at the proper moment after the downfall of Japan, shall become a free and independent country)"[32]는 부분을 "조선으로 하여금 일본의 통치로부터 벗어나도록 한다"로 고치거나 아니면 한국독립과 관련된 문구 전부를 삭제하자고 주장했다. 이에 대해 왕충후이는 강력하게 원안을 주장했고 해리먼도 한국의 독립문제와 소련은 관계가 없다는 것이 루스벨트의 생각이라고 주장함으로써 이 두 문제는 원안을 살리는 쪽으로 결정되었다.[33] 결국 최종 선언문에는 한국의 독립문제에 대해, "삼대맹국(三大盟國)은 조선 인민이 받아온 노예 대우를 고려하여 적당 시기 안에 조선으로 하여금 자유 독립케 한다(The aforesaid three great powers, mindful of the enslavement of the people of Korea, are determined that in due course Korea shall become a free and independent)"[34]고 명시하기에 이르렀던 것이다.

영국이 중국이 환수해야 할 영토로 동북, 타이완, 평후열도를 명시하는

---

영국 측 초안이라는 이름으로 수록한 듯하다.

32)  홉킨스의 초안에는 "일본 패망 이후 가능한 한 가장 빠른 시기에(at the earliest possible moment after the downfall of Japan)"라고 되어 있던 부분을 루스벨트가 "일본 패망 이후 적당 시기 안에(at the proper moment after the downfall of Japan)" 로 수정했다. 루스벨트가 직접 수정·가필한 흔적이 남아 있는 홉킨스의 초안 원본은 FRUS, pp.399~400에 들어 있다.

33)  「國防最高委員會秘書長王寵惠自重慶呈蔣委員長關於開羅會議日誌」, 『中華民國重要史料初編: 對日抗戰時期』第3編 戰時外交(第3冊), pp.532~533.

34)  'Final Text of the Communique', FRUS, pp.448~449.

것에 반대하거나 한국의 독립문제와 관련하여 문구 수정이나 심지어 삭제를 주장하고 나선 이유는 그와 같은 대목이 영국의 아시아 지역 식민지들, 예컨대 인도, 미얀마, 홍콩, 티베트 등의 전후 처리문제에 영향을 줄까 우려했기 때문이다.[35] 전술한 바 있듯이 1942년 2월 장제스의 인도 방문으로 중국과 영국 간에 외교적 대립이 발생했으며 영국은 중국에 심각한 불신을 갖게 되었다.[36] 그뿐만 아니라 카이로회담 직전인 1943년 8월 모스크바에서 열린 미·영·중·소 외무장관 회담에서 홍콩과 주룽(九龍)의 환수 문제가 거론되었을 때 영국이 강력한 반환 거부의사를 밝힘으로써 중국은 카이로회담 의안 준비과정에서 이들 환수 문제는 다루지 않는다는 입장을 정했던 것이다.[37]

당초 홉킨스가 선언 초안에 한국독립과 관련한 문구를 넣었던 것은 그의 독자적인 생각이 아니라 11월 23일 밤 루스벨트와 장제스의 면담에서 오고 간 내용을 그대로 옮긴 것이라고 보아야 한다. 그리고 중국의 「23일 회의록」이나 『장제스일기』에서 언급된 것을 기준으로 한다면 루스벨트와 장제스 사이의 한국의 독립문제 관련 논의는 장제스가 먼저 한국독립을 주장하고 이를 루스벨트가 받아들였다고 볼 수 있다. 앞서 언급한 대로 장제스와 국민정부가 진행해온 회의 준비과정에 "한국독립"이 주요 논제로 들어 있었던 점으로 보아도 이날의 양자 회담에서 "한국독립"을 주장한 것은 장제스였다고 생각된다. 그뿐만 아니라 24일 밤 장제스가, 홉킨스가 만들고 루스벨트가 수정한 미국의 초안을 검토하면서 "(선언서 초안의) 모든 내용이 전날 밤 루스벨트에게 제기했던 깃 그내로임을 알고 중국에 대한 루스벨트의 성심

---

35)  胡春惠, 『韓國獨立運動在中國』, p.328; 王暉, 「冷戰的預兆: 蔣介石與開羅會議中的琉球問題」, p.28.

36)  이 책 p.154의 각주 12 참조.

37)  『蔣介石日記』(1943.11.15).

성의(誠心誠意) 자세와 정신을 알 수 있었다"라고 만족해 했다는 점은 초안에 "한국독립" 문구가 들어간 것이 장제스의 제안과 루스벨트의 동의로 이루어졌다는 사실을 뒷받침해준다고 할 수 있다.

### 2) 전후 한국에 대한 '국제공관' 논란과 '적당 시기' 문제

카이로선언에서 "한국독립"이 언급된 것 못지않게 중요한, 그리고 주목해야 마땅한 문제는 "한국독립"의 전제 조건으로 붙어 있는 "적당 시기에(in due course)"와 관련된 문제로, 향후 이 단서 조건은 한국의 독립 과정에 커다란 파문을 불러왔다. 한국독립과정과 관련한 기존의 많은 연구들이 지적하고 있는 대로 "적당 시기에"라는 전제는 미국이 일찍부터 가지고 있던 한국에 대한 국제공동관리, 곧 신탁통치 실시 정책을 의미하는 것이었다. 당시 루스벨트는 식민지 국가들에 독립을 부여하는 방안으로 일정 기간의 신탁통치 실시를 적극 고려하고 있었는데 이와 같은 정책은 미국의 필리핀 통치 경험과 "민족 자결주의"로 대표되는 우드로 윌슨(Woodrow Wilson) 대통령의 도덕주의 외교의 영향을 강하게 받은 것이었다.[38] 그뿐만 아니라 미국 국무성에서도 한국문제와 관련하여 신탁통치 방식의 적용이 1942년 2월경부터 거론되기 시작했고, 이런 주장이 루스벨트에게도 알려졌던 것이다.[39] 그와 같은 점에서 루스벨트의 한국문제 처리 방식은 카이로회담 이

---

38) 劉曉原,「東亞冷戰的序幕: 中美戰時外交中的朝鮮問題」, p.73.

39) 국무성 원동사(遠東司)의 한국통(通)으로 알려져 있던 윌리엄 R. 랭던(William R. Langdon)이 국무차관을 비롯한 상급자들에게 제출한 보고서로 1942년 2월 20일에 작성한 「한국의 독립문제의 몇 가지 측면들(Some Aspects of the Question of Korean Independence)」에서는 "한국민의 정치적 자치 능력과 군사적 자위력, 경제적 자립도 등을 고려할 때 적어도 한 세대 이상 연합국 열강의 사심 없는(disinterested) 보호와 지도, 원조를 받아야 한다"고 했다. 또 랭던의 이런 주장을 루스벨트도 알

전 단계인 1943년 3월경부터 국제공동관리에 의한 신탁통치로 정해져 있었다는 것이 기존 연구의 지적이다.[40] 말하자면 신탁통치를 의미하는 "적당 시기에"가 들어가게 된 것은 루스벨트의 의견이 반영된 결과라는 말이다.

그렇다면 11월 23일 밤 회담에서 장제스와 루스벨트가 논의한 한국의 독립문제는 어떤 내용이었을까? 이 문제와 관련해 검토해야 할 것은 먼저 앞에서 말한 대로, 회담에 배석했던 홉킨스가 루스벨트의 명으로 선언서 초안을 작성했음을 고려한다면, 그리고 이 최초의 초안에 한국의 독립문제에 관하여 "일본 패망 후 가능한 가장 빠른 시기에(at the earliest possible moment after the downfall of Japan) 자유독립 국가가 되어야 한다"고 명시되어 있는 점을 고려한다면, 이날 밤 면담에서 장제스와 루스벨트가 논의한 한국문제의 내용은 장제스의 원래 생각대로 "한국의 즉각적인 독립"이었음이 분명하다. 그런데 24일 루스벨트가 이 초안을 검토하는 과정에서 "일본 패망 후 적당 시기에(at the proper moment after the downfall of Japan)"로 수정했었으니,[41] 결국 이와 같은 수정이 이루어진 것은 루스벨트가 장제스와 합의하지 않고 기존 주장인 신탁통치를 통한 독립 부여 방안을 뒤늦게 추가한 것이었음을 알 수 있다.[42]

그러면 "적당 시기에"에 관한 중국의 입장은 어떠했을까? 앞서 언급한 대

---

고 있었음이 확인된다. 고정휴, 『이승만과 한국독립운동』(연세대학교출판부, 2005), pp.493~497 참조.

40) 1943년 3월 미국을 방문한 영국외상 이든에게 루스벨트는 "전후 한국과 인도차이나를 중국과 미국, 기타 1~2개국이 관할하는 국제신탁통치 아래 두자"고 주장했다. 劉曉原,「東亞冷戰的序幕: 中美戰時外交中的朝鮮問題」, p.73.

41) 'American Draft of the Communique with Amendments by President Roosevelt', *FRUS*, pp.399~400.

42) 루스벨트가 수정한 "적당 시기에"라는 표현이 "at the proper moment"에서 "in due course"로 바뀐 것은 영국의 수정 삭제 요구 끝에 표현을 바꾸면서 생긴 일이다. 'British Draft of the Communique', *FRUS*, p.404.

로 홉킨스가 선언서 초안을 왕충후이에게 건넨 것은 11월 24일 오후였고 왕충후이가 이를 번역해 장제스에게 검토받은 것이 같은 날 밤이었다. 이때 장제스가 본 초안은 홉킨스의 초안을 루스벨트가 수정한 것이었으므로 "적당 시기에"가 전제로 붙어 있는 조선독립 허용을 내용으로 하고 있었을 것이다. 그런데 장제스는 이 조건에 아무런 이의를 제기하지 않았을 뿐 아니라 전술한 것처럼 일기에 만족스럽다는 입장을 쓰기까지 했던 것이다. 또 26일 최종 검토에 참여한 왕충후이도 "적당 시기에"의 문제에 대해 아무런 이의를 제기하지 않았고 이어서 삼국영수가 최종 검토하는 단계에서도 장제스는 그 어떤 이의도 제기하지 않았던 것이다.

미리 살핀 대로 전날 회담에서 "즉각적인 한국독립"이 거론되고 합의되었다면 성명서 초안을 검토하는 과정에서 장제스나 왕충후이 둘 다 새롭게 첨가된 "적당 시기에"에 대해 이의를 제기하지 않은 이유는 무엇일까? 이 문제를 검토하기 위해서는 우선 미국의 신탁통치 방안이 마련되는 단계에서 중국이 어떤 입장을 취했는지 살펴볼 필요가 있다. 사실 중국에서 한국독립과 관련해 미국이 신탁통치 방안을 가지고 있음을 안 것은 카이로회담 훨씬 이전부터였다. 현재 확인되는 바로는 1943년 3월부터 9월 사이에 미국을 방문한 쑹쯔원이 루스벨트와 여러 차례 회담을 가졌는데, 이때 루스벨트는 중국과 소련의 충돌이 전후 동아시아 국제질서 수립에 커다란 걸림돌이 될 것이라는 판단 아래 (소련의 이해가 걸려 있는) 중국이 동북과 외몽골에서 소련의 "정당한 이익"을 보장하라고 요구했고 한국에 대해서는 국제신탁통치 방안을 제시했다. 이에 대해 쑹쯔원은 "중국은 한국을 과거 중화제국의 일부로 보거나 중국이 회복해야 할 영토[失地]로 보고 있지 않다. 중국의 일반적인 입장은 전후 한국에서 국제신탁통치[國際託管]를 실시하는 것이다"라고 대답했다.[43] 또 같은 시기에 미국을 방문한 쑹메이링이 루스벨트를 만난 다음 1943년 6월 초 장제스에게 회담 결과를 보고하면서 "전후 한국의 독립을 보증하기로 했던 중국과 미국의 기존 결정에 변화의 조짐이 나타나고 있다. 루스벨트 대통령은 전후 일정 기간 한국을 국제공동관리 아래 두려고 한다"고 했던 것이다.[44]

그뿐만 아니라 1942년 4월 이후 미국의 각종 언론매체에 전후 한국에 대한 국제공관 구상이 보도되기 시작했고[45] 충칭에서 발행되던 ≪중앙일보(中央日報)≫를 비롯한 중국 매체들도 미국 언론매체의 보도를 인용하여 전후 한국에 관한 국제공관이 기정사실인 양 보도하기 시작했다.[46] 이런 보도를 접한 한국임시정부는 적극적인 반대운동을 펼쳤다. 임시정부 외무장관 조소앙이 1943년 2월 1일에 「전후 한국의 독립문제: 국제공관을 찬동할 수 없다」라는 제목의 성명서를 발표[47]했고, 이후 중국 외교부 방문, 각종 성명서와 간행물 발간 등의 활동을 전개하는 하는 한편, 중한문화협회(中韓文化協會)를 비롯한 각종 단체에서 반대운동을 전개했던 것이다. 특히 장제스와 루스벨트의 회의가 있을 것이라는 사실이 알려진 7월 이후에 가서는 한국임시정부 요인들이 집단으로 장제스에게 면담을 요청하기에 이르렀

임시정부 외무장관
조소앙

43)    *FRUS, China 1943*, pp.133~137.

44)    邵毓麟, 「使韓回憶錄」, 國史編纂委員會 編, 『大韓民國臨時政府資料集』 25(2008), p.266.

45)    이재호, 「대한민국임시정부의 국제공동관리안 반대운동」, 『대한민국임시정부와 카이로선언: 대한민국임시정부 수립 제95주년 기념 학술회의발표논문집』(2014.4), p.29.

46)    예컨대 ≪중앙일보≫(1943.4.29)는 미국 시카고에서 발행되던 ≪시카고선(The Chicago Sun)≫ 보도를 인용해 "미국을 방문한 영국외상 이든이 전후 한국의 독립은 연기되고 잠정적으로 국제호위(International Guardianship)를 실시하기로 합의했다"고 보도했다. 「大韓民國臨時政府公報」 第78號(1943.8.4), 國史編纂委員會 編, 『大韓民國臨時政府資料集』 1(2005), p.290.

47)    「戰後韓國獨立問題: 不能贊同國際共管」, ≪大公報≫(1943.2.2).

임시정부 주석 김구

으니, 26일 오전 충칭의 군사위원회 접견실에서 김구를 비롯한 임시정부 요인들과 장제스의 면담이 성사된 것은 이러한 노력 끝에 이루어진 결과였다. 이날 면담에서 임시정부 요인들은 "영국과 미국에서 한국의 장래에 대해 국제공동관리 방식을 채용하자고 주장하고 있는데, 중국은 이에 현혹되지 말고 (즉각적인) 한국독립 주장을 관철해달라"고 요청했다. 이에 대해 장제스는 "영국과 미국이 그러한 주장을 하고 있는 것은 사실이며 향후 많은 논쟁이 있을 것이다"라고 하면서 "이럴 때일수록 한국 (독립운동세력) 내부의 정성통일(精誠統一)과 공작표현(工作表現)을 반드시 보여줄 필요가 있으며, 그래야만 중국도 힘써 싸울[力鬪] 수 있을 것이다"고 대답했다.[48] 이날 면담 내용은 같은 날짜의 『장제스일기』에서도 확인할 수 있으니, 일기에서 장제스는 "조선혁명당 영수 김구 등을 만났다. 그들에게 내부 단결과 우리 정부의 전후 조선독립 주장에 협조해달라고 권면했다"고 쓰고 있다.[49]

요컨대 장제스와 국민정부는 카이로회담 훨씬 이전 단계에서부터 미국과 영국의 전후 한국에 대한 국제공관 주장을 분명하게 알고 있었을 뿐 아니라 충칭의 한국임시정부로부터도 국제공관에 반대해줄 것을 강력하게 요청받고 있었지만 이에 대해 별도로 대응 방안을 마련한다거나 미국과 협의하는 등의 조처를 취하지 않았던 것이다. 말하자면 중국은 미국이 전후 한국에 대한 신탁통치 방안을 준비하는 데 방관하고 있었던 것이다.

48)  한국임시정부에서 보존한 면담 기록이다. 「總裁接見韓國領袖談話紀要」, 國史編纂委員會 編, 『大韓民國臨時政府資料集』 22(2007), pp.238~239.

49)  원문은 "接見朝鮮革命黨領袖金九等勸勉其團結內部協助我政府對戰後朝鮮獨立之主張"이다. 『蔣介石日記』(1943.7.26).

3) 한국에 대한 '국제공관' 수용과 장제스·국민정부의 입장

앞서 살펴본 대로 중국의 카이로회담 의제 준비과정에는 전후 한국에 대한 즉각적인 독립 주장만 들어 있지 국제공관에 대한 고려의 흔적은 찾을 수 없다. 그렇다면 장제스는 루스벨트와의 면담에서 자신이 주장한 한국에 대한 즉각적인 독립 허용 주장을 포기하고 초안을 수정하는 과정에서 루스벨트가 첨가한 국제공관 주장을 별다른 이의 없이 받아들인 셈인데 장제스의 이 같은 입장 변화는 어떻게 설명될 수 있을 것인가? 기왕에 공개되어 있는 카이로회담 관련 기록들에서도 장제스의 한국의 독립문제에 대한 입장 변화를 설명해줄 만한 내용을 발견할 수 없다. 다만 이 문제에 대해 설명의 단서를 제공해줄 수 있는 것을 한 가지 꼽는다면, 장제스 스스로 여러 차례 한국문제와 같은 성질의 문제라고 언급했던 류큐문제에 대해 그가 어떤 입장이었는지를 살펴보는 일일 것이다.

카이로회담 준비과정 동안 국민정부에서 가장 격렬한 논쟁을 일으킨 문제는 바로 류큐문제였다. 앞서 언급한 대로 카이로회담 직전까지 장제스에게 제출되었던 두 가지 대응 방안, 즉 군사위원회참사실의 '초안'과 국방최고위원회비서청의 '방안'은 모두 류큐문제를 중요한 의제에 포함시키고 있다. 다만 '초안'은 전후 중국이 환수받아야 할 영토의 하나로 류큐를 명시하되 류큐의 국제공동관리 방안도 병기하고 있다. 반면 '방안'은 류큐를 명시하지 않고 다만 환수받아야 할 영토의 범위를 1894년 청일전쟁을 기준으로 한다고 밝히고 있다. 따라서 '방안'의 류큐문제에 관한 입장은, 류큐가 청일전쟁 이전인 1870년대에 일본에 강제 편입되었기 때문에 사실상 일본의 영토라는 점을 인정한다는 것이다. 이를테면 두 가지 보고서에서 제시하고 있는 류큐문제 해결 방안은 중국 영토로 환수받는 방안(기본안), 국제공동관리 아래 두는 방안, 일본 영토로 인정하는 방안의 세 가지였다. 그만큼 국민정

부 내에서도 류큐문제에 관한 입장이 크게 엇갈리고 있었던 것이다.

카이로회담 참석차 중국을 떠나기 직전에 이러한 내용의 보고서를 받은 장제스는 11월 15일 자 일기에 류큐문제에 대한 고민을 드러냈다. "류큐와 타이완은 중국 역사에서 그 지위가 다르다. 류큐는 하나의 왕국으로 그 지위가 조선과 같다. 따라서 이번 회의에서 류큐문제는 언급하지 않기로 결정했다[琉毬與臺灣在我國歷史地位不同, 以琉毬爲一王國, 其地位與朝鮮相等, 故此次提案對于琉毬問題決定不提]"[50]고 쓰고 있었던 것이다. 이어서 장제스는 17일에 회의 방안을 다시 한 번 정리할 때도 류큐문제를 의제에서 제외시켰다.[51] 그러나 23일 밤 루스벨트와의 면담에서 전후 중국이 환수받아야 할 영토 문제를 거론할 때 루스벨트가 먼저 류큐문제를 거론함으로써 장제스도 일단의 입장을 밝히지 않을 수 없게 되었다. 장제스와 루스벨트는 전후 중국이 환수받아야 할 영토로 동북, 타이완, 펑후열도를 포함하는 데 합의했다. 그리고 루스벨트가 "중국은 류큐(류큐의 환수)를 원하지 않는가?"라고 여러 차례 질문한 것에 대해 장제스는 "류큐에 대한 미국과 중국의 공동 점령과 국제기구의 감독하에 미국과 중국 양국이 신탁통치하는 데 동의한다"고 대답했다.[52]

류큐문제를 둘러싼 루스벨트와의 회담에 대해 장제스는 같은 날짜의 일기에서 "영토 문제를 거론했는데 동북4성과 타이완, 펑후열도는 중국에게 되돌려야 하며, 오직 류큐는 국제기구 위탁을 통한 중미공관(中美共管)을 실시할 수 있다. 내가 이렇게 말한 이유는 첫째 이렇게 함으로써 미국을 안심시킬 수 있고, 둘째 류큐는 갑오(청일)전쟁 이전에 일본에 귀속되었으며, 셋째 이 지역을 미국과 공관하도록 하는 것이 중국에 귀속시키는 것보다 타당

---

50) 『蔣介石日記』(1943.11.15).

51) 『蔣介石日記』(1943.11.17).

52) 'Chinese Summary Record', FRUS, p.324.

하기 때문이다[惟琉球可由國際機構委託中美共管, 此由余提議, 一以安美國之心, 二以琉球在甲午以前已屬日本, 三以此區由美國共管比爲我專有爲妥也]"라고 적고 있다.[53] 이를테면 장제스는 류큐문제에 대해 중국 영토로서 환수해야 한다는 적극적인 주장을 하지 않는다. 즉, 전후 국제질서 수립에서 주도권을 가진 미국의 눈치를 보면서 소극적 자세인 국제공관의 입장을 제기하고 있었던 것이다.

장제스의 말대로 류큐문제가 한국문제와 같은 문제라고 한다면 당초 장제스는 왜 한국에 대해서는 류큐와 같은 국제공관이 아니라 "즉각적인 독립"을 주장했을까? 추후 좀 더 세밀한 연구가 필요하겠으나 지금으로서 추론할 수 있는 것은 카이로회담 직전까지 장제스와 국민정부에서 적극적으로 고려했던 충칭의 한국임시정부에 대한 국제 승인 시도와 이를 통한 전후 한반도에서 친중정부(親中政府) 구성 및 그에 대한 중국의 영향력 확보 정책[54]과 관련이 있었을 것이라는 설명이다. 한국임시정부에 대한 중국의 선도적인 승인 시도는 미국이 반대하는 바람에 실현되지 못했지만, 카이로회담 이후 단계에 가서도 국민정부가 한국에 대한 영향력을 확보하고자 계속 노력했다는 점[55]을 고려한다면 이런 설

우구오쩐

53) 『蔣介石日記』(1943.11.23).

54) 裴京漢, 「中日戰爭時期蔣介石國民政府的對韓政策」, 黃自進·潘光哲 主編, 『蔣介石與現代中國的型塑』 第2冊(臺北: 中央研究院近代史研究所, 2013) 등 참조.

55) 예컨대 국민정부 외교부에서는 1944년 10월에 우구오쩐(吳國楨) 차장을 중심으로 한국문제에 대한 정책 토론회를 개최했는데 여기서는 한국의 독립 능력에 대한 검토, 카이로회담에서 논의되었던 "적당 시기"에 대한 구체적 검토, 점진적 독립에 대한 한국인들의 입장 검토가 이루어졌으며 종전 시 한국에 대한 중국군대 파견 계획, 새로 만들어질 한국정부에 대한 재정 지원책, 친중파 인사들에 의한 정부 구성 지원 방안 등 다양한 계획이 논의되었다. 「韓國問題討論會紀錄(1944.10.14, 31)」, 『韓國問題研究綱要及資料』 外交部檔案 11-EAP-06113; 裴京漢, 「中日戰爭時期蔣介石國民政

명은 나름대로 설득력이 있다고 여겨진다. 장제스는 한국임시정부를 지원하고 승인함으로써 전후 한국에서 영향력을 유지 내지 확대하고자 했고 그런 점에서 한국의 즉각적인 독립을 전후 처리방식으로 주장했다. 그러나 루스벨트의 국제공관 주장에 밀리면서 자신이 류큐에 대한 정책으로 결정했던 국제공관을 한국에 적용시켜 전후 한국에 대한 국제공관을 받아들였던 것이다.


## 4. 장제스·국민정부의 전후 대한정책과 아시아 구상

카이로회담을 통해 ("적당 시기에"라는 단서가 붙어 있지만) 전후 한국독립에 대한 기본 방침이 정해지자 국민정부는 전후 한국문제를 처리하기 위한 대책 마련에 좀 더 적극적으로 나섰다. 특히 종전이 예견되는 1944년 9월, 충칭 주재 미국대사와 영국대사의 공동 요청으로 미·영·중 삼국이 함께 한국문제를 연구하고 토론하며 정보를 교환하기로 협정하고, 연구 토론의 범위를 정하기 위해 『한국문제연구강요초안(韓國問題研究綱要草案)』을 작성했는데, 국민정부 외교부도 여기에 적극 대응하고 있었다.[56]

『한국문제연구강요초안』은 전후 한국문제를 처리하기 위한 기본 사안을 정치, 군사, 경제로 나누어 자세하게 제시한다. 우선 정치 문제로는 ① 한국의 독립 능력(식자층의 숫자, 행정 관리의 숫자, 해외 지도자의 상황 등), ② 카이로회담에서 정한 '적당 시기'(결정 방법, 결정 시기, 국제감독기구의 필요 여부, 독립 후 외국인 고문제도의 설치), ③ 충칭의 한국임시정부에 대한 태도, ④ 독

---

府的對韓政策」 참조.

56)  「口述(1944.9.22?)」; 「美國大使館來件譯文(1944.9.26)」, 『韓國問題研究綱要及資料』 外交部檔案 11-EAP-06113, pp. 15~17.

립에 대한 국제적 보증 여부, ⑤ 군사점령 기간이 지나고 나서 즉각 독립하지 못하게 될 경우에 대한 대비책, ⑥ 점진적 독립 방안에 대한 한국 국민들의 양해 여부 등을 조사 및 연구 대상으로 제시하고 있다. 다음으로 군사 문제로는 ① 연합국의 한국 내 군사기지 사용, ② 한국군대 창설에 대한 원조, ③ 신탁통치 기간에 외국 군대의 한국 주둔 등을 들고 있다. 경제 문제로는 ① 한국에 있는 일본인 기술자의 거주 지속, ② 일본인 재산 몰수, ③ 한국 내 일본의 공산(公産) 처리, ④ 한국에 대한 재정원조 방식(개인 투자방식, 공채 발행, 기타 방식), ⑤ 한국 각종 생산품에 대한 시장 확보 지원방안 등이 조사 및 연구 대상으로 제기되고 있다.[57)]

한국문제에 대한 정보를 교환하기 위해 미·영·중 삼국 간 협상이 이루어지자 중국도 즉각 대응방안 모색에 나서기 시작했다. 국민정부 외교부는 1944년 10월 중순부터 말까지 우구오쩐 차장을 중심으로 2차례의 정책 토론회를 열고 한국문제에 관한 정보 수집방안과 미국과 영국에서 제기한 『한국문제연구강요초안』에 대한 답변 마련방안을 집중 토론했다. 이 토론회에서는 『한국문제연구강요초안』에서 제기한 문제들을 하나하나 검토하면서 발생 가능한 상황별로 중국의 대응 방안을 마련하기 위해 소조를 구성했다. 또한 군사위원회 휘하 군령부(軍令部)를 비롯해 행정원의 경제부, 재정부, 농림부, 교통부, 양식부(糧食部) 등 관련 부처와 각국 주재 중국대사관 등으로부터 관련 정보와 의견을 수렴하기로 결정했다.[58)]

당시 외교부에서 각 부처의 의견을 수렴하고자 보낸 협조요청 공문은 매우 구체적인 질문 형식을 띠고 있었다. 예컨대 군령부에 대해서는 동맹군이 한국에 진공할 때 ① 중국군대를 파견할 가능성, ② 동맹군이 한국을 점령

---

57)  「韓國問題研究綱要草案」, 『韓國問題研究綱要及資料』, pp. 4~6.

58)  「韓國問題討論會紀錄(1944.10.14, 31), 各各 『韓國問題研究綱要及資料』, pp. 36~ 38, pp. 143~145.

할 때 중국군, 영국군, 미국군의 점령구역 구분 문제, ③각국 주둔군의 숫자와 병종, ④한국 육·해·공군을 조직 훈련할 경우 중·영·미 삼국의 책임 분담문제, ⑤주둔군의 군비 부담문제를 차례로 질문하고 있다. 재정부에 보낸 협조요청 공문에는 ①한국의 장래 경제 부흥 및 건설에 중국이 지원할 수 있는 재정 혹은 기타 원조, ②재정 원조의 방식 ③재정 지원의 정도, ④재정 지원의 개시 시기가 담겨 있다. 양식부의 경우에는 ①한국이 일본에 수출하고 있는 미곡을 (중국이) 베트남이나 태국에서 수입하고 있는 미곡으로 대체할 수 있는지 문제, ②한국산 미곡이 중국 인민의 기호에 맞는지 문제, ③전후 중국이 한국으로부터 수입할 수 있는 미곡 수량문제 등을 차례로 질문하고 있었다.[59]

이런 질문들에 대해 군령부는, 종전 후 연합국들이 한반도에 군대를 파견할 때 중국도 함께 원정군을 파견하되 미국군과 영국군이 동시에 진공한다면 한강 이남에는 영국군과 미국군이, 한강 이북에는 중국군이 진주하고 군대 숫자의 비율도 중국군이 4 영국군과 미군이 1이 되는 정도로 이루어져야 한다고 주장했다. 또 새로 창설될 한국군은 중국의 지원 아래 중국에서 활동하던 한국광복군을 중심으로 조직 및 훈련되어야 한다고 강조했다. 더욱이 군령부는, 이와 같은 중국군 중심의 한반도 진공 작전이 소련의 대일참전이 이루어지더라도 마찬가지로 추진되어야 한다는 점을 분명히 했다.[60] 이를테면 중국 군부는 일본이 패망할 경우 중국군 중심의 한반도 진공이 이루어져야 하고 중국의 영향력 아래 있는 광복군을 중심으로 한국군을 창설해 전후 한반도에서의 중국의 군사적 영향력을 확고히 하려는 입장을 분명하게 제시했던 것이다.

---

59) 「致軍令部, 財政部, 食糧部函」, 『韓國問題硏究綱要及資料』, pp.67~69 참조.

60) 「有關韓國軍事部門各問題意見」, 『韓國問題硏究綱要及資料』, p.88.

한편 국민정부의 재정부는 장차 한국독립 이후의 경제 건설을 겨냥하여 중국이 재정 원조를 늘릴 필요가 있음을 강조하고 정부 차원의 원조와 민간 투자의 증대, 한중무역 확대책, 관세상 우대방안 모색, 한국 신화폐제도 창설을 위한 협조, 재정 전문가 파견 등을 적극 주문했다.[61] 아울러 경제부에서는 한국의 공업과 광업 상황을 비교적 자세하게 보고하면서 가격이 상대적으로 싼 금이나 철과 같은 일부 광산품 수입에 관심을 가질 필요가 있다는 보고를 냈고, 교통부에서는 한국의 철로와 전신 분야 종사자 숫자와 함께 그 대체적인 정황을 보고했으며, 농림부에서는 한국의 농업, 임업, 어업, 목축업 등의 대체적인 상황을 알렸고, 양식부에서는 한국의 식량 문제와 한국산 미곡의 중국 수입 가능성에 대해 자세한 보고서를 제출했다.[62]

이와 아울러 주목되는 것은, 당시 영국 주재 중국대사이던 구웨이쥔(顧維鈞)과 미국 주재 중국대사 웨이다오밍이 외교부에 보낸 건의 내용이다. 우선 구웨이쥔은 베이양 정부 시기부터 미국공사, 영국공사, 외교총장 등을 역임한 중국 외교계의 중심 인물이었고 국민정부에 들어서서도 외교부장, 주영대사, 주미대사 등을 역임한 중국을 대표할 만한 원로 외교관이었다는 점[63]에서 한국문제에 대한 그의 건의는 단순한 개인적 견해로 보기 어렵다. 전후 한국문제와 관련해 외교부가 의견 제출을 요구하자 구웨이쥔은, 일본군이 항복하고 나면 동맹군이 진공하여

구웨이쥔

61)  「有關韓國財政部門各問題意見(1945.1)」, 『韓國問題研究綱要及資料』, p.82.

62)  이상 각 부의 보고 공문[公函]은 『韓國問題研究綱要及資料』, pp.72~78에 들어 있다.

63)  구웨이쥔의 간단한 이력과 중국외교상 역할에 대해서는 中國社會科學院近代史研究所 譯, 『顧維鈞回憶錄』 第1冊(北京: 中華書局, 1983), pp.1~2 참조.

한인 단체와 영도자를 중심으로 한 임시정부를 구성하되 이 임시정부의 외교·국방·경찰 부문에는 3년 기한으로 중국인 고문을 두고 재정·교통 부문에는 미국인 고문·위생 부문에는 소련 고문을 둔다는 방안을 제시했다.[64] 구웨이쥔은 "따라서 한국의 임시정부 시기에는 외교와 국방을 우리(중국)가 주도해야 한다"고 주장했던 것이니, 이를테면 카이로회담에서 정한 '적당 시기'를 중국이 주도하는 고문정치의 시대로 만들어야 한다는 것이 그의 입장이었던 것이다.

한편 주미대사 웨이다오밍은 1944년 11월 중순에 보낸 의견서에서 카이로회담에서 언급한 '적당 시기'는 일종의 과도기를 거친다는 뜻이라고 해석하고 이 과도기를 관장하기 위한 국제기구는 중국과 미국이 핵심이 되어야 한다는 견해를 내세웠다. 그는 또 현재 한인들에게 단결이 결여되어 있고, 시베리아에 있는 한인 세력이 위협이 되기는 하지만 충칭에 있는 한국독립당이 역량을 집중할 수 있도록 중국이 돕는다면 (이들을 구심점으로 해서) 해방 후 통일정권을 수립할 수 있을 것이라는 의견도 제시했다. 경제 문제와 관련해 웨이다오밍은, 일본인이 소유한 한국 내 기업들은 마땅히 한인들이 접수토록 해야 하고 국제기구를 통해 감독 내지 지원할 것과 현재 동북에 거주하고 있는 100만 명의 한국 교포들을 (이 기회에) 회국(回國)시키는 조치를 고려할 필요가 있다는 의견도 제시했다.[65] 구웨이쥔에 비하면 웨이다오밍의 의견에 구체성이 결여되어 있기는 하지만 기본적으로 전후 한반도에 대한 중국의 영향력 확보를 적극적으로 꾀해야 하다는 데는 차이가 없다.

웨이다오밍

64)  「顧維鈞致外交部電(1944.12.1)」, 『韓國問題研究綱要及資料』, pp.124~127.

65)  「魏道明致外交部電(1944.11.17)」, pp.122~123 참조.

그러나 외교부를 중심으로 진행된 국민정부의 이와 같은 전후 한반도 정책 구상은 실현 기회를 얻지 못하고 말았다. 주지하듯이 일본 패망 이후 한반도에 대한 군사 진공은 미국과 소련의 합의에 따라 북위 38도를 경계로 분할 점령이 결정되었고 이 과정에서 중국이 개입할 여지는 처음부터 주어지지 않았다. 그럼에도 불구하고 중국은 한반도 문제에 개입하기 위한 준비를 내부적으로 계속 추진하고 있었다. 미국과 소련에 의한 분할 점령이 이루어진 다음 시기인 1945년 12월에도 국민정부 외교부는 「한국문제지대책(韓國問題之對策)」이라는 보고서를 통해 한반도에서 미국과 소련 세력의 조화와 남한과 북한의 대립 완화에 중국의 역할이 반드시 필요하다고 주장했으며 그와 더불어 한국독립당을 중심으로 친중 성향의 인물들(親中分子)을 권력 중심에 심어(扶植) 한반도에서 중국의 영향력을 확대해야 한다고 거듭 주장했다.

또 (같은 보고서에서) 카이로회담에서 결정된 '적당 시기'를 해석함에 있어, 연합국 회의에 상정하여 미국군과 소련군의 조속한 철수를 실현하며 (그런 다음) 한국에 김구가 중심이 되는 정식 정부를 구성하고 미국, 영국과 협의해 조속히 국제 승인을 얻도록 돕는 방안을 제시했다. 아울러 중국에 있는 한국광복군을 조기 귀국시켜 새로 만들어질 한국군의 기반이 되게 하며 매년 우수한 한국 청년들을 뽑아 중앙 대학(中央大學)을 비롯한 중국의 각 대학에 유학하도록 주선함으로써 한국의 군사, 정치, 사회 각 분야의 간부로 육성할 것 등을 주장했던 것이다.[66] 말 그대로 한반도를 중국의 영향력 아래 두기 위한 구체적인 지원 방안들이 미국과 소련에 의한 한반도 분할 점령 이후까지 지속적으로 모색되고 있었던 것이다.

한반도에 대한 중국의 이러한 인식과 정책의 연장선상에서 우리는 전후

---

66)  「韓國問題之對策(1945.12)」, p.33.

중국의 아시아 구상을 어느 정도 엿볼 수 있다. 물론 중국의 전후 아시아 혹은 동아시아 구상 전체를 재구성하기 위해서는 동아시아 전 지역에 대한 중국(국민정부)의 외교적 정책이 어떠했는지를 자세하게 살필 필요가 있을 것이다. 그러나 여기서는 다만 한국보다 먼저 열강 프랑스의 식민지로 전락하여 치열한 독립운동을 전개해야 했던 베트남의 경우를 살펴봄으로써 중국의 전후 아시아 구상 면모를 어느 정도라도 재구성해볼 수 있을 것으로 기대한다. 주지하듯이 베트남도 망국 이후 많은 독립지사들이 이웃 나라 중국으로 망명하여 독립운동을 전개했는데 이들에 대한 국민정부의 후원은 한국독립운동에 대한 지원 정책과 기본적으로 궤를 같이하는 것이었다. 한국의 경우와 마찬가지로 중국에 있던 베트남 독립운동 세력 또한 여러 파벌로 나뉘어 있었기 때문에 중국 입장에서는 이들에 대한 통합적 지원이 쉽지 않았다고 하는데,[67] 사실 이 말의 저의는 전후 베트남에 대한 영향력을 확보하는 데 있어서 베트남 독립운동 세력들을 효과적으로 통합 관리하기가 어려웠다는 토로로 보는 것이 옳을 것이다.

특히 1943년 11월에 열린 카이로회담에서 장제스와 국민정부의 전후 베트남 문제에 대한 입장은 한국에 대한 입장과 마찬가지로 당초에는 전후 독립을 주장하는 것이었으나[68] 결국에는 루스벨트의 전후 식민지 전반에 대한 신탁통치 주장의 연장선상에서 베트남 신탁통치에 동의하는 것이었다. 다만 회담 과정에서 프랑스 입장을 두둔하고 있던 영국의 항의에 직면하여 전후 재론하는 것으로 결론이 나기는 했으나 장제스와 국민정부의 기본 입

---

67) 羅敏, 「抗戰時期的中國國民黨與越南獨立運動」, ≪抗日戰爭硏究≫ 2000-4 참조.
68) 장제스는 11월 23일의 루스벨트와의 만찬 회담에서 베트남과 태국에 대해서도 전후 독립을 부여할 것을 주장했고 향후 영국의 찬성을 얻도록 미중 양국이 노력하기로 합의했다고 했다. 『蔣中正總統檔案: 事略稿本』 55, p.472; 'Chinese Summary Record', FRUS, p.325.

182    제3부 1930~1940년대 중일전쟁 시기의 한국·아시아 인식

장이 전후 신탁통치라는 데는 한국과 베트남이 동일 대상이었음을 확인할 수 있다.[69] 한국은 카이로회담에서 국제적으로 독립을 보장받았지만 그 후 열강들 간의 이해관계 대립과 신탁통치 실시를 둘러싸고 독립을 달성하는 데 많은 어려움을 겪었지만 베트남은 한국보다 더 복잡하고 어려운 과정을 거칠 수밖에 없었다. 일본 점령 이전에 베트남을 식민지로 가지고 있던 프랑스가 영국의 지원 아래 전승국 지위를 차지하면서 베트남 지배권을 되찾고자 했고 결국에 가서 미국조차 프랑스 복귀에 동의하자 미국의 강력한 영향력 아래 있던 중국도 이를 승인하는 조치에 동의하고 말았던 것이다. 장제스는 1944년 10월에 충칭 주재 프랑스(드골 망명정부) 대사에게 "중국은 인도차이나에 대하여 어떠한 영토상의 시도도 하지 않을 것이며 프랑스 정권을 회복하는 데 대하여 낙관적인 생각을 가지고 있다"고 말했다.[70] 또 종전 직전인 1945년 6월 말 충칭을 방문한 베트남 국민당 대표단과의 면담에서 장제스는 "중국은 마땅히 베트남을 원조해야 하지만 국제 정세가 복잡하고 (베트남에서의) 프랑스의 지위 문제가 아직 해결되지 않아서 우선 영미 양국과 (해결 방안을) 연구해야 한다"고 말했다.[71] 장제스의 이러한 발언은 기본적으로 중국의 입장이 약소민족 베트남의 독립을 돕는 것보다 미국과 영국의 눈치를 보면서 전시 우방 프랑스의 입장을 두둔하는 데 맞춰져 있었음을 보여주고 있는 것이다.

실제로 1945년 7월에 열린 포츠담회의의 합의에 따라 종전 직후 북위 16

---

69) 전후 베트남의 독립문제는 카이로선언에 들어가지 못했다. 유인선, 『새로 쓴 베트남의 역사』(이산출판사, 2002), p.36.

70) 趙衛華, 「抗戰時期國民政府對越南獨立運動政策的嬗變」, ≪求索≫ 2015年 第7期, p.138 참조.

71) 「蔣介石接見越南國民黨代表團談話紀要(1945.6.25)」, 羅敏, 『中國國民黨與越南獨立運動』(北京: 社會科學文獻出版社, 2015)의 부록에 들어 있는 "檔案資料選編" p.181 참조.

루한

도 이북의 베트남 지역 일본군의 항복 접수를 위해 중국군이 파견되었는데 일본 패망 이후 공산당 지도자 호찌민(胡志明)을 중심으로 베트남민주공화국을 선포하며 반프랑스 독립운동을 추진하고 있던 베트남인들에게 중국군은 또 하나의 점령군으로 받아들여졌다. 윈난 출신 장군인 루한(盧漢) 휘하의 중국군은 점령 지역에서 무자비한 약탈을 자행했을 뿐만 아니라 루한 또한 호찌민에게 막대한 양의 금을 헌납하도록 강요하기도 했다.[72] 그뿐만 아니라 1945년 3월 9일의 이른바 삼구정변으로 인하여 대부분의 베트남 주둔 프랑스군이 일본군에 의해 무장해제를 당한 이후 일부 프랑스 군대가 중월 국경을 넘어 윈난 지역에 주둔하고 있었는데 종전 이후 얼마간의 협상 끝에 국민정부는 이들의 베트남으로의 귀환을 허용하기에 이르렀던 것이다. 국민정부의 이 같은 결정의 저변에는 프랑스와의 불평등조약 철폐를 조건으로 한 프랑스와 국민정부의 타협이 있었던 것이다.[73] 요컨대 베트남 독립에 대한 중국의 지지는 사실상 중국 스스로의 이해관계에 따라 얼마든지 철회될 수도 있는 구두선에 불과하다는 점이 분명해졌던 것이다.

이를테면 중일전쟁 동안 국민정부가 강조해온 베트남 독립 지원이 프랑스 복귀를 둘러싼 일련의 국제관계 속에서 중국의 이해관계를 지키는 선에서는 얼마든지 유보되거나 변경될 수 있는 것이었다. 베트남 독립에 대한 국민정부의 이와 같은 입장은 앞서 자세하게 살펴본 중국의 대한인식(對韓認識)이나 대한정책과 기본적으로 같은 맥락에 있다고 할 것이다. 더 나아가

---

72)  Peter M. Worthing, *Occupation and Revolution: China and Vietnamese August Revolution of 1945*(Berkely: University of California Pr., 2001), pp.54~68.

73)  溫亞昌, 「二戰末期駐越法軍退入中國及戰後重返越北論析」, ≪中山大學學報(社會科學版)≫ 2004年 第4期, pp.91~92 참조.

한국과 베트남에 대한 중국의 인식과 정책은 중국의 전후 아시아 구상이 서구 열강과 일본의 침략 가운데 식민지 혹은 반식민지로서의 경험을 공유했던 약소민족과의 연대나 약소민족의 독립 지지에 있었던 것이 아니라 이 지역에서 중국의 전통적 영향력을 회복하고 중국의 국제적 이익을 추구하는 데 있었음을 잘 보여주고 있다.


## 5. 맺음말

미국 대통령 루스벨트의 제안으로 열리게 된 카이로회담은 전후 새롭게 수립될 국제질서를 모색하는 과정에 중국이 사대강국의 하나로 참여할 수 있는 절호의 기회가 되었다. 그러나 장제스는 루스벨트의 회의 참여 제안과 일정 조율을 둘러싼 논의 과정에서 몇 차례 "겸양"을 표함으로써 미·영·소 삼국의 주도권에 대한 배려와 함께 중국의 신중한 입장을 표명했다. 그러나 국방최고위원회 산하 국제문제토론회의 활동에서 보이는 것처럼 한편으로는 전후 국제질서 수립에서 중국의 대응 방안을 마련하는 데 적극적인 자세를 보이기도 했다. 이를테면 카이로회담에 임하는 장제스의 태도는 대국으로서의 지위를 회복하고자 하는 갈망과 함께 그에 걸맞는 국력은 갖추지 못한 상황을 고려하는 신중함을 동시에 보여주고 있었던 것이다.

카이로회담 의제와 관련한 국민정부의 구체적인 준비는 군사위원회참사실과 국방최고위원회비서청의 두 기관을 통해 이루어졌다. 한국의 독립문제는 이 두 가지 기관의 보고서 모두에서 다루어지고 있었는데, 그 가운데서도 특히 국방최고위원회비서청 보고서에서 가장 중요하게 다루어지고 있었다. 즉, 국제문제토론회에서 열린 여러 차례 토론을 기초로 삼았던 국방최고위원회비서청 보고서에서는 '전시정치합작방안'의 첫 번째 조항으로 중·미·영·소 4개국이 공동 혹은 개별적으로 즉각 조선 독립을 승인하거나 아니면 조선 독립을 보증한다는 선언을 발표할 것을 제안하고 있었던 것이다. 장제스는 이들 보고서를 참고해서 카이로로 출발하기 직전 회의에서 제기할 의안들을 최종 정리했는데 한국독립이 중요 의안 중 하나였던 것이다.

1943년 11월 23일 밤에 카이로에서 열린 장제스와 루스벨트의 단독 회담은, 회의 참여나 진행 과정에서 주로 미국에 의존할 수밖에 없었던 장제스에게 자신의 주장을 전달할 수 있는 가장 중요한 회의였다. 한국문제는 여기에서도 중요 논제 가운데 하나로 다루어졌는데, 중국에서 만든 이날의 회의 기록과 『장제스일기』에서 같은 날짜의 기록을 종합해보면 장제스가 전후 한국의 독립문제를 먼저 제기하고 루스벨트가 이에 동의함으로써 24일부터 작성되기 시작한 선언문(Communique)에 한국문제가 들어가게 된 것으로 보인다. 다만 이후 역사에서 심각한 문제가 된 "적당 시기에"라는 전제가 "한국독립" 앞에 붙게 된 것은 선언서 초안(루스벨트의 특별 보좌관인 홉킨스가 작성했다)을 루스벨트가 수정했기 때문이다. 홉킨스가 작성한 초안이 23일 밤 회담 내용을 충실하게 반영한 것이라고 볼 때 23일 밤 양자 회담에서 논의된 한국의 독립문제는 장제스의 원래 주장대로 "즉각적인 한국독립"이었음이 분명하다.

그럼에도 불구하고 초안을 검토하는 과정에서 장제스나 중국의 실무 총책임자였던 왕충후이 모두 "적당 시기에"라는 전제 조건에 대해 아무런 이의를 제기하지 않은 것은 이전부터 알고 있던 미국의 한국문제 처리 방침(국제공관 주장)을 그대로 받아들인 결과였다. 중국이 루스벨트의 국제공관 주장을 받아들인 내면에는, 장제스가 자주 언급한 대로 "한국문제와 동등한 문제인 류큐"에 대한 장제스와 국민정부의 입장이 있었다고 보인다. 널리 알려져 있는 대로 카이로회담의 의제를 준비하는 과정 가운데 류큐문제를 둘러싸고 국민정부 내에서 격렬한 논의가 진행되었으며 그것이 보고서로 만들어져 장제스에게 제출되었다. 장제스는 회의 직전에 "류큐는 하나의 독립 왕국으로 역사적 지위가 조선과 같기 때문에, 또 영토 반환 요구의 기준이 될 1894년 청일전쟁 이전에 일본 영토로 편입되었기 때문에, 카이로회담에서 반환되어야 할 영토로 제기하지 않는다"는 입장을 정했다. 그러나 회의에서 루스벨트가 류큐문제를 수차례 거론하자 "중국과 미국에 의한 국제공관"을 류큐문제 처리 방안으로 제기했던 것이다. 류큐문제에 대한 장제스의 이와 같은 입장을, 류큐와 같은 지위에 있다고 한 한국에도 적용했을 가능성이 있다면 장제스가 한국문제를 두고 미국의 국제공관 주장을 받아들이기는 그리 어렵지 않았을 것이다. 더군다나 당시 류큐문제나 한국문제에 대해서 실질적인 영향력을 확보하지 못한 채 미국의 양해 아래 사강회의에 참석하게 된 장제스로서는 전후 미국이 주도하는 동아시아 국제질서 수립[74]에 도전하기가 불가능했을 것이다. 강대국의 지위를 막 회복하기 시작한 중국이 대국의식(大國意識)에 걸맞는 입지를 구축하는 것은 상당한 시간을 요하는 일일 수밖에 없었던 것이다.

이러한 사실들을 기반으로 해서 볼 때 카이로회담에서 한국문제를 의제로 제안하거나 다루는 중국의 입장은 어디까지나 자국의 이익을 확보하는 데 맞추어져 있었지 한국의 독립을 돕기 위한 의도에서 나온 것은 아니었다. 김구를 비롯한 한국임시정부의 노력에도 불구하고 카이로회담에서 한국문제를 처리하는 과정에 장제스나 국민정부가 한국 입장을 대변하거나 편들 가능성은 처음부터 없었던 것이다. 이 점은 이승만에게 한국독립 지지

---

74) 루스벨트와 함께 카이로회담에 참석했던 스틸웰의 일기에 따르면, 회담 중과 회담 직후 미국 측 참모들과의 회의에서 루스벨트는 한국과 베트남에 대해 25년 정도의 국제공관을 주장했고 홍콩과 다롄을 자유항으로 만들려고 구상하고 있었음이 확인된다. 駱伯鴻 編譯, 『史迪威抗戰日記』(長沙: 湖南人民出版社, 2013), p.103, 111 참조.

요청을 받은 미국정부도 기본적으로 마찬가지였을 것이다.[75]

카이로회담에서 한국문제에 대한 장제스와 국민정부의 이러한 인식과 정책은 다른 아시아 지역에도 적용 가능하다고 생각된다. 예컨대 한국과 마찬가지로 전통적 조공국이었던 베트남의 경우에도 대동소이한 것으로 볼 수 있다. 카이로회담에서 중국의 베트남에 대한 입장은 미국의 전후 처리방침에 맞추어 신탁통치 실시를 받아들인다는 것이었지만, 다만 한국의 경우와 달리 영국의 적극적인 반대에 부딪쳐 독립 보장에 관한 아무런 언급 없이 전후 재론하는 방향으로 미루어졌던 것이다. 그뿐만 아니라 전후 프랑스의 식민지 지배 복귀가 이루어지는 단계에 가서도 중국은 프랑스를 지지하는 미국의 입장에 협조하지 않을 수 없었으니, 중국은 동아시아에 대한 주도권을 쥔 미국에 협력하는 선에서 프랑스의 복귀를 승인했던 것이다. 이런 점에서 중국의 베트남 독립 지지가 사실은 중국의 외교적 이해관계 아래 놓인 실속 없는 일이었음을 알 수 있다. 이를테면 종전 전후에 중국의 동아시아 인식이나 정책은 철저하게 자국의 이해관계 위에 놓여 있어서 가능한 범위에서 전통적 영향력의 회복을 목표로 했고 경우에 따라서는 미국의 주도권 아래 중국의 이익 추구를 목표로 신탁통치 방안을 받아들이거나 다른 열강의 지배 아래로 넘겨주는 입장이었던 것이다. 요컨대 중국의 전후 아시아 구상은, 일차적으로는 전통적 중화체제의 회복을 목표로 하면서 미국, 소련, 영국, 프랑스 등 서구 열강의 새로운 주도권과 충돌하지 않는 선에서 적절히 타협하고 조율하되 그 속에서 아시아 지역에 대한 중국의 영향력을 유지 확대하려고 애쓰는 것으로 나타나고 있었다.

---

75) 미국의 카이로회담 의제 준비과정이나 한국문제에 대한 기본적 입장 문제는 향후 좀 더 구체적인 연구가 필요할 것이다.

# 제3장

# 친일을 위한 아시아연대론

왕징웨이의 아시아주의

## 1. 머리말

1938년 12월 18일 국민당 부총재이면서 국민참정회 의장이던 왕징웨이가 돌연 충칭을 탈출하여 베트남 하노이로 간 이후[1] 일본과의 평화협력주장 성명을 발표한 것은 그야말로 전 세계를 놀라게 했을 뿐 아니라, 그 후 일본정부와 협력해서 친일정권을 만든 것은 중국의 대일항전에도 커다란 영향을 미친 중요한 사건이었다. 따라서 왕징웨이와 주화론(主和論)을 주장하던 일부 그의 추종자들이 어떤 배경에서 그와 같은 결정을 하게 되었는지의 문제를 비롯해 왕징웨이 정권이 성립된 과정이나 왕징웨이 정권과 일본의 관계 및 왕징웨이 정권의 제반 정책 등에 대한 연구가 역사 연구자들의 많은 관심을 받아왔고 그 결과 적지 않은 연구 성과가 나오기도 했다.

왕징웨이 정권의 성립이나 존립과 관련해서 가장 중요한 문제 중 하나는 자신들의 정치적 정당성의 근거를 마련하는 문제—어떤 설득력 있는 이론이나

---

1)   왕징웨이, 천비쥔(陳璧君), 저우포하이(周佛海), 타오시성(陶希聖), 쩡중밍(曾仲鳴) 등 10여 명이 충칭을 탈출한 경위에 대해서는 蔡德金 編著, 『周佛海日記』(北京: 中國社會科學出版社, 1986), pp.201~208; 蔡德金·王升 編著, 『汪精衛生平紀事』(北京: 中國文史出版社, 1994), pp.252~254 참조.

사상으로 반대파나 일반 국민을 설득하고 그들의 참여를 얻어낼 것인가―였다. 한국의 한 잡지가 1939년 말 왕징웨이 정권의 성립 과정을 보도하면서 "각지 장령들과 재계 인사들로 하여금 어떻게 이 신중앙정권에 참여케 할 것인가의 문제가 가장 중요한 관건"이라고 하면서 "어떠한 사상과 주의로서 이 운동에 반대하는 분자들을 설복하는가 하는 것이 또 그 관건이다"[2]라고 말했는데 이는 바로 그러한 이념적 뒷받침의 중요성을 지적한 것이다.

또 왕징웨이 자신도 '신정권' 수립에서 사상이나 주의의 중요성을 처음부터 인식하고 있었다고 생각된다. 충칭을 탈출한 이후 국민당 중앙당부와 장제스 앞으로 보낸 전문에서, 그 직전 일본수상 고노에 후미마로(近衛文磨)가 대중평화협상의 조건으로 제시한 선린우호(善隣友好), 공동방공(共同防共), 경제제휴(經濟提携)를 받아들인다고 하면서 "이후부터 중국은 선린우호를 교육 방침으로 삼아야 하며 일본도 자국 국민으로 하여금 중국을 침략하거나 멸시하는 전통적 사상을 버리고 교육에서도 친중국 방침을 확고히 하여 양국 간 평화의 영구한 기초를 다져야 할 것이다. 이것이야말로 우리가 동아시아의 행복을 위해 마땅히 해야 할 노력이다"[3]라고 한 것을 보면 교육을 통한 중일화합(中日和合)을 주요한 목표로 세워 '신정권'의 정당성을 확보하고자 했음을 알 수 있다.

왕징웨이 개인이나 왕징웨이 정권의 사상적 기반 및 이론적 구조를 살피려는 기왕의 연구가 아직 그리 많지는 않지만 기왕의 연구들에 의하면, 대

---

2)　成仁基,「汪兆銘과 新生支那」, ≪朝光≫ 5-11(1939.11), p.25.

3)　汪精衛,「豔電(1938.12.29)」,『汪主席和平建國言論集(上)』(上海, 1938), p.3. 2년여 뒤에 가서 왕징웨이는 당시 근위수상(近衛首相)이 발표한 "선린우호, 공동방공, 경제제휴" 삼원칙에다 자신이 주장해 문화건설 조항을 첨가했다고 했는데, 이것도 그가 문화사상적 부분을 얼마나 중요시했는지 보여주는 증거가 될 수 있을 것이다. 汪精衛,「東亞聯盟運動的經過(東亞聯盟中國總會創立會致詞)」, ≪大亞洲主義≫ 2-2(1941.2.15), p.2.

아시아주의와 삼민주의의 왜곡된 해석[僞三民主義], 화평방공건국(和平防共建國)의 주장, 동아연맹론 등이 그 이론적 골간을 이루고 있다는 지적이 있어왔다.[4] 이 장에서는 이런 이념적 뼈대 가운데서 왕징웨이 정권의 사상적 기반을 이해하는 방안으로서 대아시아주의 문제, 그중 쑨원의 대아시아주의가 어떻게 변용·왜곡되

왕징웨이

고 있는가 하는 문제에 접근해보고자 한다. 이를 통해 현대 중국의 아시아 인식, 혹은 아시아연대 주장의 또 다른 한 형태에 접근하려는 것이다.

특별히 ≪대아주주의(大亞洲主義)≫, ≪대아주주의여동아연맹(大亞洲主義與東亞聯盟)≫, ≪대동아월간(大東亞月刊)≫ 등 왕징웨이 정권이 주도하여 발행했던 몇 가지 잡지들은 이 문제에 대한 중요한 자료가 될 것이므로 아래에서는 이 잡지들에 실린 내용을 중심으로 왕징웨이 정권이 내세우고 있던 대아시아주의, 왕징웨이의 대아시아주의와 쑨원의 대아시아주의의 관련성, 대아시아주의와 삼민주의 가운데 첫 번째 주장인 민족주의와의 관련성, 당시 일본에서 중국 침략을 위한 이론으로 제기하고 있던 '동아신질서(東亞新秩序)', '동아연맹론', '대동아공영권론'과의 관련성을 차례로 다루려 한다.

그렇게 함으로써 왕징웨이 정권이 자신의 정치적 정당성을 확보하고자 제시한 대아시아주의가 쑨원의 대아시아주의와 어떻게 구별될 수 있으며, 또 그 대아시아주의가 어떻게 변화해 동아연맹론이나 대동아공영권론에 흡수되고 있었던가를 이해함으로써 쑨원으로부터 시작된 국민당의 대아시아주의가 어떤 경로로 친일 논리로 변용될 수 있었는지를 집중 추구해봄으로써 앞 장에서 살펴본 항일 논리로서 작용했던 아시아연대 주장 곧 아시아주

---

4)  張學俊, 「汪精衛集團的民族投降主義理論」, ≪唐都學刊≫ 1994-1, pp.35~39; 陳戎杰, 「汪精衛降日賣國的'東亞聯盟'理論剖析」, ≪抗日戰爭硏究≫ 1994-3, pp.180~195.

의가 어떻게 친일 이념으로도 작용하게 되었던가를 집중 논의해보려 한다.

## 2. 쑨원 대아시아주의의 '계승'

1939년 7월의 한 방송 연설에서 왕징웨이는 "중국혁명의 성공 여부는 일본의 양해에 달려 있다"는 쑨원의 말을 인용해 일본과 화평협력 하는 것이 쑨원의 유지(遺志)임을 주장하고 이와 같은 유지를 새롭게 천명하고 실행함으로써 중일 간 화평을 회복하고 나아가 동아의 화평을 확립하는 것이 자신의 임무[5]라고 말했다. 다른 연설에서는 방공(防共)이야 말로 쑨원의 본래 뜻이라고 하며 그런 점에서 공산당을 막자고 주장하는 자신이 쑨원의 유지를 이은 진정한 후계자이고 이를 무시하고 (제2차 국공합작의 성립으로) 공산당과 연합한 충칭의 장제스야말로 쑨원의 뜻을 위배한 배신자[6]라고 말했다. 또 왕징웨이는 쑨원의 대아시아주의의 진정한 정신을 재검토하여 중일 간 제휴를 이루어야만 비로소 (쑨원의 일생의 목표였던) 중화민국 건설을 완성하고 동아의 평화까지 보장할 수 있다고 말한 적도 있다.[7]

그뿐만 아니라 왕징웨이와 그 일파는 신정권의 정치적 기반을 만들기 위해 1939년 8월 말 상하이에서 소집한, 이른바 국민당육전대회(國民黨六全大會)에서 '당무정리안(黨務整理案)'과 '육전대회선언(六全大會宣言)'을 통과시켰

---

5) 「我對於中日關係之根本觀念及前進目標(1939.7.9)」, 『汪主席和平建國言論集』, pp.39~46.

6) 「怎樣實現和平?(1939.8.9)」, 『汪主席和平建國言論集』, p.62; 「三民主義實現の要諦, 日本との協力に在り: 汪精衛演說, 三民主義の理論と實際」, ≪東京朝日新聞≫(1939. 12.4), p.1.

7) "和平救國 以外에 中國 更生의 길 없다: 汪氏, 和平意義 再闡明", ≪조선일보≫ (1939.12.30), p.1.

다. 거기에서도 왕징웨이와 그 일파는 자신들이 쑨원과 국민당의 진정한 계승자로서 '순정국민당(純正國民黨)'임을 주장하며 이 주장에 근거해 충칭 국민당에 대한 해산 명령을 발하기까지 했던 것이다.[8]

즉, 왕징웨이는 자신의 이른바 대일화평교섭의 이론적 기반을 쑨원의 유지와 대아시아주의 주장에서 구한 것이며 자신이 쑨원의 진정한 후계자임을 강조하면서 일본과의 협력체제 구축은 쑨원이 원래부터 가지고 있던 생각이었다고 주장하고 있는 것이다. 왕징웨이의 이러한 주장이 일반 중국인들에게 어떻게 받아들여졌는지는 분명히 말하기 어려우나,[9] 당시 일부에서는 쑨원의 탄생일인 (1939년) 11월 12일에 왕징웨이를 중심으로 하는 신정권이 성립할 것이라는 추측들이 있었다[10]는 점으로 보았을 때 왕징웨이가 얼마나 쑨원의 후계자임을 강조하고 있었는지 짐작하기는 어렵지 않다.


## 3. 대아시아주의와 동아연맹

주지하다시피 쑨원의 대아시아주의는, 그가 사망하기 직전 해인 1924년 11월 북상 도중 고베에 들러 행한 대아시아주의 강연으로 알려지게 되었다. 대아시아주의 강연의 대체적인 내용은, 러일전쟁에서 일본이 러시아를 이기고 새로운 열강이 된 이후 아시아 약소민족들의 희망이 되어왔다고 일본의 성공을 치켜세운 다음 당장의 세계 정세를 동서양의 대립으로 보고 서양

---

8)   楢崎觀一, 『興亞建設の基礎知識』(東京: 大阪屋號書店, 1940), p.131.
9)   당시 왕징웨이나 일본에서는 인민들의 화평 요구가 매우 크지만 충칭 국민정부의 압박에 눌려 제대로 자기 의견을 내세우지 못하다가 왕징웨이 일파가 화평운동을 주장하고 나서니까 지지 여론이 앙등하고 있다고 주장했다. "汪精衛의 第二公開狀, 和平運動에 加鞭", ≪조선일보≫(1939.1.11), p.1.
10)  成仁基, 「汪政權의 樹立」, ≪朝光≫ 6-2(1940.2), p.62.

문화의 기반은 공리(功利)와 강권에 기반을 둔 '패도문화'인 반면 일본과 중국을 포함하는 동양 문화의 기반은 인의 도덕에 기반을 둔 '왕도문화'라고 규정하면서 왕도문화를 발양하려면 일본과 중국을 지도재(領導勢力)로 하는 아시아 민족들의 대연합, 곧 대아시아주의가 실현되어야 하며 현재 강권적 패도문화로부터 이탈해 나와 동양의 인의 도덕에 접근하고 있는 소련과의 연합도 모색해야 한다는 것이었다.[11]

　왕징웨이의 화평건국 입장에서 '일본과 중국을 영도 세력으로 하는 아시아 민족들의 대연합'이라는 쑨원의 주장은 중일 간 강화와 협력이라고 하는 자신들의 목표와 일치하는 것으로 받아들여졌다. 왕징웨이와 그 추종자들의 대아시아주의에 대한 이론적 접근 과정과 구조는 왕징웨이 정권이 선전용으로 발행된 월간 잡지 ≪대아주주의≫에서 가장 잘 드러난다. ≪대아주주의≫는 (친일괴뢰) 국민당 조직부 부부장(副部長)이면서 중앙정치회 비서처 선전조장을 맡고 있던 저우화런(周化人)이 주동이 되고 거기에 몇몇 친일 정권 인사들이 참여하여 1940년 8월 15일에 난징에서 창간한 잡지로 쑨원의 대아시아주의 천명을 종지(宗旨)로 하고 있었던 것이다.

왕징웨이

　≪대아주주의≫는 창간호 권두에 쑨원의 유상(遺像)과 함께 고베에서 행했던 대아시아주의 강연 전문을 게재했고 중국의 자유 독립과 동아의 화평 질서는 불가분의 관계에 있다는 왕징웨이의 제사(題詞)를 실었다. 1940년 8월부터 12월까지 발행된 이 잡지의 제1권에는 대아시아주의에 관한 글이 10편, 동아연맹에 관한 것이 7편, 동아신질서 및 동아공영권에 대한 것이 5편, 아시아의 건설과 부

<hr>

11)　쑨원의 대아시아주의 강연에 대해서는 이 책 제2부 제2장 참조.

흥에 관한 것이 6편, 민족 문제에 관한 것이 6편, 아시아 민족의 문화에 대한 것이 8편[12] 등으로 게재된 문장 수에서도 대아시아주의에 대한 것이 가장 많음을 알 수 있다.

그런데 특별히 주목할 것은 ≪대아주주의≫에 실려 있는 대아시아주의에 관한 문장들이 대부분 아시아연맹 혹은 동아연맹과의 관련성을 주요 논제로 다루고 있다는 점이다. 예컨대 저우화런은 「대아시아주의와 아시아연맹(大亞洲主義與亞洲聯盟)」이라는 문장에서 중국의 대아시아주의는 쑨원이 창도한 이래 현재는 이미 실행 단계에 들어갔다고 하면서 대아시아주의를 실행하는 방법으로 아시아연맹의 결성을 주장하고 이 연맹의 지도 원칙으로 왕도사상 중심, 각 민족의 독립자주 유지, 민족국가를 단위로 하는 평등한 관계의 연맹 조직을 내세우고 있었다.[13] 또 런바이성(任柏生)도 대아시아주의를 실현하기 위한 구체적 방안의 하나로 동아연맹 결성을 내세우는데, 1939년 가을 상하이에서 일본 동아연맹의 지도자인 미야자키 마사요시(宮崎正義)를 만나 일본 동아연맹운동에 대해 알게 되었고 1940년 6월 직접 도쿄를 방문하여 동아연맹운동에 대해 의견을 교환했다고 하니 이는 중국 동아연맹운동이 일본의 영향 아래 이루어지고 있음을 말하는 것이다.[14]

일본에서 동아연맹 주장은 1938년 말부터 제기되기 시작해 1939년 10월 초 일부 국회의원들을 중심으로 동아연맹협회 조직이 만들어지고 그 기관지로 ≪동아연맹(東亞聯盟)≫이 발행되었다. 그리고 중국에 주둔하는 일본군의 지지 아래 베이핑(北平), 광저우, 난징 등 피점령지[淪陷區]에서도 중국동아연맹협회, 중화동아언냉협회, 동아연맹중국동지회 등이 만들어졌다.[15]

---

12)  「大亞洲主義月刊社槪況」, ≪大亞洲主義≫ 2-2(1941.2.15), pp.128~130.

13)  周化人, 「大亞洲主義與亞洲聯盟」, ≪大亞洲主義≫ 1-1(1940.8.15), pp.21~25.

14)  林柏生, 「對於亞洲主義與東亞聯盟論的一點意見」, ≪大亞洲主義≫ 1-1(1940.8.15), p.19.

일본 동아연맹 잡지에
실린 왕징웨이의 글
(대아시아주의가 곧 동아연맹
이라고 주장하고 있다)

이어서 왕징웨이 정권 성립 이후인 1941년 2월 초에는 기왕의 동아연맹 조직을 포함하는 전국 조직으로서 동아연맹중국총회가 성립되기에 이르렀던 것이다.16) 동아연맹중국총회 창립 기념식에서 왕징웨이는 동아의 각 민족국가가 독립 입장에서 공동으로 행동하는 것이라고 하면서 동아연맹의 결성이 자신이 말하는 화평건국운동과 일치한다고 주장했다.17) 이런 맥락에서 본다면 ≪대아주주의≫의 기본 의도는 중국에서 동아연맹운동을 일으키고 그 사상적 기반으로서 대아시아주의를 논하는 것임을 알 수 있다. 말하자면 이 단계에서 쑨원의 대아시아주의는 일본의 동아연맹운동을 지지하는 이론적 기반으로서 이용되고 있었던 셈이다.

≪대아주주의≫에 실린 글들에서 한 가지 더 주목할 만한 점은 대아시아주의, 민족주의와 관련된 문제에 대해 언급이 적지 않다는 것이다. 왕징웨이는 창간호 제사를 통해 민족주의에 노력하면서 동시에 대아시아주의에 노력해야 한다고 했는데, 그 후 다시 이 문제를 거론하면서 민족주의와 대아시아주의는 상호 연관되어 있고 상호 융화해야 할 일체라고 하며 중국이 독립을 목표로 하는 민족주의를 달성하지 못한다면 동아를 분담할 자격이 없고 동아가 (서구 제국주의로부터) 해방되지 못한다면 중국의 자유나 독립도 보장될 수 없기 때문에18) 동아의 부흥과 중국의 자유 평등은 한 가지 일

15)  陳戎杰,「汪精衛降日賣國的'東亞聯盟'理論剖析」, pp.181~182.

16)  중국에서의 동아연맹운동 수용과 왕징웨이 정권의 관계에 대해서는 배경한,『왕징웨이 연구: 현대중국 민족주의의 굴절』(일조각, 2012), pp.214~234를 참조할 것.

17)  汪精衛,「東亞聯盟運動的經過(東亞聯盟中國總會創立會致詞)」, p.2.

이라고 주장했다.[19] 또 다른 문장에서는 "현금(現今)의 세계는 각 국가 민족이 치열하게 생존경쟁을 벌이고 있어서 집단행동이 아니면 살아남기 어렵다"고 하면서 "국부(쑨원)의 민족주의는 협의의 (배타적) 민족주의가 아니라 여러 민족 간 협력을 주장하는 대아시아주의를 주요 내용으로 하는 것"이라고 하기도 했다.[20] 중국의 대외적 독립을 최대 목표로 하는 민족주의조차 동아연맹의 이론적 기반으로서 대아시아주의와 모순되지 않을 뿐 아니라 오히려 일치하고 있다고 하여 동아연맹운동에 끌어넣고 있었던 것이다.


## 4. '대동아전쟁' 이후의 대아시아주의

≪대아주주의여동아연맹≫은 동아연맹중국총회의 기관지로서 1942년 7월 1일 난징에서 창간호가 간행되었다. ≪대아주주의≫와 ≪대아주주의여동아연맹≫의 관계를 분명하게 밝혀주는 자료를 아직 보지는 못했지만, 전술한 대로 ≪대아주주의≫가 동아연맹운동의 진작을 목표로 하고 있었던 점이나 ≪대아주주의≫가 ≪대아주주의여동아연맹≫의 간행과 함께 발행을 중지한 점으로 미루어 ≪대아주주의≫의 후신으로 새로운 이름의 ≪대아주주의여동아연맹≫이 만들어졌던 것 같다.

≪대아주주의여동아연맹≫이 ≪대아주주의≫의 후신이라고는 하더라도 그 내용상 두 잡지에 상당 정도 차이가 있었음을 본다면 주관 기관과 제목만 바뀐 것은 아니었을 것이다. ≪대아주주의여동아연맹≫이 ≪대아주주의≫와 비교해 가장 눈에 띄게 다른 점은 쑨원의 대아시아주의가 거의 언급되지

---

18) 「民族主義與大亞洲主義」, ≪大亞洲主義≫ 1-4(1940.11.15), p.5.

19) 汪精衛, 「所望於中華民國三十年者」, ≪大亞洲主義≫ 2-1(1941.1.15), p.1.

20) 吳馨梧, 「新國民運動與大亞洲主義」, ≪大亞洲主義≫ 4-1(1942.1.15), p.30.

않고 동아연맹의 이론이나 주장이 전면에 나타나며 이와 더불어 이른바 대동아전쟁 비호론이 더욱 두드러진다는 점이다.

예컨대 왕징웨이를 추종하는 집단의 중심 인물 가운데 한 명인 린바이성(왕징웨이 정권에서 행정원 선전부장을 맡고 있었다)의 이름으로 발표한 「대아주주의여동아연맹발간사(大亞洲主義與東亞聯盟發刊詞)」에서는 대아시아주의에 대해 따로 언급하지 않은 채, "동아의 (서구 열강으로부터의) 해방과 떨어져서는 국민혁명의 목표인 중국의 자유와 평등에 도달할 수 없다"면서 "동아연맹의 목표가 동아 해방에 있으므로 동아연맹운동에 매진해야 한다"고 말하고 있다. 21) 또 이 잡지에 실린 다른 필자의 한 문장에서는, "동아 해방에서 동아의 두 주도 세력인 중국과 일본의 협력이 절실히 요청된다"고 하고 있다. 22) 이와 함께 아시아 피압박 민족 전체의 해방을 위한 전쟁이 바로 대동아전쟁이기 때문에 이 전쟁은 그 목표가 파괴에 있지 않고 새로운 아시아의 건설에 있다고 하는, 적극적인 전쟁 비호의 주장23)도 제기되고 있었던 것이다.

한편 같은 시기에 발행된 ≪대동아월간≫은 중화민족반영미협회(中華民族反英美協會) 명의로 발간되었으며 1942년 5월 상하이에서 창간호가 나왔다. 중화민족반영미협회는 같은 해 2월 24일 상하이에서 쩌우빵준(周邦俊), 천야푸(陳亞夫), 껑쟈지(耿嘉基) 등 왕위(汪僞) 국민당의 상하이 지역 중심 인물들과 위엔뤼덩(袁履登) 상하이시상회주임(上海市商會主任) 등 일부 경제계 인사들을 중심으로 만들어진 (왕징웨이 정권이 지도하는) 일종의 민간 단체였다.

≪대동아월간≫은 민간 단체가 만들고 있던 것이기 때문에, 앞서 언급한

---

21)    林柏生, 「發刊詞」, ≪大亞洲主義與東亞聯盟≫ 1-1(1942.7.1), p.1.

22)    陳方中, 「中日問題的認識」, ≪大亞洲主義與東亞聯盟≫ 1-2(1942.8.1), p.1.

23)    陳方中, 「時評: 大亞洲主義與東亞聯盟之實踐」, ≪大亞洲主義與東亞聯盟≫ 3-6 (1943.12.31), p.3.

다른 두 잡지가 왕징웨이 정권에서 대민 선전용으로 제작되던 것과는 다소 차이가 있었다고 보아야 할 것이다. 그러나 중화민족반영미협회가 점령 일본군이나 왕징웨이 정권의 강력한 지도 아래 만들어졌을 것이 분명하므로 ≪대동아월간≫이 왕징웨이 정권의 의도를 충분히 반영하고 있었을 것이라고 보아도 큰 무리는 없을 것이다.

≪대동아월간≫의 논조는 앞서 언급한 두 잡지에 비해 좀 더 적극적으로 '대동아전쟁'을 옹호하는 입장이다. 예컨대 「중화민족반영미협회성립선언(中華民族反英美協會成立宣言)」에서는 "백년 이래로 동아 민족을 침략하고 수탈해온 것은 영미 제국주의로서 중일전쟁 배후에도 영미 제국주의가 중일 간 화합을 해치고 상호 적대시하도록 하는 음모가 있다"면서 "일본과 중국이 하루빨리 아시아에서 영미 제국주의를 몰아내는 데 앞장서서 동아를 건설하는 신성한 사명을 완수해야 한다"[24]고 하고 있다.

또 다른 문장에서는 "영미 제국주의를 몰아내야 하는 이유로서, 세계 문화를 동아의 왕도문화와 서방의 패도문화로 나누고 서방 패도문화의 죄행을 일소하고 중국과 일본이 원동력이 되는 새로운 대동아문화를 건설해야 한다"면서 "영국이 인도를 식민지화하고 난 뒤 동아를 침략해오고 있는 상황에서 중국과 일본이 협력하여 영국 제국주의를 몰아내야 한다"고 주장하고 있다.[25] 그리고 그러한 동아의 범위로서 일본과 중국에 인도, 버마, 말레이, 베트남, 필리핀 등을 포함시키면서 이런 동아 각 민족들의 각성과 서방 제국주의로부터의 해방을 위해 중국과 일본이 이들 민족의 독립운동을 적극적으로 도와야 한다는 주장을 펴고 있는 것이다.[26]

동아연맹론이나 동아협동체론은 1938년 11월 3일 일본수상 고노에 후미

---

24)  「中華民族反英美協會會務摘要」, ≪東亞月刊≫ 2-1(1942.9), pp.68~69.
25)  蔡陽東明, 「論建立大東亞新文化運動」, ≪大東亞月刊≫ 2-1(1942.9), pp.13~18.
26)  陳君源, 「東亞各民族獨立運動的醞釀與演進」, ≪大東亞月刊≫ 3-1(1943.1), pp.2~8.

마로가 '동아신질서의 건설'이라는 성명을 발표한 이래 일본 지식인들 사이에서 본격적으로 대두하기 시작한 이론으로, 말하자면 고노에가 제기한 동아신질서 실현의 이론적 도구로서 제시된 것들이다.[27] 일본의 동아연맹론이나 동아협동체론이 경우에 따라서는 일본 제국주의에 대해서도 일정한 비판을 가하는 등 이전의 대아시아주의가 가지고 있던 침략 옹호적인 면모와 구별되는 입장을 나타내기도 했지만, 기본적으로는 중일전쟁의 정당성을 인정하고 일본 중심의 아시아 제 민족 통합을 주장하면서 일본의 지배적 지위를 주장하는 논리를 가지고 있었다.[28]

또 일본의 아시아주의는 기본적으로 서양 열강의 아시아 침략을 강조하면서 서양 열강을 아시아로부터 축출하는 것이 급선무라고 하여 일본의 아시아 침략을 상대적으로 덜 강조하고, 중국의 민족주의는 일본을 겨냥할 것이 아니라 서양 열강을 겨냥해야 한다는 주장을 담고 있었다. 또한 1940년 6월 이후에 가서는 그러한 논리가 남아시아와 동남 아시아 지역을 포함하는 이른바 대동아공영권론으로 확대되고 있었던 것이다.[29]

이런 맥락에서 본다면 ≪대아주주의여동아연맹≫과 ≪대동아월간≫에서 나타나고 있던 동아연맹론과 반서양열강론, 동아공영권론 등은 모두 당시 일본의 동아연맹론이나 대동아공영권론을 그대로 수용··대변하고 있던 것이었음을 알 수 있다. ≪대아주주의≫에서 그처럼 강조되고 있던 쑨원의 대아시아주의는 당시 한 일본인의 지적처럼 "동아의 이상이긴 하지만 흥아운동과 화평건국운동을 위한 새로운 정치사상이 되기에는 미흡하다"는 판

27)   橋川文三, 「大東亞共榮圈'の理念と實態」, 『岩波講座日本歷史』 第21卷(東京: 岩波書店, 1977), pp. 278~280.

28)   함동주, 「중일전쟁과 미키 키요시(三木淸)의 東亞協同體論」, ≪동양사학연구≫ 56(1996.10), pp. 172~184.

29)   橋川文三, 「大東亞共榮圈'の理念と實態」, pp. 286~287.

정을 받았던 때문인지[30], '대동아전쟁'이 본격화되던 무렵에 가서는 거의 자취를 감추게 되고 일본의 동아연맹론과 대동아공영권론이 그것을 대체하고 있었던 것이다.

## 5. 맺음말

이상의 논의를 통해, 왕징웨이와 그 추종자들이 이른바 '화평건국론'을 정당화하기 위한 수단으로서 쑨원의 대아시아주의를 이용하고 또 삼민주의 가운데 첫 항목인 민족주의가 대아시아주의와 일치한다고 하는 왜곡된 해석을 만들어냈지만 그마저도 점차 퇴색하고 결국 일본의 아시아 침략을 옹호하기 위해 등장한 동아연맹론이나 대동아공영권론에 흡수됨으로써 왕징웨이 정권은 그 대변자로 전락하고 말았다는 사실을 확인할 수 있었다.

쑨원의 대아시아주의는 일본의 대아시아주의가 대외적 침략을 합리화하기 위해 주장되고 있던 것과는 달리 아시아 제 민족 간의 평등한 연합을 강조하고 있다는 점이 지적된다. 쑨원이 고베에서 대아시아주의 강연을 한 것이 알려졌을 때 당시 한국인들의 최대 관심은 쑨원이 일본의 한국 강제병합을 어떻게 이해하고 그 해결책으로 어떤 주장을 했는가에 모아져 있었다. 이는 한국인들이 생각하기에 일본의 한국 지배를 그대로 용인한 채 아시아 제 민족 간의 평등한 연합이란 처음부터 불가능한 것이었기 때문이다. 그러나 쑨원은 일본에 한국 침략의 잘못을 지적하는 것이 적당하지 못하다는 이유로 한국문제에 대해 한 마디도 꺼내지 않음으로써 많은 한국인들을 실망시켰다. 한국인들은 "쑨원의 대아시아주의가 결국 하나의 탁상공론일 뿐 아

---

30)　原勝, 『東亞解放論序說』(東京: 日本靑年外交協會出版社, 1940), pp. 288~292.

넌가?"라고 말하면서 쑨원의 대아시아주의에 비판적인 입장을 제기하기도 했던 것이다.[31]

쑨원의 대아시아주의에 대해 비판적 입장을 제기했던 한국인들은 왕징웨이의 화평건국 주장이나 신정권 수립은 어떻게 받아들였을까? 또 화평건국의 이론적 기반으로서 왕징웨이 정권이 제시하고자 노력했던 대아시아주의와 동아연맹론 혹은 동아공영권론에 대해 한국인들이 어떤 시각을 가지고 있었는지 매우 궁금하다. 그러나 안타깝게도 당시 한국인들이 왕징웨이 정권이나 그 정권의 이론과 사상에 대해 어떤 생각을 품고 있었는지 확인해 줄 만한 자료는 찾을 수 없다.

1920년대와는 달리 1930년대 후반부터 한국의 신문이나 잡지에서는 반일 성향의 기사를 찾아볼 수 없어졌다. 1920년대 한국 언론에서 그토록 애용하고 있던, 중국과의 관계 보도를 통한 반일 혹은 한국독립에 대한 우회적인 주장[32]은 이미 어디에서도 찾아볼 수 없게 되었던 것이다. 당시 한국 언론은 일제로부터 엄격한 통제를 받고 있어서 '동아신질서' 건설을 위해 매진하자는 식의 친일적 주장만이 지면을 가득 채우고 있었다. 또 당시 한국인들은 일본어 사용과 일본식 성명 개명을 강요받고 '내선일체(內鮮一體)'를 내세운 민족 말살정책(황국신민화) 앞에 무방비 상태로 노출되어 있었다.[33] 이런 한국과 한국인들의 입장을 고려한다면 왕징웨이와 그의 추종 세력이 대아시아주의나 동아신질서 건설 주장에서 완전히 배제당하고 있던 한국과 한국인들에 대해 어떤 생각을 가지고 있었을까 하는 점이 무엇보다 궁금해

---

31)  이에 대한 자세한 논의는 Min Tu-ki, 「Sun Yat-sen in Korea: Korean View of Sun Yat-sen's Idea and Activities in 1920s」, ≪아시아문화≫ 30(1992); 이 책의 제2부 제2장 참조.

32)  배경한, 「中國現代史硏究에 있어서 新聞資料의 效用과 限界」.

33)  涉谷太吉, 「東洋平和は內鮮一體より」, ≪朝鮮≫(1939.1), pp.28~29; 井田末喜, 「皇國臣民化の敎育に就て」, ≪朝鮮≫(1939.4), pp.13~22.

지는 것이다.

　다만 쑨원의 대아시아주의가 중국과 일본을 영도세력으로 하는, 즉 중일
공동영도 아래 아시아인 연대를 주장하고 있었던 점을 고려하면 왕징웨이
와 그 추종 세력이 친일정권 수립의 정당성을 확보하기 위해 이용한 아시아
주의가 일본의 주도적 영도로 추진된 아시아연대 주장이라는 점에서 크게
다르지 않다는 데 주목할 필요가 있다. 왕징웨이 정권이 주장하던 아시아주
의는 결과적으로 중국의 주체적 참여 자체가 봉쇄된 아시아연대였던 것이
고 어떤 면에서는 이러한 일본 주도의 아시아연대에 중국의 역할을 주장하
고 있었던 것으로 볼 수도 있을 것이다. 이를테면 왕징웨이가 내세우고 있
던 아시아주의, 곧 아시아연대 주장은 비록 중국의 주도적 참여가 배제된
형태이긴 하지만 기본적으로 중국과 일본이 아시아의 주도권을 공동으로
가지는, 이른바 중일공동영도의 입장을 나타내고 있었다는 점에서 황쭌셴
과 량치차오, 쑨원으로 이어지는 중국적 대아시아주의의 계보를 잇고 있다
고 할 수 있다.

# 나오는 말

## 1. 이 책의 내용 요약

이 책의 내용을 요약하면 다음과 같다. 제1부 제1장에서는 근대 중국 아시아주의의 초기 형태를 살피려는 관점에서 개혁파 인물인 황쭌셴의『조선책략』을 집중적으로 검토했다. 흔히 근대 중국의 아시아주의에 영향을 준 것으로 알려져 있는 일본의 초기 아시아주의의 발흥과정을 흥아회의 성립과 운영을 중심으로 살펴보고 당시 일본 주재 청국 영사관 소속의 외교관으로서 흥아회와 밀접한 관련이 있다고 알려져 온 허루장, 황쭌셴과 흥아회의 실제적인 관련성문제를 검토해보았다. 그 결과로 우리는 허루장, 황쭌셴 등 청국 외교관들이 흥아회에 가입하는 등 교류를 하고는 있었지만 그 활동에 직접 참여하는 경우는 매우 드물었으며 아시아 각국 간의 연대라고 하는 흥아회의 기본적 주장에는 원칙적인 찬동을 표하면서도 일정한 거리를 유지하는 식의 소극적 관계를 가지고 있었음을 확인할 수 있었다. 특히『조선책략』의 저자 황쭌셴은 흥아회에 가입한 적이 없었으며 흥아회의 주요 멤버 가운데 한 사람인 미야지마 세이이치로와도 밀접한 교류를 가지고 있었지만 중국 고전에 대한 교류나 일본 근대화 과정에 대한 정보 수집 등에 관심을 집중하고 있었지 아시아의 연대와 같은 흥아회의 활동을 함께 한 흔적은 거의 보이지 않고 있다.

다음으로 황쭌셴의 가장 중요한 저작 가운데 하나인『조선책략』의 내용을 살펴보자면 그것은 한 마디로 러시아의 침략을 방어하기 위하여 조선정부로 하여금 일본과 우호관계를 유지하고 미국과 수교 통상하도록 권유하는 의도를 가진 것이었다. 그리고 이러한 외교책략은 황쭌셴 혹은 허루장의 개인적 주장이 아니라 1870년대 이래 계속되어온 청국의 대조선정책의 기본방향을 잘 보여주고 있다고 봐야 한다. 예컨대 당시 청국의 외교 정책 결정에 가장 결정적 영향력을 가지고 있었던 리훙장의 경우 조선에 대한 기본적 책략으로 미국에의 문호개방을 통한 열강 간의 세력균형을 계속하여 주장하고 있었고 이것을 조선 측에 권유하는 데 적극 나서고 있었음을 확인할 수 있는 것이다.

　『조선책략』은 기본적으로 청국에게 최대의 적으로 간주되고 있던 러시아의 침략을 막기 위하여 조선을 이용하려는 목적 아래 조선으로 하여금 일본, 미국과 연대할 것을 주장하고 있다는 점에서 부분적으로 아시아 지역연대의 모양을 가지고 있기는 하다. 그러나 청국과 일본의 연대라고 하는 것도 러시아의 남침에 대한 공동 대응의 필요성에 근거하고 있기는 하지만 사실은 완전한 동상이몽이었고 더구나 미국이라는 서양 열강을 연대의 대상으로 삼고 있다는 점에서는 서구 열강에 대한 아시아인들의 공동 대응이라는 흥아회 류의 아시아주의와도 상당한 거리가 있는 것을 부인할 수 없다. 오히려 러시아와 일본의 침략 아래 중국의 종주권이 위협받고 있는 상황에서 미국과의 수교를 통하여 조선에 열강 간의 세력균형을 이루고 그것을 기반으로 하여 청국의 조선에 대한 종주권을 유지 내지 강화해가려는 것을 기본적 의도로 한다는 점에서 '이이제이(以夷制夷)'를 기본으로 하는 중국의 전통적 화이관, 즉 중화질서의 국제관이 더 크게 드러나고 있다고 보아야 할 것이다. 이를테면『조선책략』에 나타나고 있는 국제관계는 아시아주의적 영향 내지 함의가 일부 존재하기는 하지만 어디까지나 전통적 화이질서가 더 강고한 형태를 유지하고 있었고 그런 점에서『조선책략』의 국제 인식은 전통적 화이질서의 근대적 이행과정에서 부분적으로 아시아주의적 모양을 띠게 되었다고 말할 수 있을 것이다.

제1부 제2장에서 다룬 것은, 무술년의 개혁(유신)운동이 개시되기 직전인 1898년 초에 량치차오를 중심으로 하는 개혁파들에 의하여 간행된『대동합방신의』와 아시아주의의 수용 문제이다.『대동합방신의』는 일본의 대표적인 초기 아시아주의 주창자로 알려져 있는 다루이 도키치의『대동합방론』을 번각 출판한 것으로 다루이의 아시아연대 주장에 중국의 개혁파들이 어떻게 대응하고 있었는지를 보여주는 좋은 예가 된다. 개혁파의 입장에서 볼 때『대동합방론』의 주장을 전적으로 받아들이기는 어려웠던 것 같다. 이 점은『대동합방신의』에서는『대동합방론』의 내용 중 상당 부분을 삭제하거나 고침으로써 다루이의 아시아주의 주장과는 다른 중국 개혁파들의 속내를 드러내고 있었다는 사실에서 분명하게 나타난다. 특히『대동합방신의』에서 삭제 수정한 부분은 개혁파가 가지고 있던 전통적 중화질서에 대한 개혁파들의 집착(과 미련)을 그대로 보여주고 있었다. 예컨대 중국이 처하고 있던 망국의 위기와 중첩된 곤경이 전통적 중화주의 체제의 유지를 불가능하게 하고 있었음에도 불구하고 다루이가『대동합방론』에서 중국의 어려운 처지를 지적하고 있는 대목과 관련하여, 그것이 중국의 개혁을 지지해주는 근거가 되는 경우에는 그 지적을 받아들이면서도 전통적 중화주의 체제의 기본 틀을 인정하지 않는 경우에는『대동합방신의』에서는 그 대목을 삭제하거나 수정하고 있는 것이다. 그렇다고 하더라도 합방 내지는 연대의 출발점이 되는 조선의 독립을 인정하지 않을 수도 없었으니 여기에 개혁파들의 아시아에 대한 인식 상의 과도적 성격 내지 이중적 성격이 나타나고 있었던 것이다. 말하자면 근대적 국제관계의 새로운 정립을 둘러싸고 전개되고 있던 동아 국제질서의 재편 속에서 전통적 중화주의의 변용을 일정 부분

모색하지 않을 수 없었던 것이다.

이런 측면에서 접근해볼 때 다루이의 아시아주의에 대한 개혁파의 이해
와 수용 과정에서 나타나고 있는 주목할 만 한 점은, 일본 중심의 동아시아
국제질서로의 재편 과정 속에서 기존의 중국 중심의 동아시아 질서를 함께
유지시키고자 하는 시도가 이루어지고 있었다는 사실이다. 곧 한국과 일본
의 병합 이후 진행될 중국과의 연대를, 중국과 일본이 공동으로 지도력을
행사하는 동아시아 국제질서로 보려고 했다는 점이다.

다음으로 1910~1920년대를 연구 대상으로 하는 제2부 제1장에서는 신해
혁명 전후 시기, 혁명파의 대표적 지도자인 쑨원의 아시아에 대한 인식을
살펴보았다. 우선 일본에 대한 그의 인식은 비록 긍정, 부정의 양면이 공존
하는 복잡한 모습을 보이고 있지만 일본의 제국주의적 면모를 이해하는 데
필수불가결한 문제인 한국문제에 대한 쑨원의 소극적 내지 자기 규제적 태
도를 고려할 경우 제국주의 열강으로서의 일본에 대한 쑨원의 인식에는 상
당한 한계가 있었다고 할 것이다. 또 마찬가지의 입장에서 쑨원이 강조하고
있던 중일 간 연대나 중일공동영도를 전제로 하는 아시아 제민족의 연대라
고 하는 아시아주의 주장도, 한국을 식민지로 삼고 중국으로의 침략을 본격
화해가고 있던 제국주의 열강 일본에 대한 쑨원의 인식이 얼마나 환상에 가
까운 것이었던가를 잘 보여주고 있는 것이다. 쑨원은 중국혁명에 대한 일본
의 지원을 얻고자 하는 책략적 입장에서 아시아 여러 민족 간의 연대를 설
정하고 있었기 때문에 침략자 일본을 맹주로 삼고자 하는 그의 아시아주의
는 사실상 실현 가능성이 거의 없게 되고 말았던 것이다.

그런 한편으로 신해혁명의 와중에서, 곧 청조의 몰락이 가져온 중앙권력
의 공백 가운데서 터져 나온 몽골, 티베트 등 '변방'의 독립 요구는, 만주족
지배로부터 한족의 해방을 주장하는 신해혁명과 마찬가지로 이민족 한족의
지배로부터의 자기 민족의 해방을 주장하는 것이었다. 그러나 이들 변방 약

소민족의 독립요구를 열강의 중국 분할책으로 본 쑨원을 비롯한 혁명파의 (그에 대한) 대응은 몽골, 티베트에 대한 군사정벌 주장에서 잘 드러나듯이 철저하게 전통적 중화주의적 영토관념을 보여주고 있다. 군사정벌론의 다른 대안으로 제기되었던 오족공화론 주장도 변방의 이탈에 대한 급조된 소수민족 무마정책이었으니 다른 면에서 보자면 그것은 전통적 중화주의적 동아시아 국제질서의 변종인 셈이다. 1920년대에 가서 쑨원이 이 오족공화론을 버리고 민족융화론을 제기하고 있었던 것은 오족공화론 자체가 임시 변통에 불과한 것이었다는 점을 분명하게 보여준다는 점에서 주목해야 할 것이다.

이어서 제2부 제2장에서는 1924년 11월, 일본 고베에서 행한 이른바 대아시아주의 강연에서 드러나고 있는 쑨원의 아시아연대 주장이 어떠한 내용이며 또 어떠한 성격을 가지고 있는가를 다루어보았다. 우선 군벌들과의 정치적 협상을 위하여 북상길에 올랐던 쑨원이 도중에 일본을 방문한 것은, 톈진행 배편을 구하지 못했기 때문에 일본을 거치게 되었다는 그의 주장과는 달리 광저우를 출발하는 단계에서부터 이미 계획되고 준비되었던 것으로 일본정부 측과도 일정한 협의를 거쳐 결정된 것이었음을 밝혔다. 그러나 일본으로부터 모종의 지지나 지원 약속을 받아 군벌들과의 (베이징) 담판에 임하려던 쑨원의 계획은 성공하지 못하고 말았다. 11월 28일 고베에서 행한 대아시아주의 강연은 바로 이러한 쑨원의 고충이 표출된 것이었다. 쑨원은 이 강연에서 일본의 성공을 치하하고 중국과 일본이 공동으로 지도하는 아시아 민족들의 연합을 강조함으로써 당시 배일이민법 문제로 반미감정이 고양되어 있던 일본국민들에게 자신에 대한 지지를 끌어내려고 했던 것이다. 또 쑨원은 자신이 북상의 목표로 내세웠던 '불평등조약의 철폐' 요구를 유보한 채 치외법권과 관세자주권의 회복만을 당장의 목표라고 말함으로써 일본정부와 국민들의 감정을 자극하지 않으려고 노력하는 '자기 규제적' 입장을 보이고 있었다.

쑨원이 대아시아주의 강연에서 중국과 일본을 포함하는 아시아를 '왕도 문화'로, 그리고 서구 열강을 '패도문화'로 규정하면서 이러한 아시아의 문화적 일체성을 기반으로 아시아인의 연대를 강조하고 나아가 서구 열강의 침략에 대한 공동 대응을 주장하고 있는 것은 일본 아시아주의자들의 아시아연대 주장의 영향을 그대로 보여주고 있다. 다만 이와 함께 쑨원이 강조하고 있던 것이, 개혁파 지도자인 황쭌셴이나 량치차오와 마찬가지로 아시아연대 속에서 일본과 함께 중국의 주도권을 유지하려는 주장, 곧 중일공동 영도였음에 주목할 필요가 있을 것이다.

그러나 쑨원의 대아시아주의 강연에서는 아시아 민족들 간의 연합과는 상반되는 일본의 제국주의 침략자로서의 입장은 철저하게 간과되고 있었으니 한국의 독립문제나 일본의 한국 지배가 가지는 부당성에 대한 언급은 들어 있지 않은 채 중국과 일본에 의한 공동 영도만이 강조되고 있었던 것이다. 이 또한 쑨원의 자기 규제적인 표현이라고 볼 측면이 없지 않으나 쑨원의 중화주의적 영토관념에 대한 강한 집착과 관련지어 볼 경우에는 단순한 전략적 언급으로만 보기는 어려울 것이다.

1930~1940년대를 대상으로 하는 제3부 제1장에서는 중일전쟁 시기 장제스 국민정부의 한국에 대한 태도와 정책을 집중적으로 살펴보았다. 한국광복군 창설을 둘러싼 한국임시정부와 중국 국민정부 사이에 벌어진 논의는 1940년 한국임시정부의 충칭 정착 이후부터 본격적으로 추진되었는데, 그것은 한 마디로 임시정부의 독사적 운영권 확보 노력과 중국 측의 이에 대한 견제 및 통제정책을 잘 보여주고 있다. 중국 측에서는 「한국광복군행동 구개준승」의 제정을 통하여 광복군을 군사위원회에 예속시키고 그 실제적 운영도 군사위원회에서 파견한 중국 장교들이 장악하도록 했다. 중국 측의 이러한 정책은, 항일을 위한 연대라는 '중한호조'의 측면이나 한국 망명정부

에 대한 인도적 지원이라는 측면보다는 주변 약소민족에 대한 통제와 예속이라는 전통적 중화주의의 측면을 더 잘 보여준다고 할 수 있을 것이다.

한편으로 1940년 이후, 특히 1941년 말 태평양전쟁 발발 이후 한중 간 중요 현안으로 떠오른 임시정부에 대한 승인문제에서도 장제스와 국민정부 측에서는 적극적인 승인 의지보다는 소극적이고 관망적인 태도를 보여주고 있었다. 국민정부의 이러한 신중한 태도의 이면에는 한국독립운동 세력 내부의 분쟁이 워낙 심하여 임시정부가 한국독립운동 세력을 (충분하게) 대표하지 못하고 있다는 판단과 다른 열강들 특히 미국과 소련의 입장에 대한 고려를 하지 않을 수 없다고 하는 중국 측의 복잡한 속내가 들어 있었다. 중국 측에서는 임시정부에 대한 승인을 통하여 전후 한반도에서의 영향력을 확보하려는 의도와 함께 임시정부에 대한 견제와 통제, 그리고 미국을 비롯한 열강과의 관계를 고려해야만 하는 복잡한 상황에 처해 있었던 까닭에 한국임시정부 승인문제는 결코 간단한 문제가 아니었던 것이다. 그럼에도 불구하고 중국 측에서는 종전을 앞두고 동맹군의 한국 진공 시에 중국군도 참여하는 방안을 내부적으로 검토하고 있었고 재정적 원조와 민간투자의 확대 등을 포함한 한국에 대한 지원 확대를 검토하기도 했다. 아울러 국민정부 측에서는 카이로회담에서 한국의 독립 이전에 거치도록 규정한 '적당 시기'에 대한 방안으로 외교와 국방을 중국인고문이 담당하는 고문정치를 검토하는 등 적극적인 개입 의사를 분명히 하고 있었음이 확인된다.

태평양전쟁 시기 장제스를 중심으로 하는 국민정부의 이러한 대한정책은, 중국 측의 전후 아시아 국제질서에 대한 구상을 엿볼 수 있는 하나의 창이 될 수 있을 것이다. 즉 장제스와 국민정부 측에서는 카이로회담에서 합의된 내용인, 중일전쟁으로 일본에게 빼앗겼던 영토인 만주와 타이완, 평후열도를 회복하는 것을 넘어서서 전통시대 중국이 종주권을 행사하던 지역인 변강지역에 대한 적극적인 영향력 확대라는 입장을 관철하려고 하고 있었던 것이다. 물론 중국 측의 이러한 전후 아시아 구상은 쉽게 달성될 수 없었으니 전통시대 중국의 변강지역은 대부분 전승국인 열강들의 이해관계 안에 들어있었던 때문이다. 예컨대 티베트는 영국의 지배 아래에 들어 있었고 베트남은 프랑스의 지배 아래, 그리고 신장의 일부와 몽골은 남하하는 소련의 영향력 아래 들어 있었던 것이니 이들 지역에 대한 중국의 영향력 확보는 동맹국 열강들과의 충돌을 가져올 수밖에 없었던 것이다. 특히 베트남의 독립에 대한 국민정부 측의 입장은 주변 지역에 대한 전통적 영향력 회복 의도와 항일전쟁의 수행을 위해 협력관계를 유지해야 했던 영국, 프랑스, 미국 등 서구 열강들과의 복잡한 관계 속에서 중국의 이해관계 속에서 처리되고 있음을 보여주고 있다. 이를테면 장제스와 국민정부가 도모하고 있던 한반도 정책을 비롯한 동아시아 국가(민족)들에 대한 정책 구상은 일본의 아시아 침략 이전 상태의 아시아 국제질서의 회복과 그것을 통한 중국의 주도권 회복 의도를 잘 보여주고 있는 것으로, 거기에서 드러나고 있는 장제스·국민정부의 전후 아시아 구상은, 전통적 중화 제국체제의 회복으로 이해될 수도 있는 것이었음에 주목해야 할 것이다.

제3부 제2장에서는 카이로회담에서의 한국문제 논의 과정에 나타나고 있던 중국의 입장을 집중적으로 살펴보았다. 우선 카이로회담의 의제와 관련한 국민정부의 구체적인 준비는 군사위원회참사실과 국방최고위원회비서청의 두 기관을 통하여 이루어졌음을 확인했다. (이를테면) 한국의 독립문제는 장제스와 국민정부가 카이로회담 준비 과정에서 처음부터 매우 중요한 의제의 하나로 삼고 있던 문제였던 것이다. 1943년 11월 23일 밤, 카이로에서 열린 장제스와 루스벨트 사이의 단독 회담은, 회의 참여나 진행과정에서 주로 미국에 의존할 수밖에 없었던 장제스의 입장에서는 그나마 자신의 주장을 전달할 수 있는 가장 중요한 회의였다. 한국문제는 여기에서도 중요 논제 가운데 하나로 다루어졌는데, 이 날의 양자회의에서 장제스가 전

후 한국의 독립문제를 먼저 제기하고 루스벨트가 동의함으로써 24일부터 작성되기 시작한 선언문에 한국문제가 들어가게 되었다. 다만 이후의 역사에서 심각한 문제가 된 '적당 시기에'라는 전제가 '한국독립'의 앞에 붙게 된 것은, 루스벨트의 식민지 해결 방안이던 신탁통치 방안이 수정과정에서 첨가된 결과였으며 장제스의 원래 주장인 "즉각적인 한국독립"은 미국의 입장에 밀려 유보되고 말았다. 당시 류큐문제나 한국문제에 대한 실질적인 영향력을 확보하지 못한 채 미국의 양해 아래 사강회의에 참석하게 된 장제스로서는, 전후 미국 주도의 동아시아 국제질서 수립에 있어서 미국의 주도권에 도전하기는 불가능했을 것이다.

이러한 상황은 카이로회담과 종전 전후 시기 중국의 베트남 독립문제에 대한 대응에서도 분명하게 확인된다. 카이로회담에서 장제스는 한국과 함께 베트남의 전후 독립을 주장했지만 프랑스를 지지하던 영국의 주장에 밀려 전후 베트남의 독립은 카이로선언에 포함되지 못했다. 이후 중국 측에서는 전쟁 기간 중의 우방인 프랑스의 베트남 식민지 회복과 베트남 독립운동 지원이라는 두 가지 입장 사이에서 고민하는 듯했지만 기본적으로 미국과 영국의 프랑스 지지, 그리고 프랑스와의 불평등조약 개정 담판을 의식해 프랑스의 복귀를 지지하는 입장을 취함으로써 베트남 독립에 대한 지지를 사실상 철회했다.

이러한 사실들로 볼 때 카이로회담에서부터 종전 전후 시기까지 한국과 베트남 등 동아시아 약소민족들의 독립문제에 대한 중국 측의 입장은 어디까지나 자국의 이익을 확보하는 데 맞추어져 있었던 것이며 전후 중국의 아시아 국제질서 구상은, 19세기 말 이래로 일본이 빼앗아 간 동아시아의 주도권을 중국이 '회복'하는 것이었음을 알 수 있다.

제3부 제3장에서는 왕징웨이 친일정부의 아시아연대 주장을 살펴보았다. 그 결과 왕징웨이와 그의 추종자들이 자신들의 이른바 '화평건국론'을

정당화하기 위한 수단으로서 쑨원의 대아시아주의를 이용하고 또 삼민주의 가운데 첫 항목인 민족주의가 대아시아주의와 일치한다고 하는 왜곡된 해석을 만들어내었음을 확인할 수 있었다. 그러한 왜곡된 대아시아주의조차도 점차로 퇴색되고 드디어는 일본의 아시아 침략을 옹호하기 위한 이론으로 등장한 이른바 동아연맹론이나 대동아공영권론에 흡수되고 왕징웨이 정권은 그 대변자로 전락하고 말았다는 사실 또한 확인해 볼 수 있었다.

다만, 쑨원의 대아시아주의가 중국과 일본을 영도세력으로 하는, 즉 중일 공동영도하의 아시아인의 연대를 주장했음을 고려한다면 왕징웨이와 그의 추종자들이 친일정권 수립의 정당성 확보를 위하여 이용하고자 한 아시아주의가, 일본의 주도적 영도 아래 추진되는 형태의 아시아연대 주장이라는 점에서 크게 다르지 않다는 점에 주목할 필요가 있다고 본다. 왕징웨이 정권이 주장하던 아시아주의도, 결과적으로 중국의 주체적 참여 자체가 봉쇄된 아시아연대였던 것이긴 하지만, 기본적으로는 일본 주도의 아시아연대 속에서 나름대로 중국의 주도권 확보를 주장하고 있었음에 주목해야 한다. 이를테면 왕징웨이가 내세우고 있던 친일을 위한 아시아주의 곧 아시아연대 주장은, 비록 중국의 주도적 참여가 어려운 상황 아래에서지만 기본적으로는 중국과 일본의 주도권을 강조했던 쑨원의 대아시아주의, 더 거슬러 올라가서는 19세기 말 황쭌셴, 량치차오에게서 보이는 아시아연대 주장과 같은 맥락 위에 서있었음을 볼 수 있는 것이다.


## 2. 근현대 중국의 아시아주의와 중화주의의 변용

앞에서 살펴본 대로 1870년대에서 1940년대에 이르는, 근현대 시기 중국에서는 다양한 형태로 아시아주의 주장이 대두하고 있었다. 그것들은 대개가 아시아주의의 진원지였던 일본의 영향을 강하게 받으면서, 혹은 그것에 대한 대응의 형태로서 아시아의 국제적 질서에 대한 중국 나름의 방향을 제시하는 내용을 가지고 있었다.

주지하듯이 19세기 중반 이전까지의 이른바 전통시대에 중국이 아시아에 대하여 가지고 있었던 기본적 인식과 정책은, 책봉과 조공 관계를 근간으로 삼는 중국 중심주의, 곧 중화주의와 그것에 기반을 둔 국제질서인 '중화제국질서'였다. 물론 시대와 상황에 따라 중화제국질서의 실질적 모양은 많은 변화를 보이고 있으며 역사상의 복잡다기한 동아시아 국제관계를 조공 책봉관계라는 중화제국질서로만 설명할 수도 없다는 주장 또한 설득력을 가진다.[1] 그럼에도 불구하고 특히 중화제국질서의 존재 자체가 어려워진 근대 이후에 들어와서도 중화의 재보편화를 기반으로 하는 '제국에의 꿈'이 얼마나 강인하게 추구되고 있었던가에 대한 최근의 연구는 중화제국질서의 역사적 관성이 얼마나 큰지를 잘 말해주고 있다.[2]

그러나 이러한 중화 제국질서는 아편전쟁 이래 제국주의 열강들의 침략 아래 커다란 도전에 직면했다. 1840년 영국의 중국 침략전쟁인 아편전쟁 이후 프랑스, 독일, 러시아 및 일본, 미국에 이르기까지 서양 열강들의 잇단 중국에 대한 침략은 중화제국질서의 축을 이루던 조공국들의 식민지화를 가져왔고 그 결과로 이들 지역의 중국으로부터의 이탈을 가져왔을 뿐만 아니라 중국 내지에 대한 광범한 침탈과 할양으로 번지면서 중국 자체의 존립마저 크게 위태로워졌던 것이다. 흔히 변방의 위기, 과분의 위기로 표현되는 이런 위기상황에 대한 적극적인 대처방안으로서 제기된 자강(양무와 변법)

---

1) 구범진, 「동아시아 국제질서의 변동과 조선 청 관계」, 이익주 외, 『동아시아 국제질서 속의 한중관계사-제언과 모색』(동북아역사재단, 2010), p.370.

2) 전인갑, 『현대중국의 帝國夢: 중화의 재보편화 100년의 실험』(학고방, 2016) 참조.

운동은 절박한 위기의식 속에서 급박하게 추진되었으나 1880년대에서 1890
년대에 일어났던 청불전쟁과 청일전쟁에서의 패배는 자강운동의 실패를 노
정해주는 동시에 중화제국질서의 와해를 분명하게 드러내 보여주었다.

　이런 상황 속에서 등장한 중국의 아시아주의는 기본적으로 1870년대 이
래 일본에서 대두하고 있던 아시아주의의 직접적인 영향 아래 또는 일본 아
시아주의에 대한 대응의 형태로 나타나고 있었다. 주지하듯이 일본의 초기
아시아주의는 서구 열강의 침략에 직면하여 식민지로 전락한 아시아의 연
대를 내세우면서 황인종의 단결을 주장하는 한편으로 일본의 주도적 역할
을 강조하는 주장을 기본으로 삼고 있는 것으로 비교적 순수한 낭만적 성격
을 띠고 있었다. 일본의 초기 아시아주의가 내세우고 있던 황인종의 단결이
라는 종족주의적 접근은, 우승열패의 진화론적 입장에서 서구 열강의 아시
아 침략을 바라보고 있던 당시 중국인들로서도 쉽게 받아들일 수 있는 주장
이었다.[3] 그뿐만 아니라 메이지유신 이후 유일하게 성공적 근대화를 달성
하면서 아시아의 열강으로 떠오르고 있던 일본은 중국의 학습 대상이었으
니 이 책의 제1부에서 다룬 황쭌셴이나 량치차오와 같은 개혁파들의 입장
에서는 일본을 배우는 과정 속에서 자연스럽게 일본의 아시아주의에 접근
하거나 공명하고 있었던 것이다.

　일본의 아시아주의에 대한 대응 과정, 곧 중국의 아시아주의 수용과정은
한편으로 중국의 전통적 중화주의 내지 중화제국질서의 상당한 수정과 재
편을 요구하는 일이었다. 서구 열강의 침략이 일차적으로 중국의 주변 아시
아 제국에 대한 전통적 영향력 자체를 존립할 수 없게 만들었을 뿐만 아니
라 전통적으로 중국의 주변에 해당한다고 봐온 일본 주도의 아시아연대 주
장을 용인하기는 더 어려웠기 때문이다. 그뿐만 아니라 아시아의 새로운 열

---

　3)　박노자, 『우승열패의 신화』, p.80, pp.202~203 참조.

강으로 떠오르면서 한국에 대한 침략 병합의 의도를 강하게 드러내고 있던 일본과의 연합, 혹은 일본이 주장하는 아시아연대는 중국에게 그리 받아들이기 쉬운 것이 아니었을 것이다. 그러나 일본의 대두나 아시아 침략 가능성보다 당시의 중국인들에게 더욱 위험한 것으로 받아들여졌던 것은, 서구 열강 그 가운데서도 러시아의 침략이었다는 점에서 본다면 중국이 일본과의 연대를 받아들일 수 있는 여지는 충분히 있었다. 중국이 기왕의 중화제국질서 속에서 유지해온 아시아에 대한 주도권을 청일전쟁 이후 아시아의 새로운 맹주가 된 일본에게 넘겨주는 것이 아니라 그 일본과 함께(연대하여) 아시아의 주도권을 가진다고 하는 중일공동영도의 주장은 바로 이런 점에서 중국인들에게 새로운 돌파구가 되었으니 19세기 말 20세기 초 중국 아시아주의의 가장 중요한 특색 가운데 하나는 '중일공동영도' 주장이었던 것이다. 중일공동영도 주장은 이 책의 제1부와 제2부에서 자세하게 다루어본 대로 개혁과 황쭌셴이 조선에 권유한 '친중국, 결일본'으로 나타나고 있었고 량치차오가 동의한 다루이의 '대동합방'으로 나타나고 있었으며 이어서 쑨원이 말하는 '대아시아주의'로도 나타나고 있었던 것이다.

다른 한편으로 중국의 아시아주의는 중국이 자신들의 속방으로 간주하고 있던 주변 아시아 여러 국가들과의 관계 또한 재설정하지 않을 수 없게 만들었다. '동종동문'이나 '왕도문화'와 같은 전통적 중국 문화에서 아시아 여러 국가 간의 연대 기반을 찾는 작업과 함께 식민지로 전락하거나 전락할 위기에 놓인 한국이나 베트남 같은 주변 여러 나라의 독립에 대한 '지원' 또한 여러 각도에서 모색되고 있었다. 그러나 중국이 주변 지역에 대한 '지원'을 한 이면에는 이 지역에 대한 전통적 영향력 회복에 대한 희망이라는 중화주의적 입장이 강하게 자리 잡고 있었음을 볼 수 있다. 이를테면 19세기 말부터 20세기 전반기에 걸친 시기에 이루어진 중국의 주변 약소민족에 대한 지원은 반제를 공동의 목표로 삼는 아시아연대 주장과 중국 중심의 중화주의적 국제질서 회복 주장 사이에서 고민하는 중국의 모습을 잘 드러내 보여주고 있는 것이다. 이를테면 19세기 말 20세기 초, 중화제국체제의 위기 속에서 중국인들의 전통적 관념인 중화주의는 상당한 변용과 회귀라는 두 방향의 지향을 강하게 나타내고 있었던 것이다.

그러나 1930년대에 들면서 일본의 중국 침략이 본격화되면서 중국의 아시아 인식에는 커다란 변화를 거치게 된다. 사실 이러한 변화는 일본의 한국, 타이완 병합과 대륙 '진출'로 드러나고 있던 일본 아시아주의의 침략주의로의 변질과 이전 단계의 중일공동영도 주장이 가지는 비현실성으로 본다면 처음부터 예견되던 일이었다. 즉, 일본의 대륙 침략이 본격화된 1931년 이후 단계에 가게 되면 더 이상 일본과의 공동영도나 일본을 포함한 아시아연대는 불가능하다는 것이 분명해지게 된다. 그런 다음 중국의 아시아 인식 혹은 아시아 정책은 '항일을 위한 아시아연대'로 변화할 수밖에 없었으니 1930~1940년대 중국과 아시아 각지에서 전개된 반제 항일연대의 노력들은 그러한 변화를 잘 보여주는 대목이 될 것이다. 그러나 이 책의 제3부에서 집중적으로 논의한 중일전쟁 시기 장제스와 국민정부의 한국문제 인식이나 대한정책에서 잘 드러나듯이 '항일을 위한 아시아연대' 주장 속에서도 중국은 여전히 중국 중심의 아시아, 중국 중심의 항일이라는 입장을 강하게 유지하고 있었다. 이를테면 그 앞 단계에서 말하던 중일공동영도에서 일본을 제외한 형태의 중국영도 하의 아시아연합, 아시아연대 주장으로 복귀하고 있었던 것이고 이것은 전통적 중화주의로의 회귀 지향을 보여주는 대목으로 주목되어야 한다는 말이다. 비록 여러 가지 변용을 거치기는 하지만 중국의 아시아 인식 내지 아시아주의가 가지는 한계인 중화주의의 극복이 얼마나 어려운 일인지를 잘 보여주고 있는 것이다.

근현대 중국의 아시아주의에 대한 이러한 비평적 관점은 나아가 2000년대 이후 세계적 최강국으로 대두하고 있는 중국을 바라보는 한국인의 시각

조정에도 중요한 기준이 된다고 생각한다. 이 책에서 현대 중국 아시아주의 주장의 중요한 측면인 공산주의자들의 아시아 인식 내지 아시아연대 주장에 대한 검토를 하지는 못했다는 점이 커다란 아쉬움으로 남지만, 이 책의 제1부와 제2부에서 확인한 대로 청말과 민국 시기 중국 아시아주의 사이에 연속성이 강하게 나타나고 있다는 점에서 미루어본다면 국민정부(중화민국)와 중공정권(중화인민공화국)의 아시아 인식, 아시아 정책의 연속성 또한 클 것으로 짐작된다. 이러한 연속성은, 오사운동 이래 부단히 지속되어온 중화의 재보편화를 추적한 최근의 연구를 통해서도 확인될 수 있을 것이다.[4] 따라서 이 책에서 언급한 중국 아시아주의의 한계들 또한 현재의 중국, 곧 중공정권이 보여주고 있는 아시아 인식, 아시아 정책에 거의 그대로 이어지고 있다는 것이 필자의 기본적 관점이다. 이런 점에서 볼 때 중국이 세계적 열강으로 발돋움하고 있는 오늘날에도 중국 중심주의, 즉 중화주의의 극복이라고 하는 것이 오늘날 한국을 비롯한 아시아 각국이 중국에 대하여 가져야 할 비판적 문제의식인 동시에 중국이 풀어야 할, 혹은 극복해야 할 가장 중요한 과제인 것이다.

---

4)    전인갑, 『현대중국의 帝國夢: 중화의 재보편화 100년의 실험』.

# 참고문헌

■ 신문, 잡지

≪開闢≫(1925, 서울).

≪獨立新聞≫(1919~1925, 上海).

≪東亞日報≫(1924~1925, 서울).

≪每日申報≫(1924, 서울).

≪時代日報≫(1924, 서울).

≪朝鮮日報≫(1924~1925, 서울).

≪朝光≫(1939~1940, 서울).

≪朝鮮≫(1939~1940, 서울).

≪廣州民國日報≫(1923~1936, 廣州).

≪大公報≫(1902~1966 중 1902~1945 부분, 天津).

≪大共和日報≫(1912~1915, 上海).

≪民報≫(1905~1908, 1910, 東京).

≪民國日報≫(1916~1947, 上海).

≪民權報≫(1912~1914, 上海).

≪民立報≫(1910~1913, 上海).

≪時報≫(1904~1939, 上海).

≪時事新報≫(1911~1948 중 1911~1945 부분, 上海).

≪新民叢報≫(1902~1907, 橫濱).

≪申報≫(1872~1949, 上海).

≪中央日報≫(1928~1949, 上海, 南京, 重慶).

≪中興日報≫(1907~1910, 싱가포르)

≪漢口民國日報≫(1926~1927, 漢口).

≪嚮導週報≫(1922~1927, 上海).

≪華字日報≫(1864~1941 중 1893~1941 부분, 香港).

≪國聞週報≫(1924~1937, 上海, 天津).

≪大亞洲主義≫(1941~1942, 南京).

≪大亞洲主義與東亞聯盟≫(1942~1944, 南京).

≪大東亞月刊≫(1942~1944, 南京).

≪獨立評論≫(1932~1937, 北京).

≪東方雜誌≫(1904~1948 중 1904~1945 부분, 上海).

≪東亞聯盟≫(1939~1943, 東京).

≪東亞聯盟≫(1940~1943, 北京).

≪東亞聯盟月刊≫(1940~1943, 廣州).

≪東亞聯盟月刊≫(1941~1943, 南京).

≪三民主義半月刊≫(1928~1932, 北京).

≪三民主義月刊≫(1933~1937, 廣州).

≪旅歐雜誌≫[1916~1917, 巴黎(Paris)].

≪中央黨務月刊≫(1928~1937, 南京).

≪東京朝日新聞≫(1939~1940, 東京).

黑木彬文·鱒澤彰夫 編, ≪興亞會報告, 亞細亞協會報告≫, 東京: 不二出版社, 1993.


■ 문집, 연보, 자료집

康有爲, 이성애 역, 『大同書』, 을유문화사, 2006.

黃遵憲, 조일문 역주, 『朝鮮策略』, 건국대학출판부, 2001.

高平淑 編, 『蔡元培全集』第1卷, 北京: 中華書局, 1984.

『苦笑錄(陳公博回憶錄)』, 香港: 香港大學出版社, 1979.

國史館 印行, 『事略稿本』 47~55, 臺北: 國史館, 2010~2011.

段雲章 編著, 『孫中山與日本史事編年』, 廣州: 廣東人民出版社, 1996.

羅家倫 主編, 『國父年譜』全2冊(增訂本), 臺北: 中國國民黨黨史會, 1969.

『廖仲愷年譜』, 陳福霖·余炎光 編, 長沙: 湖南出版社, 1991.

『廖仲愷集』, 北京(中華書局), 1983.

林美莉 編輯校訂, 『王世杰日記(上)』, 臺北: 中央研究院近代史研究所, 2013.

『邵元沖日記』, 上海: 上海人民出版社, 1990.

『孫中山史事詳錄(1911~1913)』, 王耿雄 編, 天津: 天津人民出版社, 1986.

『孫中山年譜長篇(上下)』, 北京: 中華書局, 1991.

『孫中山藏檔選編』, 北京: 中華書局, 1986.

『孫中山全集』1~12卷, 北京: 中華書局, 1981~1986.

『孫中山集外集』, 上海: 上海人民出版社, 1990.

『孫中山集外集補編』, 上海: 上海人民出版社, 1994.

『宋教仁集』2冊, 陳旭麓 編, 北京: 中華書局, 1981.

『雙淸文集(上下)』, 北京: 人民出版社, 1985.

『汪精衛文選(現代名人創作叢書)』, 上海, 1936.

『汪精衛文存』, 廣州: 民智書局, 1926.

『汪精衛先生最近言論集』, 香港: 南華日報, 1930.

『汪精衛演講錄』, 上海: 中國印書館, 1927.

『汪精衛全集』2卷, 上海: 三民公司, 1929.

『汪精衛集』1~4卷, 上海, 1929~1932.

『汪主席和平建國言論集(上)』, 上海, 1938.

『飮氷室文集(上下)』, 上海: 廣智書局, 1905.

『飮氷室合集集外文(上下)』, 北京: 北京大學出版社, 2005.

「陳公博獄中日記」, ≪民國檔案≫ 1991-4.

『陳獨秀著作選』1~3, 上海: 上海人民出版社, 1993.

『李石曾先生文集』2冊, 臺北: 國民黨黨史會, 1980.

『李宗仁回憶錄』, 香港: 南粵出版社, 1986.

『蔣介石日記』, 1917~1945(스탠퍼드대학교 후버연구소 소장원본).

『周佛海日記(上下)』, 北京: 中國社會科學出版社, 1986.

『陳公博周佛海回憶錄合編』, 香港: 春秋出版社, 1971.

『胡漢民先生文集』 4冊, 臺北: 國民黨黨史會, 1978.

『胡漢民先生年譜』, 蔣永敬 編, 臺北: 國民黨黨史會, 1978.

『胡漢民自傳』, 臺北: 傳記文學社, 1969.

胡漢民, 『遠東問題與大亞細亞主義』, 廣州: 民智書局, 1935.

金雄白, 汪政權始末記(汪政權的開場與消場) V.1-5, 香港: 春秋雜誌社, 1965.

南華日報社編輯部 編, 『汪精衛先生重要建議』, 香港, 1939.

駱伯鴻 編譯, 『史迪威抗戰日記』, 長沙: 湖南人民出版社, 2013.

毛思誠 編, 『民國十五年以前之蔣介石先生』, 南京, 1936(1968 香港 龍門書店 影印本).

梁啓超, 『飲氷室文集(上下)』, 臺北: 中華書局, 1930.

王德勝 編, 『蔣總統年表』, 臺北, 1982.

汪精衛, 「自述」, ≪東方雜誌≫ 31-1期(1934.1.1).

張江裁 編, 『汪精衛先生行實錄』, 南京: 中華民國史料編刊會, 1943.

張江裁, 『汪精衛先生庚戌蒙難實錄』, 南京: 中華民國史料編刊會, 1943.

朱金元 編, 『汪僞受審紀實』, 杭州: 浙江人民出版社, 1988.

中國國民黨中央宣傳部 編, 『汪主席和平建國言論集』, 上海, 1939.

中國社會科學院近代史研究所 譯, 『顧維鈞回憶錄』 第1冊, 北京: 中華書局, 1983.

中央通信社 編, 『汪主席和平建國言論選集』, 南京, 1944.

陳鵬仁 譯著, 『汪精衛降日秘檔』, 臺北: 聯經出版公司, 1999.

陳靜 編, 『黃遵憲全集(上下)』, 北京: 中華書局, 2005.

蔡德金 王升 編, 『汪精衛生平紀事』, 北京: 中國文史出版社, 1993.

蔡德金 編, 「西安事變前後汪精衛與陳璧君等來往電函」, ≪近代史資料≫ 60 (1986).

何孟恆 編, 『汪精衛先生政治論述』, 未刊原稿(스탠퍼드대학교 동아도서관 소장본).

黃美眞 編, 『汪精衛國民政府成立』, 上海: 上海人民出版社, 1987.

黃美眞 編, 『僞廷幽影錄: 對汪僞政權的回憶紀錄』, 北京: 文史出版社, 1991.

『中華民國開國五十年文獻』, 臺北: 正中書局, 1974.

『革命文獻』 第1-78輯, 羅家倫 主編, 臺北: 國民黨黨史會, 1978(影印再版).

谷鐘秀,『中華民國開國史』, 上海, 1914(1962 臺北 文星書店 影印本).

郭廷以,『中華民國史事日誌』第1卷, 臺北: 中研院近代史所, 1979.

廣東省檔案館 編,『廣東區黨·團研究史料』, 廣州, 1983.

查建瑜,『國民黨改組派資料選編』, 長沙: 湖南人民出版社, 1986.

榮孟源 主編,『中國國民黨歷次代表大會及中央全會資料(上冊)』, 北京, 1985.

李雲漢 編,『抗戰前華北政局史料』, 臺北: 正中書局, 1982.

蔣介石,『蘇俄在中國』, 臺北, 1956.

蔣永敬 編,『北伐時期的政治史料: 1927年的中國』, 臺北: 正中書局, 1981.

蔣永敬 編,『民國胡展堂先生漢民年譜』, 臺北: 商務印書館, 1981.

趙中孚·張存武·胡春惠 編,『近代中韓關係史資料彙編』第12冊, 臺北: 國史館, 1990.

中國社會科學院近代史研究所翻譯室 編譯,『共產國際有關中國革命的文獻資料』 第
　　1-5輯, 北京, 1981.

中國第二歷史檔案館 編,『中國國民黨第一·二次全國代表大會會議史料』, 南京, 1986.

中國第二歷史檔案館 編,『中華民國史檔案資料匯編』第4輯(上下), 南京, 1986.

中國第二歷史檔案館 編,『馮玉祥日記』第2, 3冊, 南京, 1992.

中國第二歷史檔案館 編,『中華民國史檔案資料匯編』第1輯, 南京: 江蘇人民出版社,
　　1979.

中國靑年軍人社 編,『反蔣運動史』, 上海, 1934.

中央研究院近代史研究所 編,『國民政府與韓國獨立運動史料』, 臺北, 1988.

秦孝儀 主編,『中華民國重要史料初編: 對日抗戰時期』第3編 戰時外交(第3冊), 臺
　　北: 中國國民黨黨史委員會, 1981.

鄒魯,『中國國民黨史稿』, 臺北: 商務印書館, 1976.

胡漢民,『遠東問題與大亞細亞主義』, 廣州: 中興學會, 1935.

『韓國問題研究綱要及資料』,『外交部檔案』, 臺灣 中央研究院檔案館 所藏, 11-EAP-
　　06113.

林定平,「韓國革命運動(1944.6)」,『外交部檔案』, 11-EAP-05348.

『琉球問題』,『外交部檔案』, 11-NAA-05508.

松本重治,『上海時代』, 東京: 中央公論社, 1988.

原勝,『東亞解放論序說』, 東京, 1940.

楢崎觀一,『興亞建設の基礎知識』, 東京, 1940.

日本外務省 編,『日本外交文書』(마이크로필름).

Tang Learg-li, *Inner History of Chinese Revolution*, London, 1930.

C. M. Wilbur and How(ed.), *Documents on Communism, Nationalism, and Soviet Advisors in China 1918-1927*, Columbia Univ. Pr., 1956.

C. M. Wilbur and How, *Missionaries of Revolution: Soviet Advisors and Nationalist China*, Harvard Univ. Pr., 1989.

Foreign Relations of the United States(FRUS): diplomatic papers, 1943 The Conference at Cairo and Teheran, United States Government Printing Office, 1961.

■ 전기, 기타자료

Harold Z. Schiffrin, 閔斗基 역,『孫文評傳』, 서울, 1990.

국사편찬위원회 편,『대한민국임시정부자료집』전 21책, 국사편찬위원회, 2005~2007.

『關於汪精衛叛國』, 重慶: 新新出版社, 1939.

『汪精衛與共産黨』, nd, np(스탠퍼드대학교 동아도서관 소장본).

譚天河,『汪精衛生平』, 廣州: 廣東人民出版社, 1997.

譚淸虛 編,『汪主席訪日特刊』, 東京: 遠東月報社, 1941.

雷鳴,『汪精衛先生傳』, 上海: 政治月刊出版社, 1943.

聞少華,『汪精衛傳』, 臺北: 李敖出版社, 1988.

王關興,『汪精衛傳』, 合肥: 安徽人民出版社, 1993.

王克文,『汪精衛, 國民政府, 南京政權』, 臺北: 國史館, 2001.

李理·夏潮,『汪精衛評傳』, 武漢: 武漢出版社, 1988.

林闊,『汪精衛全傳』, 北京: 中國文史出版社, 2002.

翟學良,「史學大成"父子兵": 記東莞籍旅京文化名人張伯楨張涵銳父子」, ≪東莞日報≫ (2008.3.31).

張品興 編,『梁啓超家書』, 天津: 中國文聯出版社, 2000.

程舒仲,『汪精衛與陳璧君』, 長春: 吉林文史出版社, 1988.

陳紅民 等, 『胡漢民評傳』, 廣州: 廣東人民出版社, 1989.

中國國民黨中央執行委員會宣傳部 編, 『汪逆精衛之總檢査』, 重慶, 1938.

陳紹禹, 『舊陰謀的新花樣』, 重慶: 新華日報社, 1939.

蔡德金, 『汪精衛評傳』, 成都: 四川人民出版社, 1987.

靑年社 編, 『汪精衛賣國密約』, 重慶: 靑年社, 1944.

靑韋 編, 『汪精衛與日本』, np, 1939.

何卓改, 『汪精衛集團沈浮記』, 成都: 四川人民出版社, 1989.

許育銘, 『汪兆銘與國民政府: 1931年至1936年對日問題下的政治變動』, 臺北: 國史
    館, 1999.

山中德雄, 『和平は賣國か: 汪兆銘傳』, 東京: 不二出版, 1992.

山中峯太郞, 『汪精衛』, 東京: 潮文閣, 1942.

杉森久英, 『人われを漢奸と呼ぶ: 汪兆銘傳』, 東京: 文藝春秋社, 1998.

森本藤吉, 『大東合邦論』, 東京, 1893(부산대학교 도서관 소장본).

森本藤吉, 『大東合邦新義』, 上海, 1898(고려대학교 도서관 육당문고본).

森田正夫, 『汪兆銘』, 東京: 興亞文化協會, 1939.

松山悅三, 『新支那の建設と汪精衛』, 東京: 人生社, 1940.

田中香苗, 『汪兆銘の新支那』, 東京: 日本靑年外交協會出版部, 1940.

澤田謙, 『汪兆銘』, 東京: 春秋社, 1939.

土屋光芳, 『汪精衛と民主化の企て』, 東京: 人間科學社, 2000.

Gerald E. Bunker, *The Peace Conspiracy: Wang Ching-wei and the China War
    1933-1941*, Harvard Univ. Pr., 1972.

James R. Shirley, *Political Conflict in the Kuomintang: The Career of Wang Ching-
    wei to 1932*, Ph. D. Dissertation of U. C. Berkelay, 1962.

■ 연구서

강창일, 『근대 일본의 조선침략과 대아시아주의』, 역사비평사, 2002.

고정휴, 『이승만과 한국독립운동』, 연세대학교출판부, 2005.

권혁수, 『근대 한중관계사의 재조명』, 혜안, 2007.

旗田巍, 이기동 역, 『일본인의 한국관』, 일조각, 1983.

김영수 외, 『동북아시아의 갈등과 대립: 청일전쟁에서 한국전쟁까지』, 동북아역사재단, 2008.

김재한, 『동북아공동체』, 집문당, 2005.

김형종, 『淸末新政期의 硏究』, 서울대학교출판부, 2003.

김희곤, 『대한민국임시정부연구』, 지식산업사, 2004.

동북아역사재단 편, 『동아시아공동체 논의의 현황과 전망』, 동북아역사재단, 2009.

민두기, 『中國近代改革運動硏究: 康有爲중심의 1898년 개혁운동』, 일조각, 1985.

민두기, 『中國의 共和革命』, 지식산업사, 1999.

민두기, 『中國初期革命運動의 硏究』, 서울대학교출판부, 1997.

민두기 편, 『中國國民革命指導者의 思想과 行動』, 지식산업사, 1988.

박노자, 『우승열패의 신화』, 한겨레신문사, 2005.

배경한, 『장개석 연구: 국민혁명시기 군사·정치적 대두과정』, 일조각, 1995.

배경한, 『쑨원과 한국: 중화주의와 사대주의의 교차』, 한울아카데미, 2007.

배경한, 『왕징웨이 연구: 현대중국 민족주의의 굴절』, 일조각, 2012.

배경한 편, 『동아시아 역사 속의 신해혁명』, 한울아카데미, 2013.

백영서, 『동아시아의 귀환: 중국의 근대성을 묻는다』, 창비, 2000

백영서 공편, 『동아시아, 문제와 시각』, 문학과 지성사, 1995.

백영서 공편, 『동아시아인의 동양 인식』, 문학과 지성사, 1997.

백영서 공편, 『주변에서 본 동아시아』, 문학과 지성사, 2004.

백영서 외, 『동아시아의 지역질서: 제국을 넘어 공동체로』, 창비, 2005.

신복룡, 『한국 분단사 연구』, 한울아카데미, 2011.

송병기, 『근대 한중관계사 연구』, 단국대학교출판부, 1985.

왕후이·이욱연 외 역, 『새로운 아시아를 상상한다』, 창비, 2003.

왕후이 외, 『고뇌하는 중국』, 도서출판 길, 2006.

유인선, 『새로 쓴 베트남의 역사』, 이산출판사, 2002.

유현정, 「1930년대 胡漢民의 정세인식과 아시아주의」, 연세대학교 석사학위논문 (2005).

윤혜영, 『中國現代史研究: 北伐前夜 北京政權의 內部的 崩壞過程(1923~1925)』, 일조각, 1991.

윤휘탁, 『日帝下'滿洲國'研究』, 일조각, 1996.

윤휘탁, 『中日戰爭과 中國革命』, 일조각, 2002.

이광린, 『개화파와 개화사상 연구』, 일조각, 1989.

L. E. Eastman, 閔斗基 역, 『蔣介石은 왜 敗하였는가』, 지식산업사, 1986.

이익주 외, 『동아시아 국제질서 속의 한중관계사: 제언과 모색』, 동북아역사재단, 2010.

이현희, 『대한민국임시정부사연구』, 혜안, 2001.

이혜경, 『천하관과 근대화론: 양계초를 중심으로』, 문학과 지성사, 2002.

임종원, 『후쿠자와 유기치 연구』, 제이앤시, 2001.

전인갑, 『현대중국의 帝國夢: 중화의 재보편화 100년의 실험』, 학고방, 2016.

정일화, 『대한민국 독립의 문: 카이로선언』, 선한약속, 2003.

조광수, 『중국의 아나키즘』, 신지서원, 1998.

조세현, 『동아시아의 아나키즘』, 책세상, 2001.

채수도, 『동아동문회』, 경북대학교출판부, 2011.

Chester Tan, 閔斗基 역, 『중국현대정치사상사』, 지식산업사, 1974.

최영종 외, 『동아시아공동체: 비전과 전망』, 한양대학교출판부, 2005.

최문형, 『러시아의 남하와 일본의 한국 침략』, 일조각, 2007.

한명근, 『한말 한일합방론 연구』, 국학자료원, 2002.

한상일, 『일본 지식인과 한국: 한국관의 원형과 변형』, 오름, 2000.

한상일, 『아시아연대와 일본 제국주의: 대륙낭인과 대륙팽창』, 오름, 2002.

한상일, 『제국의 시선: 일본의 자유주의지식인 요시노 사쿠조와 조선문제』, 새물결, 2004.

한시준, 『한국광복군연구』, 일조각, 1993.

황쭌셴, 조일문 역주, 『朝鮮策略』, 건국대학교출판부, 2001.

郭緒印 主編, 『國民黨派系鬪爭史』, 上海, 1995.

郭恒鈺, 『共産國際與中國革命』, 臺北, 1989.

廣東省孫中山研究會 編, 『"孫中山與亞洲"國際學術討論會論文集』, 廣州: 中山大學出版社, 1994.

金美蘭, 『試論黃遵憲的≪朝鮮策略≫』, 延邊大學碩士論文, 2005.

陶文釗·楊奎松·王建朗, 『抗日戰爭時期中國對外關係』, 北京: 中國社會科學出版社, 2009.

羅敏, 『中國國民黨與越南獨立運動』, 北京: 社會科學文獻出版社, 2015.

白永瑞, 『思想東亞』, 臺北: 臺灣社會研究雜誌社, 2009.

史桂芳, 『東亞聯盟論研究』, 北京: 首都師大出版社, 2001.

常書紅, 『辛亥革命前後的滿族研究: 以滿漢關係爲中心』, 北京: 社會科學文獻出版社, 2011.

徐萬民, 『中韓關係史(近代卷)』, 北京, 1996.

徐萬民 主編, 『孫中山研究論集』, 北京: 北京圖書館出版社, 2001.

徐松榮, 『維新派與近代報刊』, 太原: 山西古籍出版社, 1998.

石源華, 『韓國獨立運動與中國』, 上海: 上海人民出版社, 1996.

石源華, 『韓國獨立運動血史新論』, 上海: 上海人民出版社, 1996.

石源華, 『韓國反日獨立運動史論』, 北京: 社會科學出版社, 1998

少石 編, 『河內血案: 行刺汪精衛始末』, 北京: 檔案出版社, 1988.

宋春 主編, 『中國國民黨史』, 長春, 1990.

楊棟梁 主編, 『近代以來日本的中國觀』, 南京: 江蘇人民出版社, 2012.

楊天石, 『尋求歷史的謎底』, 北京: 首都師大出版社, 1993.

楊天石, 『從帝制走向共和』, 北京: 社會科學文獻出版社, 2002.

呂芳上, 『革命的再起』, 臺北: 中研院近代史研究所, 1989.

王曉秋 主編, 『戊戌維新與近代中國的改革』, 北京: 社會科學文獻出版社, 2000.

袁咏紅, 『梁啓超對日本的認識與態度』, 北京: 中國社會科學出版社, 2011.

俞辛焞, 『孫中山與日本關係研究』, 北京: 人民出版社, 1996.

俞辛焞, 『辛亥革命時期中日外交史』, 天津: 天津人民出版社, 2000.

劉振嵐, 『戊戌維新運動專題研究』, 北京: 首都師範大學出版社, 1999.

劉學銚 編著, 『蒙古論叢』, 臺北: 金蘭文化出版社, 1982.

李劍農, 『最近三十年中國政治史』, 上海: 太平洋書局, 1930.

李吉圭, 『孫中山與日本』, 廣州: 廣東人民出版社, 1996.

李台京, 『中山先生大亞洲主義研究』, 臺北: 文史哲出版社, 1992.

李本義, 『孫中山對外方略』, 北京: 中國社會科學出版社, 2006.

李新 主編, 『民國人物傳』 6冊, 北京: 中華書局, 1978~1987.

林家有, 『孫中山振興中華思想研究』, 廣州: 廣東人民出版社, 1996.

林家有·李明 主編, 『孫中山與世界』, 長春: 吉林人民出版社, 2004.

任雲仙, 『清末報刊評論與中國外交觀念近代化』, 北京: 人民出版社, 2010.

張同新 編著, 『蔣汪合作的國民政府』, 哈爾濱: 黑龍江人民出版社, 1988.

張玉法, 『清季的革命團體』, 臺北: 中研院近史所, 1975.

朱億天, 『康有爲的改革思想與明治日本』, 上海: 上海人民出版社, 2011.

中國社會科學院近代史研究所, 『黃遵憲研究新論』, 北京: 社會科學文獻出版社, 2007.

陳謙平, 『民國對外關係史論(1927~1949)』, 北京: 三聯書店, 2013.

陳木杉, 『從函電史料觀抗戰時期汪精衛集團治粵梗概』, 臺北: 學生書局, 1996.

陳紅民 主編, 『海外學者論蔣介石』, 杭州: 浙江大學出版社, 2013.

蔡德金, 『汪僞二號人物陳公博』, 鄭州: 河南人民出版社, 1993.

胡維革·于秀芹 主編, 『共和道路在近代中國』, 瀋陽: 東北師範大學出版社, 1991.

胡春惠, 『韓國獨立運動在中國』, 臺北: 中華民國史料研究中心, 1976.

黃友嵐, 『抗日戰爭時期的"和平"運動』, 北京: 解放軍出版社, 1988.

黃自進 主編, 『蔣中正與現代中國的型塑』, 臺北: 中央研究院, 2013.

東英記, 『日中提携の歴史的系譜』, 東京: 文藝社, 2002.

藤井昇三, 『孫文の研究』, 東京, 1966.

山田辰雄, 『中國國民黨左派の研究』, 東京, 1980.

上坂冬子, 『我は苦難の道を行く: 汪兆銘の眞實(上下)』, 東京: 講談社, 1999.

小林英夫, 『日中戰爭史論: 汪精衛政權と中國占領地』, 東京: 御茶の水書房, 2005.

野澤豊 編, 『中國國民革命史の研究』, 東京, 1974.

兪辛焞, 『孫文の革命運動と日本』, 東京: 六興出版社, 1989.

齊藤道彦, 『民國前期中國と東アジアの變動』, 東京: 中央大學出版部, 1999.

趙軍, 『大アジア主義と中國』, 東京: 亞紀書房, 1997.

佐藤慎一 編, 『近代中國の思索者たち』, 東京: 大修館書店, 1998.

曾田三郎 編, 『近代中國と日本: 提携と敵對の半世紀』, 東京: 御茶の水書房, 2001.

中國現代史研究會 編, 『中國國民政府史の研究』, 東京, 1986.

池田誠, 『孫文と中國革命』, 京都: 法律文化社, 1983.

横山宏章, 『孫中山の革命と政治指導』, 東京, 1983.

横山宏章, 『孫文と袁世凱』, 東京: 岩波書店, 1996.

横山宏章, 『中國の政治危機と傳統支配』, 東京: 研文出版, 1996.

横山宏章・久保亨・川島眞 編, 『周邊から見するの20世紀の中國』, 福岡: 中國書店, 2001.

David P. Barrett(ed.), *Chinese Collaboration with Japan, 1932-1945*, Stanford Univ. Pr., 2001.

Marie-Claire Bergere, Translated from the French by Janet Lloyd, *Sun Yat-sen*, Stanford Univ. Pr., 1998.

Marius B. Jansen, *The Japanese and Sun Yat-sen*, Cambridge, Harvard Univ. Pr., 1954.

John H. Boyle, *China and Japan at War, 1937-1945: The Politics of Collaboration*, Stanford Univ. Pr., 1972.

Harold Z. Schiffrin, *Sun Yet-sen: A Reluctant Revolutionary*, Boston, 1980.

Hsi-sheng Chi, *Nationalist China at War: Military Defeats and Political Collapse, 1937-1945*, Michigan Univ. Pr., 1982.

Parks M. Coble, *Facing Japan: Chinese Politics and Japanese Imperialism, 1931-1937*, Harvard Univ. Pr., 1991.

Joshua A. Fogel, *Imagining the People: Chinese Intellectuals and the Concept of Citizenship, 1890-1920*, M. E. Sharpe Pr., 1997.

Philip A. Kuhn, *Origins of the Modern Chinese State*, Stanford Univ. Pr., 2002.

Edward Roads, *China's Republican Revolution, The Case of Kwangtung, 1895-1913*, Harvard Univ. Pr., 1975.

Rebecca E. Karl, *Staging the World: Chinese Nationalism at the turn of the*

Twenties Century, Duke Univ. Pr., 2002.

So Wai-chor, The Kuomintang Left in the National Revolution, 1924-1931, Oxford Univ. Pr., 1991.

Warren W. Smith Jr., Tibetan Nation: A History of Tibetan Nationalism and Sino-Tibetan Relations, Westview Press, Oxford, UK, 1996.

Wong Young-tsu, Search for Modern Nationalism: Zhang Binglin and Revolutionary China, 1869-1936, Oxford Univ. Pr., 1989.

Peter M. Worthing, Occupation and Revolution: China and Vietnamese August Revolution of 1945, Berkely: University of California Pr., 2001.


■ 연구논문

강정인 외, 「서구중심주의와 중화주의의 비교연구」, ≪국제정치논총≫ 40-3 (2000).

고성빈, 「중국의 동아시아담론」, ≪국제지역연구≫ 18-3(2009).

고정휴, 「太平洋戰爭期 미국의 대한민국임시정부에 대한 인식과 불승인정책」, ≪한국근현대사연구≫ 제25집(2003).

구대열, 「이차대전시기 중국의 對韓政策: 국민당정권의 임시정부정책을 중심으로」, ≪한국정치학회보≫ 28-2(1995).

구대열, 「'자유주의' 열강과 식민지 한국(1910~1945)」, ≪정치사상연구≫ 10-2(2004).

구범진, 「동아시아 국제질서의 변동과 초선 청 관계」, 이익주 외, 『동아시아 국제질서 속의 한중관계사: 제언과 모색』, 동북아역사재단, 2010.

旗田巍, 「大東合邦論과 樽井藤吉」, 동씨 저, 이기동 역, 『日本人의 韓國觀』, 일조각, 1983.

김경일, 「아시아연대의 역사적 교훈」, ≪정신문화연구≫ 27-3(2004).

김경일, 「문명론과 인종주의, 아시아연대론」, ≪사회와 역사≫ 78(2008).

김수자, 「황준헌의 '조선책략'에 나타난 조선자강책과 지역의식」, 『동양고전연구』 40(2009).

김승욱, 「汪精衛의 화평론과 동아시아론」, ≪중국근현대사연구≫ 32(2006).

김시태, 「황준헌의 조선책략이 한말정국에 끼친 영향」, ≪사총≫ 8(1963).

김택중, 「梁啓超의 민족주의사상(1894~1911)」, ≪인문논총≫ 24집(2012).

노경채, 「中國關內地區 조선인의 민족해방운동과 中國國民黨」, ≪아시아문화≫ 제 13호(1997).

문명기, 「중일전쟁 초기(1937~1939) 汪精衛파의 화평운동과 화평이론」, ≪동양사 학연구≫ 71(2000).

박상수, 「한국발 동아시아론의 인식론 검토」, ≪아세아연구≫ 53-1(2010).

박규태, 「근대 일본의 탈중화·탈아·아시아주의」, ≪오늘의 동양사상≫ 15집(2006).

박제균, 「中國國民黨의 민족주의이념과 '혁명외교'」, ≪중국근현대사연구≫ 제31집 (2006).

배경한, 「中國現代史研究에 있어서 新聞資料의 效用과 限界」, ≪서울대학동양사 학과논집≫ 第15輯(1991.12).

배경한, 「汪精衛政權과 新民會」, ≪동양사학연구≫ 93(2005).

배경한, 「중국에서의 東亞聯盟운동과 汪精衛政權」, ≪중국근현대사연구≫ 21(2004).

배경한, 「孫文의 대아시아주의와 韓國」, ≪부산사학≫ 30(1996).

배경한, 「孫文의 중화의식과 한국독립운동」, ≪역사비평≫ 46(1999).

배경한, 「19세기말 20세기초 중화체제의 위기와 중국 민족주의」, ≪역사비평≫ 51(2000).

배경한, 「辛亥革命과 한국: 김규홍의 廣東에서의 활동을 중심으로」, ≪역사학보≫ 212(2011.12).

배경한, 「서론: 동아시아 역사 속의 辛亥革命」, 배경한 편, 『동아시아 역사 속의 신 해혁명』, 한울아카데미, 2013.

배경한, 「여운형과 국민혁명: 國民黨二全大會(1926년 1월) 참석과 '反帝連帶' 활동」, ≪중국근현대사연구≫ 제64집(2014.12).

배항섭, 「朝露수교(1884) 전후 조선인의 러시아관」, ≪역사학보≫ 194집(2007).

백영서, 「중국의 국민국가와 민족문제」, 한국사연구회 편, 『근대 국민국가와 민족 문제』, 지식산업사, 1995.

백영서, 「양계초의 근대성 인식과 동아시아」, ≪아시아문화≫ 14(1998).

백원담, 「냉전기 아시아에서 아시아주의의 형성과 재편」, ≪중국현대문학≫ 42(2007).

山田昭次, 「自由民權期의 興亞論과 脫亞論: 아시아주의의 형성을 에워싸고」, 현대
　일본연구회 편, 『국권론과 민권론』, 한길사, 1981.

孫志鳳, 「량치차오(梁啓超)의 飜譯論에 나타난 국가번역사업 고찰」, ≪번역과 통
　역≫ 14-2(2012).

신복룡, 「한국 신탁통치의 연구」, ≪한국정치학회보≫ 27-2(1994).

안소영, 「태평양전쟁기 미국의 대일 대한정책 및 점령 통치 구상: 이중적 대립축과
　그 전환」, ≪한국정치외교사논총≫ 31-2(2010).

오병수, 「1920년대 전반 '동방잡지'에 나타난 공리적 세계인식」, ≪중국학보≫
　48(2003).

오병수, 「'개벽'의 개조론과 동아시아적 시공의식」, ≪사림≫ 26(2006).

오상무, 「근대 중국의 국가주의와 세계주의: 梁啓超와 康有爲를 중심으로」, ≪철학≫
　80(2004).

牛林杰, 「梁啓超의 詩文에 나타난 韓國觀」, 中韓人文科學硏究會, ≪中韓人文科學
　研究≫ 4(2000).

유병용, 「이차대전 중 한국신탁통치문제에 대한 영국의 외교정책연구」, ≪역사학
　보≫ 134(1992).

이병주, 「國民黨 左右派의 革命觀 比較」, 『中國國民革命의 分析的 研究』, 지식산
　업사, 1985.

이상철, 「장제스일기로 본 카이로회담」, 『대한민국임시정부와 카이로선언: 대한민
　국임시정부 수립 제95주년 기념학술회의발표논문집』(2014.4.).

이선이, 「근대 중국의 조선(인) 인식: 梁啓超와 黃炎培를 중심으로」, ≪중국사연구≫
　66집(2010).

이성규, 「中華思想와 民族主義」, ≪철학≫ 제37집(1992).

이완범, 「미국의 한국 점령안 조기 준비: 분할점령의 기원, 1944~1945」, ≪국제정
　치논총≫ 36-1(1996).

이재령, 「20세기 중반 한중관계의 이해: 한국독립에 대한 중화의식의 이중성」, ≪중
　국근현대사연구≫ 29(2006).

이재호, 「대한민국임시정부의 국제공동관리안 반대운동」, 『대한민국임시정부와

카이로선언: 대한민국임시정부 수립 제95주년 기념학술회의발표논문집』(2014.4).

이재훈, 「해방 전후 소련 극동정책을 통해본 소련의 한국인식과 대한정책」, ≪사림≫ 20(2003).

이주천, 「루스벨트 행정부의 신탁통치 구상과 대한정책」, ≪미국사연구≫ 8(1998).

이헌주, 「제2차 수신사의 활동과 조선책략의 도입」, ≪한국사학보≫ 25 (2006).

이헌주, 「1880년대 전반 조선 개화지식인들의 '아시아연대론' 인식 연구」, ≪동북 아역사논총≫ 23(2009).

이혜경, 「근대중국의 탈중화주의」, ≪오늘의 동양사상≫ 15(2006).

장세윤, 「중일전쟁기 대한민국임시정부의 대중국외교: 광복군문제를 중심으로」, 『한국독립운동사연구』 제2집(1988).

전동현, 「청말 양계초의 대한제국기 한국인식」, ≪중국사연구≫ 34(2005).

전희석, 「동북아 지역의 평화지향적 범아시아주의 연구: 19세기 말에서 20세기 초 를 중심으로」, ≪대한정치학회보≫ 17-2(2009).

정문권·조보로, 「양계초의 저술에 나타난 조선 인식 양상」, ≪Comparative Korean Studies≫ 18-2(2000).

정동귀, 「제이차세계대전중에 있어서의 미국의 對韓정책구상」, ≪사회과학논총≫ 15(1987).

정용욱, 「왜 연합국은 한국을 신탁통치하려 했는가?」, ≪내일을 여는 역사≫5(2001).

조덕천, 「카이로회담의 교섭 및 진행에 관한 연구」, 『대한민국임시정부와 카이로선 언: 대한민국임시정부 수립 제95주년 기념학술회의발표논문집』(2014.4).

조병한, 「청말 중국의 변혁사조와 근대일본 인식: 黃遵憲과 康有爲를 중심으로」, ≪사 학연구≫ 88(2007).

조병한, 「梁啓超의 국민국가론과 민권 민족관념」, ≪서강인문논총≫ 22 (2007).

조성환·김용직, 「문명과 연대로서의 동아시아: 근대 중국과 한국 지식인의 동아시 아 인식」, ≪대한정치학회보≫ 9-2(2002).

조항래, 「『조선책략』을 통해본 防俄策과 聯美論 연구」, ≪현상과 인식≫ 6-3(1982).

蔡敷道, 「근대 일본에 있어서 아시아연대론」, ≪日本語文學≫ 35(2006).

최봉춘, 「대한민국임시정부와 중국국민당의 관계」, ≪한국민족운동사연구≫ 제16

집(1997).

최영호, 「카이로선언의 국제정치적 의미」, ≪영토해양연구≫ 5(2013).

하정원, 「1882년 전후 동아시아론의 형성과 조선지식인의 반응」, ≪동방한문학≫ 51(2012).

한상일, 「근대일본사에 있어서 韓國像: 樽井藤吉와 大東合邦論」, 제8차 한일합동 학술회의 발표논문(1994.7).

韓時俊, 「카이로선언과 대한민국임시정부」, 『대한민국임시정부와 카이로선언: 대한 민국임시정부 수립 제95주년 기념학술회의발표논문집』(2014.4).

함동주, 「福澤諭吉의 아시아론」, ≪이대사원≫ 24(1989).

함동주, 「메이지 일본의 조선론: 문명적 측면을 중심으로」, ≪한일관계사연구≫ 2(1994).

함동주, 「明治期 일본의 아시아주의와 국권의식」, ≪일본역사연구≫ 2 (1995).

함동주, 「중일전쟁과 미키 키요시(三木淸)의 東亞協同體論」, ≪동양사학연구≫ 56(1996).

함동주, 「明治期 아시아주의와 '아시아'像」, ≪일본역사연구≫ 5(1997).

허동현, 「1880년대 한국인들의 러시아 인식 양태」, ≪한국민족운동사연구≫ 32집(2002).

和田春樹, 「카이로선언과 일본의 영토문제」, ≪영토해양연구≫ 5(2013).

홍순호, 「해방직전의 한미관계: 미국의 중경한국임시정부 불승인정책을 중심으로」, ≪사회과학논집≫ 제12집(1992).

홍철, 「근대 동북아시아 범아시아주의의 일방성과 다자성 고찰」, ≪대한정치학회 보≫ 12-1(2004).

황동연, 「민족주의와 아시아주의의 교차」, ≪중국근현대사연구≫ 7(1999).

賈寶波·汪志遠, 「論黃遵憲的'中日聯盟'思想及其影響」, ≪中國民航學院學報≫ 14-5(1996).

高丹予, 「南京僞維新政府及其大民會」, ≪民國檔案≫ 2000-2.

董洁, 「≪朝鮮策略≫的源起-是黃遵憲個人的構思還是淸政府的決策」, ≪韓國學論文 集≫ 2007-2.

羅敏, 「抗戰時期的中國國民黨與越南獨立運動」, ≪抗日戰爭硏究≫ 2000-4.

雷家聖, 「'大東合邦論'與'大東合邦新義'互校記」, ≪中國史硏究≫ 66(2010).

劉曼容, 「1924年孫中山北上與日本的關係」, ≪歷史硏究≫ 1991-4.

劉曉原, 「東亞冷戰的序幕-中美戰時外交中的朝鮮問題」, ≪史學月刊≫ 2009-7.

裴京漢, 「蔣介石的亞洲認識」, ≪近代思想史研究≫ 第10輯, 中國社會科學院近代史研究所, 2013.

裴京漢, 「中日戰爭時期蔣介石國民政府的對韓政策」, 黃自進·潘光哲 主編, 『蔣介石與現代中國的型塑』第2冊, 臺北: 中央研究院近代史研究所, 2013.

裴京漢, 「東亞視角下的蔣介石研究」, ≪奧門理工大學學報(人文社會科學版)≫ 2014-1.

史桂芳, 「評東亞聯盟論的內容及實質」, ≪抗日戰爭研究≫ 1999-1.

史桂芳, 「日偽時期北平的東亞聯盟協會」, ≪北京黨史≫ 2000-6.

史桂芳, 「東亞聯盟與偽滿洲國」, ≪日本學論壇≫ 2000-2.

常明軒, 「孫中山的振興亞洲思想與實踐」, 徐萬民 主編, 『孫中山研究論集』, 北京: 北京圖書館出版社, 2001.

桑兵, 「試論孫中山的國際觀與亞洲觀」, 廣東省孫中山研究會 編, 『"孫中山與亞洲"國際學術 討論會論文集』, 廣州: 中山大學出版社, 1994.

桑兵, 「排日移民法案與孫中山的大亞洲主義演講」, ≪中山大學學報(社會科學版)≫ 2006-6.

孫江, 「中國人的亞洲自畫像」, ≪書城≫, 上海, 2004.

孫江, 「近代中國的'亞洲主義'話語」, ≪上海師範大學學報≫ 2004-5.

辛東明, 「康梁對"日韓合倂"的評析」, ≪韓國學論文集≫ 19(2011).

沈茂駿, 「孫中山民族主義的幾個問題」, '孫中山與亞洲'國際學術會議發表論文, 廣東翠亨, 1990.8.

沈予, 「抗日戰爭前期蔣介石對日議和問題再探討」, ≪抗日戰爭研究≫ 2000-3.

安井三吉, 「孫中山"大亞洲主義"(講演)與戴天仇」, 廣東省孫中山研究會 編, 『"孫中山與亞洲"國際學術討論會論文集』, 廣州: 中山大學出版社, 1994.

楊天石, 「黃遵憲的≪朝鮮策略≫及其風波」, ≪近代史研究≫ 1994-3.

楊萬秀·周成華, 「孫中山與越南」, 林家有·李明 主編, 『孫中山與世界』, 長春: 吉林人民出版社, 2004.

余子道, 「一面抵抗, 一面交涉政策與淞滬抗戰」, ≪軍事歷史研究≫ 1992-4.

吳景平, 「關于抗戰時期中國國民政府對韓國臨時政府承認問題的態度」, ≪東方學志≫ 第92輯, 延世大學國學研究院, 1996.

吳儀,「孫中山先生的國家統一思想與大亞洲主義」, 徐萬民 主編,『孫中山研究論集』, 北京: 北京圖書館出版社, 2001.

溫亞昌,「二戰末期駐越法軍退入中國及戰後重返越北論析」,≪中山大學學報(社會科學版)≫ 2004-4.

王建朗,「大國意識與大國作爲: 抗戰後期的中國國際角色定位與外交努力」,≪歷史研究≫ 2008-6.

王建郎,「信任的流失: 從蔣介石日記看抗戰後期的中美關係」,≪近代史研究≫ 2009-3.

王暉,「冷戰的預兆: 蔣介石與開羅會議中的琉球問題」,≪開放時代≫ 2009-5.

俞辛焞,「孫日關係與矛盾論」,≪近代史研究≫ 1995-2.

李達三,「孫中山對亞洲民族解放運動的巨大支持和影響」,≪河北師院學報≫1987-3.

李細珠,「朝鮮併吞對晚清維新派的影響」,≪近代史研究≫ 2011-3.

李細珠,「李鴻章對日本的認識及其外交策略: 以1870年代爲中心」,≪社會科學研究≫ 2013-1.

伊原澤周,「論太平洋戰爭中的中印關係: 以蔣介石訪問印度爲中心」,≪抗日戰爭研究≫ 2012-2.

章開沅,「辛亥革命時期的社會動員: 以'排滿'宣傳的實例」, 中華炎黃文化研究會 編,『孫中山與現代文明』, 蘇州: 蘇州大學出版社, 1997.

張朋園,「黃遵憲的政治思想及其對梁啓超的影響」,≪中央研究院近代史研究所集刊≫ 1輯(1968).

張小玲,「試論知識分子與民族國家的關係-從明治知識分子對文化身分的探尋談起」,≪上海交通大學學報(哲學社會科學版)≫ 2010-5.

張永敬,「胡汪蔣分合關係之演變」, 中央研究院近代史研究所 編,『近代中國歷史人物 論文集』, 臺北: 中研院近史所, 1993.

張衛明,「在宗藩體制與國際公法之間: 晚清中朝秩序的重新建構」,≪學術研究≫ 2011-3.

張靜·吳振清,「黃遵憲≪朝鮮策略≫與近代朝鮮的開放」,≪南開學報(哲學社會科學版)≫ 2007-2.

張正明·張乃華,「論孫中山的民族主義」,『紀念辛亥革命七十周年學術討論會論文集』, 北京: 中華書局, 1983.

張學俊, 「汪精衛集團的民族投降主義理論」, ≪唐都學刊(西安)≫ 1994-1.

蔣翰廷·趙矢元, 「略論孫中山'大亞洲主義'與日本'大亞洲主義'的本質區別」, ≪東北師大學報(哲社版)≫ 1982-6.

趙軍, 「孫中山和大亞洲主義」, ≪社會科學戰線≫ 1988-4.

趙立新, 「民族主義與東亞的'分裂'」, ≪中國學≫ 43, 韓國中國學會, 2012.

趙衛華, 「抗戰時期國民政府對越南獨立運動政策的嬗變」, ≪求索≫ 2015-7.

陳戌杰, 「汪精衛降日賣國的'東亞聯盟'理論剖析」, ≪抗日戰爭研究≫ 1994-3.

陳紅民, 「'抗日反蔣'與'聯蔣制日': 胡漢民與兩廣的抗日'口號與實踐(1932-1936)」, ≪抗日戰爭研究≫ 2002-3.

蔡尙思, 「孫中山與亞洲民族解放運動研究述評」, 『回顧與展望: 國內外孫中山研究述評』, 北京, 1986.

肖如平, 「從日記看1942年蔣介石訪問印度: 以蔣甘會晤中心的分析」, 浙江大學蔣介石與近代中國研究中心, 『蔣介石與抗日戰爭學術研討會論文集』, 中國 杭州, 2014.6.

村田雄二郞, 「孫中山與辛亥革命時期的'五族共和'論」, ≪廣東社會科學≫ 2004-5.

湯志鈞, 「關于亞洲和親會」, ≪辛亥革命史叢刊≫ 第1輯, 北京, 1980.

馮全普, 「開羅會議與國民黨政權對前後日本政策的設計」, ≪河南師範大學學報(哲學社會科學版)≫ 33-3(2006).

胡懿選, 「日,汪,蔣拉攏爭取吳佩孚情報一束(1939)」, ≪檔案史料與研究≫ 1995-3.

侯中軍, 「困中求變: 1940年代國民政府圍繞琉球問題的論爭與實踐」, ≪近代史研究≫ 2010-6.

高康博文, 「日中關係史における孫文の'大アジア主義'」, ≪近きに在りて≫ 32(1997).

橋川文三, 「'大東亞共榮圈'の理念と實態」, 『岩波講座日本歷史』 第21卷, 東京, 1977.

藤井昇三, 「孫文の反帝國主義: 不平等條約廢棄論と日本お中心に」, 孫文研究會 編, 『孫中山研究日中國際學術討論會報告集』, 京都, 1986.

藤井昇三, 「孫文の民族主義」, 藤井昇三·橫山宏章 編, 『孫文と毛澤東の遺産』, 東京, 1992.

藤井昇三, 「孫文の'アジア主義'」, 辛亥革命研究會 編, 『中國近現代史論集』, 東京, 1985.

閔斗基, 「1920年代の韓國人の孫文觀」, 孫文研究會 編, 『孫文とアジア』, 東京: 汲

古書院, 1993.

森悅子,「孫文と朝鮮問題」,≪孫文研究≫ 13(1991.12).

小林英夫,「日本帝國主義の中國農業資源に對する收奪過程」, 入淺田喬二 編,『日本帝國主義下の中國: 中國占領地經濟の研究』, 東京: 樂游書房, 1982.

松本英紀,「孫文の中日提携論をめぐって」,≪季刊中國研究≫ 7號(1987.6).

安井三吉,「講演'大亞細亞主義問題'について: 孫文と神戸(1924)」,≪近代≫ 61 (1985.3).

安井三吉,「孫文'大アジア主義'講演と神戸」,≪孫文研究≫ 58(2016.6).

陽子震,「國民政府の'對日戰後處理構想': カイロ會談への政策決定過程」,≪東アジア近代史≫ 第14號(2011.3).

永井算巳,「汪兆銘の庚戌事件とその政治的背景」,『近代中國政治史論叢』, 汲古書院, 1983.

櫻正義之,「東洋社會黨樽井藤吉と≪大東合邦論≫」, 櫻正義之先生還曆紀念會,『明治と朝鮮』, 1964.

川尻文彥,「梁啓超の政治學」,≪中國哲學研究≫ 24(2009).

片岡一忠,「辛亥革命時期の'五族共和'論をめぐって」,『中國近現代史の諸問題: 田中正美先生退官記念論集』, 東京: 國書刊行會, 1984.

土屋光芳,「汪精衛の"刺し違え電報"をめぐって」,≪政經論叢(明治大學)≫ 62-2(1994).

土屋光芳,「一面抵抗, 一面交涉の試鍊」,≪政經論叢(明治大學)≫ 62-3(1994).

狹間直樹,「孫文と韓國獨立運動」,≪季刊靑丘≫ 4(1990.5)

H. L. Boorman, Wang Ching-wei: China's Romantic Radical, *Political Science Quarterly*, V.79-4(1964).

Donald A. Jordan, Shifts in Wang Ching-wei's Japan Policy During the Kuomintang Factional Struggle of 1931-1932, *Asian Profile* V.12-3(1984).

David P. Barrett, Ideological Foundation of the Wang Jingwei Government: Rural Pacification, the New Citizens Movement, and the Great East Asian War, 近百年來中日關係史國際學術會議發表論文, 香港, 1990.

Kobayashi Toshihiko, Sun Yat-sen and Asianism: A Positive Approach, J. T. Wang(ed.), *Sun Yat-sen: His International Ideas and International Connec-*

*tions*, Sidney: Wild Peony, 1987.

Min Tu-ki, 「Sun Yat-sen in Korea : Korean View of Sun Yat-sen's Idea and Activities in 1920s」, ≪동아문화≫ 30(1992).

Min Tu-ki, Daito Gappo Ron and the Chinese Responce: An Inquiry in to Chinese Attitudes toward Early Japanese Pan-Asianism, *Men and Ideas in Modern Chinese History*, Seoul, 1997.

Prasenjit Duara, The Discourse of Civilization and Pan-Asianism, *Journal of World History*, 12, Hawaii Univ. Pr., 2001.

# 中国与亚洲

## 近现代中国的亚洲认识与'亚洲主义'

裴京汉

## 1. 本书的概要

本书的内容可以概括如下。第1部第1章为探究被认为中国近代亚洲连带主张之嚆矢的黄遵宪的《朝鲜策略》与日本早期的亚洲主义有着怎样的关联，对日本早期的亚洲主义团体兴亚会的成立过程与运营，以及被认为与兴亚会过从甚密的时任驻日本清国公使馆外交官的何如璋、黄遵宪与兴亚会的实际关联问题进行了细致地探讨。结果显示何如璋、黄遵宪等清政府外交官虽然加入兴亚会或参加其聚会等交流活动，但实际上却是十分消极的。当时中方人士对兴亚会的亚洲各国连带主张虽原则上表示赞同，但也有例如对日本吞并琉球行径的抗议等反对的立场，所以整体来说中方人士与日本的兴亚会之间是一种保持一定距离的消极的关系。特别是《朝鲜政策》的作者黄遵宪，其不仅未曾加入过兴亚会，而且虽与兴亚会主要成员中的宫岛诚一郎交流密切，但却只限于对中国古典的交流以及对日本近代化过程信息的收集，并未曾参与过兴亚会的活动。

纵观黄遵宪最重要之作品之一的《朝鲜策略》，其要义便是劝说朝鲜为防止俄罗斯侵略，须与日本维持友好关系，并与美国建交通商。另外此外交策略并非黄遵宪或何如璋的一人之见，而是反映了自19世纪70年代以来清政府对朝鲜政策一贯的基本主张。即使是当时对清政府外交政策的决定具有决定性影响力的李鸿章也在一直主张朝鲜须通过对美国开放门户而使列强间势力均衡(均势之法)，而这个积极劝导朝鲜的《朝鲜策略》则是如实地反映了以李鸿章为首的清政府的外交策略。

《朝鲜策略》主张朝鲜须与日本、美国连带，主要是源自将朝鲜置于清政府的影响力之下这一基本目的以及防止当时被认为是清政府头号敌人的俄罗斯的侵略的目的。《朝鲜策略》主张为应对俄罗斯侵略需加强韩中日三国之连带，由此可见"亚洲连带"主张的成形乃是何如璋或黄遵宪受日本早期的亚洲主义的影响所致。但是清政府与日本间所谓的合作其实都是源自共同应对俄罗斯南侵这一必要性，实际上却是同床异梦，加之又将所谓的西方列强美国列为合作对象，可见不可否认这与兴亚会所主张的亚洲人的共同应对确是不尽相同的。不仅如此，由于俄罗斯和日本的侵略而使中国的宗主权受到威胁的情况下，通过促使朝鲜与美国的建

交而实现列强间在朝鲜的势力均衡，以达到维持乃至强化清政府对朝鲜的宗主权，而以"以夷制夷"为根本的中国传统的华夷观，即中华秩序的国际观也就更清晰的显露出来了。

如第1部第2章中所述，戊戌年维新运动开始之前的1898年初，以梁启超为中心的维新派刊发的『大东合邦新义』是对亚洲主义的采纳。『大东合邦新义』是对日本最具代表性的初期亚洲主义倡导者樽井藤吉的『大东合邦论』翻刻后出版的，也是呈现中国维新派对樽井藤吉的亚洲连带主张如何响应的最好实例。从维新派的立场出发，对『大东合邦论』主张的全盘接收比较困难。这一点在『大东合邦新义』中对『大东合邦论』相当一部分内容的删除和修改上可以清晰地看出中国维新派与樽井藤吉对亚洲主义的主张有本质上的区别。特别是『大东合邦新义』中删除修正的部分，原原本本的将维新派对原有传统中华秩序观念的执著(和迷恋)呈现出来。樽井藤吉对于中国身处亡国危机和重重困境之中的批判，如果可以成为支持中国改革的根据时，便对其予以认可和采纳;当其无法被传统中华主义体系的基本框架所认可和接受时，就在『大东合邦新义』中将其核心删除或者进行修改。尽管如此，因为对作为合邦乃至连带出发点的朝鲜独立不得不给予认可，维新派亚洲认识的过渡性质、甚至是双重性质也开始呈现出来。概括而言，围绕近代国际秩序重新定立而展开的东亚国际秩序的再编中，不得不探索部分传统中华主义的变异。

从这一角度来看，维新派对樽井藤吉亚洲主义的理解和采纳过程中最值得关注的是其尝试在以日本为中心东亚国际秩序的再编过程中同时延续原有以中国为中心东亚秩序的事实。即采纳了樽井藤吉所提出的日本与韩国并合(大东合邦)以后通过与中国连带，实现中国与日本共同发挥指导力的东亚国际秩序的主张。

第2部第1章集中探讨辛亥革命前後时期孙中山的亚洲认识。辛亥革命前后时期虽然孙中山对日本的认识曾经体现出肯定、否定两方面共存的复杂情况，但是在认清日本的帝国主义面目是必须要考虑的问题就是韩国问题，而孙中山对待韩国问题时所持的消极的甚至是'自我克制'的态度，由此可见孙中山对帝国主义列强日本的认识还存有相当的局限性。相同地孙中山强调的以中日间的连带或中日共同领导为前提的亚洲诸民族的连带--"亚洲主义"主张，对把韩国作为殖民地随后谋图侵略中国的帝国主义列强日本的认识实际上是非常具有空想性的。

另一方面由于清朝的没落而导致了中央权力的空白，就像主张汉族从满洲族的统治下解放的辛亥革命一样，蒙古、西藏等边境民族也出现了独立的要求，希望能够从异族－－汉族的统治下解放出来。但以孙文为首的革命派将这些边境弱小民族的独立要求视为列强瓜分中国的行为，所以主张以军事征伐加以应对，这充分体现了其传统的中华主义领土观。与军事征伐论不同的另一应对方案是五族共和论主张，五族共和论是一种对急于从边境脱离的少数民族的安抚政策，从另一角度来看这可以看作是传统的中华主义国际秩序的一个变种。进入1920年代，孙中山放弃五族共和论而提出民族融合论，但民族融合论不过对五族共和论进行了应时的变通，这一点是很值得关注的。

孙中山对待日本与韩国、蒙古、西藏的认识，对于对中国革命的成功充满期待并献身于中国革命事业的韩国、越南独立志士们，以及像欲摆脱异族统治的中国革命一样要求从中国的统治下独立而进行革命的蒙古和西藏的独立志士们来说不过是"同床异梦"而已。

在第2部第2章探讨了20世纪20年代孙中山的大亚洲主义，特别是1924年末在日本神户发表的《大亚洲主义》讲演的内容及意义。与孙中山所言不同的是，1924年11月孙中山北上途中访日是在他离开广州时就已经计划准备好的，而且是在与日本政府进行了一定的协商之后才决定的。也就是说，赤手空拳的孙中山对北京的政治协商最开始就没有报什么太大希望，因此想从支持北方新政权(段祺瑞执政府)的日本方面得到某种支持或援助，然后再去谈判桌上，然而却以失败而告终。1924年11月28日在神户进行的'大亚洲主义'演讲恰恰体现孙中山之苦衷。讲演中孙中山称赞日本的成功，强调中日共同领导的亚洲民族联合，目的是争取因排日移民法问题而反美情绪高涨的日本国民的支持。孙中山保留了自己北上目标的'废除不平等条约'，只提废除治外法权和恢复关税自主权，看得出他是不想刺激日本政府和国民而努力地'自我克制'。

在大亚洲主义讲演中对与亚洲各民族背道而驰的日本帝国主义侵略者的立场视而不见，对韩国独立问题和日本统治韩国的不正当性只字不提，只强调中日的共同领导。这虽然可以看作是孙中山'自我克制'之表达，但是从孙中山根深蒂固的中华主义领土观念上考虑，却很难将这看作是一种单纯的策略。

244

韩国人非常关心孙中山访问日本以及他在日本的大亚洲主义演讲，这是因为韩国人期待着孙中山的大亚洲主义主张包含有对韩国独立的支持。然而与韩国人所期待的恰恰相反，正如孙中山在演讲中不提废除不平等条约一样，他在大亚洲主义讲演中也回避了提及韩国问题，这令韩国人非常失望。韩国的舆论界批评孙中山的大亚洲主义主张从一开始就是不可能实现的，并猛烈抨击孙中山的轻率举动。韩国舆论之所以如此批判是因为他们认识到日本帝国主义势力与韩国殖民地弱小民族之间的联合是根本不可能的。

孙中山的大亚洲主义主张所体现的其对待弱小民族尤其是韩国问题的态度为评价孙中山的民族主义思想提供了新的观点。一般认为孙中山的民族主义思想按照不同的时期分为几个阶段。有研究认为辛亥革命之后孙中山克服了传统的中华主义残留，1919年以后开始有了明确的反帝认识，他的民族主义也进入一个新的阶段。但是正如本文所论述的，孙中山对待韩国等周边弱小民族的态度和领土观念，他在大亚洲主义中体现出的对弱小民族问题的态度，期待得到帝国主义列强日本的支持等，表明他在1919年后直到1924年大亚洲主义演讲为止，他的反帝意识仍有着巨大的局限。

接着第3部第1章集中讨论了中日战争时期蒋介石、国民政府的韩国认识与对韩政策。围绕着从1940年韩国临时政府迁移重庆后就开始着手促进的韩国光复军的创设问题，以金九为中心的临时政府，与以蒋介石为中心的国民政府进行了积极的议论。其过程一句话可以概括为，临时政府为了取得对光复军的独自运营权的努力和中方对此的牵制和统治政策都很好地得以体现。中方通过制订〈韩国光复军行动九个准绳〉，把光复军隶属于军事委员会的手下，实际的管理也是通过军委派遣的中国军官来掌握的。中方的这种政策开始于中国如何统治外国军队的境内活动的问题，因此也可以说是很自然的措施。但是这一措施与其说是中方为了联合抗日的中韩互助而进行的对韩支援，不如说是更突出地表现出中国对周边弱小国家的统治和隶属的立场的说法，不知是否过分。

在1940年后，尤其是1941年末太平洋战争爆发后，重庆临时政府的承认问题成了中韩之间的重要议案。蒋介石和国民政府在这个问题上也不是积极地予以承认，而是体现出消极观望的慎重立场。这种态度的背面，一方面体现了因为韩国

独立运动势力内部纷争严重，中方判断临时政府不能充分代表韩国独立运动势力，同时也是因为考虑美国和苏联等国家的立场的原因。中方不得不同时考虑多方面问题的平衡，如通过承认临时政府，确保在战后实施对韩半岛的影响力，并对临时政府进行牵制的问题，还有考虑以美国为首的列强国家的关系等。因此，承认韩国临时政府的问题变得非常复杂。

特别是通过1942年11月的开罗会谈，随着美国的外交战略，中国得到了'四大强国'的地位，对韩半岛问题也就不得不与美国主导的，通过信托统治来解决韩半岛问题的立场保持同调。因此在开罗会谈之后，中国也就不可能独自对临时韩国政府进行承认了。但是结果上，在战后亚洲秩序的构想中，中国的影响力也不得不受到相当的局限。

尽管如此，中国面临着终战检讨了中国军队参与同盟军进攻韩半岛作战的意向，同时也考虑财政上的支援和扩大民间投资等对韩支援政策。同时还可以确认，国民政府方面，针对开罗会谈中决定的韩国独立的适当时期，明确提出了要在外交和国防方面设立中国顾问的顾问政治等积极介入的意向。中国方面的如此积极的韩半岛介入政策构想，在日本战败后美军和苏军分别占领韩半岛之后，也仍然继续存在。被称为东亚的巴尔干的韩半岛，随着日本的战败得到了解放，但是却落入了美国与苏联新来列强的势力纷争的虎口之下。在这种情形下，中国对韩半岛想要扩大影响力的努力，从开始就变成不能实现的梦想。在美国的亚洲政策方案下，中国虽然进入了'四大强国'的行列里，但是正如蒋介石本人所担心的，'强大的中国'还远远未能够名副其实。

第3部第2章以开罗会议中首次提及的"韩国独立问题"为中心，针对蒋介石、国民政府对战后东亚国际新秩序的构想进行剖析。为此本文将对蒋介石、国民政府在准备开罗会议的过程中所呈现出的对韩问题的立场，在开罗会议具体进行过程中蒋介石国民政府所显露出的对韩国问题处理的态度，针对韩国问题处理，蒋介石国民政府与美国、英国方面的立场的差异，蒋介石及国民政府对战后国际共管韩国主张的对应等层面加以考察。

综合中国方面的会议记录及《蒋介石日记》等的记录，在开罗会议上蒋介石率先提出了战後的韩国独立问题，经过罗斯福的同意，而最终成为宣言书中的韩国

独立条款。但是後来历史上成为深刻问题的在"韩国独立"前添加的"在适当时期"这一前提，乃是由罗斯福亲自修改的。对于韩半岛不具有实际的影响力的中国不得不接受美国以国际共管方案对待韩国的主张。刚刚开始恢复大国地位的中国要构筑与大国意识相称之局面是不可在朝夕之内一蹴而就的。

中国想通过恢复终战以後对周边国韩国的影响力，是要找回甲午战争以来被日本夺走的东亚主导权的，这样的中国战后亚洲构想，通过终战前后时期中国对越南独立问题的政策也可以确认。但是，与韩国不同，越南为战胜国法国的殖民地，跟韩国的独立问题相比较更夏杂。中国虽然在表面上支持越南独立，但是考虑到要修改与法国的不平等条约以及英国和美国都支持法国的原因，最终倾向于容纳法国的夏归。不仅如此，中国战后往越南北部派兵，在恢复中国传统影响力的过程中，中国军队在占领地恣行了大规模掠夺，中国所谓的支持周边弱小民族独立的主张，最终很显而易见的不过是个口头禅。在韩国和越南的战后独立相关问题上就显出的战后中国的亚洲构想，虽然在形式上有所不同其实在根本上是试图恢复传统的"中国帝国秩序"。

第3部第3章讨论汪伪亲日政权成立以後汪精卫为了主张自身的政治的正统性，利用孙中山的大亚洲主义问题及汪精卫与孙中山的大亚洲主义的关联性问题。汪精卫及其追随者的所谓的"和平建国论"原为孙中山提出之主张，因此汪精卫认为只有己方才是孙中山真正的後继之人。至於反共，汪精卫表示这是孙中山本来之意，因此认为主张反共的自己才是孙中山遗志的真正继承人。并且汪精卫还主张对孙中山的大亚洲主义真正的精神进行探讨，只有实现中日合作才只能保障中华民国建设的完成乃至东亚和平，这些主张可以通过汪精卫亲日政权出版的《大亚洲主义》等杂志加以确认。正如汪精卫继承大亚洲主义的主张可以在这些杂志的更名或停刊的过程中确认一样，这些主张最后还是为日本的亚洲侵略政策理念"东亚联盟论"及"大东亚共荣圈论"所统合了。可以说汪精卫政权曾试图在孙中山的大亚洲主义中为自己的和平建国运动及建立亲日政权寻找正当性，但结果却丧失了自主性而只得以附逆者之名收场。很明显，这一过程便是汪精卫亲日政权所处之困境。但是，在这里特别注目的是，亲日的亚洲连带主张即汪精衡的大亚洲主义主张事实上也是在"中日共同领导"的前提下提出的。

## 2. 近现代中国的亚洲主义: 中华主义的近代的变容

正如前文所述, 在19世纪70年代到20世纪40年代之间的近现代时期, 中国涌现出了多种形态的亚洲主义主张。这些主张基本上都受到了亚洲主义起源地-日本的强烈影响, 也是在不断变化的亚洲国际秩序中应对日本亚洲主义中国自身变革方向的体现。

众所周知, 在19世纪中叶之前所谓的传统时代, 中国对亚洲的基本认识和政策是以册封和朝贡体制为主干的中国中心主义, 即中华主义以及以此为基础的"中华帝国秩序"的国际秩序。不可否认, 随着时代和环境的变迁, 中华帝国秩序的实质内容也发生了很多变化, 仅仅用朝贡册封体制的中国国际秩序无法充分概括说明历史上纷繁复杂的东亚国际秩序的主张也具有一定的说服力。然而, 特别是最近关于中华国际秩序在西方列强侵略之下、自身面临严重危机的近代以后, 执著追求以中华再普遍化为基础的"帝国梦"的研究(田寅甲,『现代中国的帝国梦-中华再普遍化百年间的实验』, 学古房出版社, 2016)很好地说明了中华国际秩序的历史惯性之大。

但是, 中华帝国秩序在鸦片战争之后的帝国主义列强侵略下面临着巨大的挑战。1840年英国侵略中国, 史称鸦片战争。之后, 法国、德国、俄罗斯、日本以及美国等西方列强国家联合侵略中国, 不仅将作为中华帝国秩序轴心的周边朝贡国殖民地化, 将这些区域与中国分离, 而且还通过在中国国内大范围的掠夺和割让使中国面临严重的生存危机。在迫切的危机意识中, 自强(洋务和变法)运动作为对无处不在的边境危机、分裂危机等危机形势的积极应对方案, 激进的开展起来。但是, 中国在19世纪80年代至90年代发生的清佛战争和清日战争的失败从侧面深刻揭露了中华国际秩序的瓦解。

在此背景下登场的中国亚洲主义根本上受到了19世纪70年代以来在日本兴起的亚洲主义的直接影响, 也是以应对日本亚洲主义的形态出现。众所周知, 日本早期的亚洲主义包含了主张在西方列强的侵略下, 沦为殖民地的亚洲联合起来, 黄种人团结一致, 并强调日本在亚洲连带中发挥主导作用的内容, 已经抛开了浪漫的性质, 观念性比较强。日本早期的亚洲主义中树立的黄种人团结的种族主义,

从优胜劣汰的角度出发，是当时对西方列强侵略亚洲持观望态度的中国人也比较容易接受的主张。不仅如此，明治维新之后，唯一成功实现近代化并一跃成为亚洲强国的日本是中国最重要的学习对象，正如本书第1部所述，黄遵宪和梁启超等维新派，正是在学习日本的过程中自然而然的接触到了日本的亚洲主义并对此产生了共鸣。

对日本亚洲主义的应对过程，即中国亚洲主义的采纳过程要求对中国传统的中华主义乃至中华帝国秩序进行很大程度的修订和再编。这是由于西方列强的侵略不仅使中国无法对周边亚洲国家发挥传统的帝国影响力，而且中国对于作为中国周边国家的日本成为亚洲连带主导者更是难以容忍。除此之外，中国与逐渐发展成为亚洲新强国，并已经暴露出对韩国侵略合并具有强烈意图的日本联合，或者接受其亚洲连带的主张也并非易事。

但是与日本在兴起后侵略亚洲的可能性相比，对于当时的中国人来说，西方列强之一的俄罗斯对中国的侵略则更具危险性，从这一角度来看，中国接受与日本的连带有充分的空间。正是以此为出发点，中国与日本一同拥有亚洲主导权的"中日共同领导"主张成为针对中国人的全新突破口，是19世纪末20世纪初中国亚洲主义最重要特色之一的主张，本书对其进行深入研究的原因也在此。正如本书第一部及第二部中的详细阐述，"中日共同领导"主张不仅在19世纪末维新派黄遵宪对朝鲜"亲中国，连日本"的建议和梁启超对樽井藤吉"大东合并"的赞同中出现，而且延续到20世纪初，在革命领导者孙中山的"大亚洲主义"中也有所涉及。

另一方面，中国的亚洲主义不得不重新设定中国与被其认为是自身属邦的周边亚洲各国的关系。因此，在寻找"同种文化"或者"王道文化"等传统的中国文化中亚洲各国的连带基础的同时，对已经沦为殖民地或者处在将要沦为殖民地危机中的韩国或越南等周边各国独立运动进行"支援"，并从多角度出发不断摸索。但应当指出的是，中国对周边地区"支援"的背后，是其希望恢复对该地区传统影响力的中华主义主张的根深蒂固。也就是说，中华帝国秩序的恢复不得不通过对弱小民族的"支援"来实现，但可以看到中国在以相互平等为前提建立的连带与发挥支配影响力的中华帝国秩序的恢复这两个指向间徘徊。因此，19世纪末20世纪初，出现了包括中华帝国体制危机下中国人传统中华主义观念相当大变异以及中华主义回归在

内的两个指向。

但是，直到20世纪30年代之后，日本对中国侵略战争的全面开始，中国对亚洲的认识才出现巨大变化。事实上这些变化从一开始就完全是可以预见的。早在19世纪末，日本对韩国、台湾合并以及"进出"中国大陆时，日本亚洲主义向侵略主义的变质就已经逐渐清晰起来，由此就可以看出直到20世纪初中国还执著于中日共同领导也只不过是一个根本不可能实现的梦。尽管如此，只有经历1931年日本开始全面侵华战争以后的阶段，中国人才能认识到与日本共同领导或者包含日本在内的亚洲连带根本无法实现。这一阶段的中国对亚洲的认识或者政策也不得不变更为"抗日亚洲连带"，20世纪30、40年代，中国和亚洲各地间展开的反帝抗日连带的努力正是这一变化的核心体现。

本书第3部中集中论述了中日战争时期蒋介石和国民政府对韩国问题的认识及对韩政策中体现出的"抗日亚洲连带"主张依然保持着强烈的以中国为中心的亚洲、以中国为中心的抗日的立场。因此，也可以看作是从之前阶段所述的中日共同领导主张回归为日本以外中国领导下的亚洲联合、亚洲连带的主张，自然而然地与传统中华主义回归出现了一致的指向。抗日战争过程中出现过的中国的这些亚洲认识，虽然在19世纪末以后经历了相当大的变异，但是还是可以清楚地看到中国的亚洲认识乃至亚洲主义中传统中华主义局限性的克服是多么的困难。

更进一步而言，2000年以后，中国兴起成为世界最强国(G2)之一，对近现代中国亚洲主义的这些批判观点，对于注视着中国发展的韩国人视角的调整来说也是非常重要的标准。遗憾的是，本书中对于现代中国亚洲主义主张的重要一面，即共产主义者或者中共政权的亚洲认识乃至亚洲连带的主张没能进行相关分析和讨论。但是正如本书第1部和第2部中所证实的，与清末、民国时期的中国亚洲主义之间的区别性相比，延续性更为强烈的体现出来。由此可以推断，比起国民党政权(中华民国)与共产党政权(中华人民共和国)之间亚洲认识、亚洲政策之间的区别性，两者之间的延续性也更为强烈的体现出来。这样的延续性，通过前文引用的追溯五四运动以来延续不断的中华再普遍化的最新研究也可以得到确认。因此，本书中所涉及的中国亚洲主义的局限在当今中国，即中共政权下呈现出的亚洲认识、亚洲政策中基本上原封不动地延续下来。从这一点来看，即使是在中国跻身

亚洲最大强国乃至世界强国的今天，包括韩国在内的亚洲各国对中国中心主义，即中华主义的克服问题应持有批判性的问题意识，同时中国中心主义的客服问题也是中国应该化解，或克服的最重要课题。

# 찾아보기

지은이

/

배경한 裴京漢

신라대학교 사학과 교수. 중국현대사 전공.
주요 저서로『장개석 연구』(1995),『從韓國看的中華民國史』(2004),
『쑨원과 한국』(2007),『왕징웨이 연구』(2012) 등이 있다.

한울아카데미 1905
중국근현대사학회 연구총서 04

## 중국과 아시아
근현대 중국의 아시아 인식과 아시아주의
ⓒ 배경한, 2016


지은이 ┃ 배경한
펴낸이 ┃ 김종수
펴낸곳 ┃ 한울엠플러스(주)
편   집 ┃ 배유진

초판 1쇄 인쇄 ┃ 2016년 10월 10일
초판 1쇄 발행 ┃ 2016년 10월 20일

주소 ┃ 10881 경기도 파주시 광인사길 153 한울시소빌딩 3층
전화 ┃ 031-955-0655
팩스 ┃ 031-955-0656
홈페이지 ┃ www.hanulmplus.kr
등록번호 ┃ 제406-2015-000143호

Printed in Korea
ISBN  978-89-460-5905-4  93910 (양장)
ISBN  978-89-460-6235-1  93910 (학생판)

* 책값은 겉표지에 있습니다.
* 이 책은 강의를 위한 학생판 교재를 따로 준비했습니다.
  강의 교재로 사용하실 때는 본사로 연락해주십시오.